青少年の治療・教育的援助と自立支援

虐待・発達障害・非行など深刻な問題を抱える青少年の治療・教育モデルと実践構造

土井髙德
Takanori Doi

福村出版

[JCOPY]〈出版者著作権管理機構 委託出版物〉
本書の無断複写は著作権法上での例外を除き禁じられています。複写される場合は、そのつど事前に、出版者著作権管理機構（電話 03-3513-6969、FAX 03-3513-6979、e-mail: info@jcopy.or.jp）の許諾を得てください。

刊行に寄せて

　本書は土井氏夫妻らが運営してきた里親型グループホームでの「深刻な発達上の課題を抱える青少年」に対する治療教育実践の歩みを理論的，実践的に整理した著作である。

　筆者らの里親型グループホームの実践は社会的にも大きな注目を集めており，NHKの「クローズアップ現代」や「福祉ネットワーク」などの番組でも紹介されているが，本書は，今後，日本での発展が期待されている里親型グループホームや小舎制の児童養護施設での治療・教育実践の指針となるものであり，その意味でも本書の出版の社会的意義は大きなものであると考えている。

　本書に登場する青少年は，自分の存在をしっかりと受けとめてくれる家族的環境（family environment）を奪われてきただけでなく，多くの青少年が発達障害や知的障害などの問題も抱えており，その意味では2重，3重の重荷を背負った人生を生きざるを得なかった少年たちである。

　少年たちは，他者や世界に対する深い不信感や見捨てられ感を抱える一方で，幼少期からの劣悪な養育環境によって自らの感情を調節する力を育めないまま，様々な問題行動を繰り返してきた。彼らは，外側の世界から「安全」を脅かされてきただけでなく，自分自身の「内なる衝動」にも脅かされた日々を送り続けなければならなかったのである。

　現在の日本では，発達障害と児童虐待が重複したような深刻な発達上の課題を持つ青少年を受けとめていける養育の場は極めて限られており，さらに，義務教育年齢を超過した青少年を養育する場はあまりにも少ないのが現状である。

　そのなかで，土井ホームは，少年たちが長年にわたって剥奪されてきた「安全感と見通しを持てる」世界を日々の生活のなかで保障すると同時に，少年達がそれらの問題行動の背後にある自らの傷つきや葛藤に向き合いつつ，少しずつ，他者への信頼感とセルフコントロールの力を取り戻せる援助を行ってきた。本書には土井ホームに在籍した少年の事例が詳しく報告されているが，どの事例も極めて困難な課題を抱えた青少年であり，どれほどの粘り強い取組みを必

要とするものであったのか，読んでいただくとご理解いただけるであろう。

　もちろん，土井ホームに入所した青少年のすべてが本ホームで自立の過程をたどったわけではなく，ホームの枠では激しい行動化を抑止することができず，少年院に措置された少年も少なくないことは第Ⅱ部第2章に示した通りである。

　しかし，たとえ少年が問題行動を繰り返して少年院などに措置されても，土井夫妻は頻繁に少年院を訪問したり，手紙のやりとりなどを通じて，決して「見捨てない他者」として少年に関わり続けていくなかで，少年たちが他者と世界への信頼感をぎりぎりのところで保ち続けられるように援助を行ってきた。家庭に居場所がなく，児童養護施設からも見捨てられた少年，崩壊家庭のため，少年院を退所してもどこにも行き場がなかった少年たちにとって，このような決して「見捨てない他者」の存在は，他者への信頼感と自分の人生への"希望"を取り戻していくためには根源的な重要性を持つものであったと言えよう。

　しかし，このような日々の実践の方針は，少年たちとの直接的な関わりからだけでなく，様々な専門的な知見も取り込みながら構築されてきたものである。

　本書の第Ⅰ部第1章では，深刻な発達上の課題を抱える少年の問題を，1．児童虐待などの心的外傷体験が及ぼす影響，2．発達障害とその二次障害の問題，という2つの観点から整理している。今日，児童養護施設や里親型グループホームの実践を行っていく上でも，児童虐待などの心的外傷体験の影響や発達障害とその二次障害に関する知見は必要不可欠なものとなっているのである。

　第2章ではこのような深刻な発達上の課題を抱える青少年の治療・教育的援助の課題と方法を先行知見に基づいて整理している。

　「認知的，感情的，行動的な恒常性をもった生活世界」（F・パトナム）を保障していくことは，深刻な発達上の課題を抱える少年に，J・ハーマンがいう「安全な世界」を保障する上で極めて重要な課題である。しかし，この「安全な世界」を保障していくことは，深刻な発達疎外状況を抱え，「内なる衝動」によって脅かされている青少年にとっては容易な課題ではない。そのために，「他者の安全である権利を脅かす行為は決して認めない」という強固な限界設定と違反行為に対する処遇の明確化は必要不可欠な実践課題であり，決して「受容的な関わり」だけでは困難な課題を抱えた少年たちの自立を支援することはできないことも十分に留意されるべき点であろう。第Ⅰ部の第2章，第3章では，

児童自立支援施設や少年院の実践からも学びつつ，明確な限界設定の枠組みを築いていくことの重要性を指摘し，従来の里親型グループホームでは必ずしも十分には意識されてこなかった視点を提起している。土井ホームの実践方針は，日々の苦闘に満ちた実践のなかで蓄積された知見と，これらの理論的，実践的な知見が統合され，血肉化された中で形成されてきたものなのである。

そして，第Ⅱ部の第1章では，土井ホームの概要と実践方針の変遷過程が紹介され，土井ホームの現段階での実践方針が以下のように整理されている。

第1フェーズ
1）代替的な家族的ケアおよび安全な場の保障と強固な境界の設定
2）生活場面での生活スキルの獲得（モデリング）
3）視覚的提示を中心とした生活空間の治療・教育的な構造化

第2フェーズ
1）自己の体験やそれに伴う感情の言語化
2）ホーム内の相互交流の促進
3）自治活動を通じての社会参加のスキルの向上
4）修復的司法による被害者性と加害者性の統一の取組み

第3フェーズ
1）社会的自立に向けての継続的な拠り所・居場所の保障
2）多様な社会参加の体験を通じた自己形成モデルの取り込みの機会の保障
3）発達障害の子どもに対しての職業的自立支援

入所少年の抱える課題や集団規模などによって，当然，実践のあり方も異なってくるが，この土井ホームの実践方針の枠組みは児童養護施設やグループホームなどがそれぞれの実践方針のプランを作成していく上でも大いに参考になるものであると考えている。

そして，本書の最も魅力的な部分はやはりこの第Ⅱ部第3章の6つの実践事例であろう。社会内処遇の場でこれだけの深刻な発達上の課題を抱えた少年の自立を援助できる場は日本では数少ないように思われる。しかし，このような深刻な課題を抱えた青少年は日本の中に多数存在しており，このような治療教

育実践の場が現在，切実に求められているのである。

　それだけに，本ホームの実践が土井夫妻だからできるというような「職人芸」的な実践としてではなく，その実践方針や指導方法を理解してもらうことによって，深刻な課題を抱えた青少年に対する治療教育実践が多くの人々の手で進められていくことが期待されている。

　なお，本書は北九州市立大学社会システム研究科の博士論文として執筆されたものである。従って，普段，専門書を読む機会がない実践現場の方には第Ⅰ部の理論編から読み通すのはかなり困難な作業になることを危惧している。その場合には，実践編にあたる第Ⅱ部第１章の土井ホームの概要から読み始めてもらい，まず，土井ホームの実践事例から学んでいただいたうえで，その後，第Ⅰ部の方に戻っていただくという読み方をお勧めしたい。

　第Ⅱ部第１章の土井ホームの実践方針と第３章の６つの実践報告を読んでいただくだけでも，深刻な発達上の課題を持つ青少年に対する実践の進め方についてかなりイメージをつかんでいただけるのではないかと考えている。

　本書を里親（治療的専門里親）の方やグループホームを運営している方々，さらには情緒障害児短期治療施設や司法福祉，矯正教育関係者など，幅広い分野の方に読んでいただき，本書が，教育，福祉制度の谷間に置かれて苦しむ多くの青少年への支援の輪を広げていくための一助となることを心から願っている。

　　　2009年７月12日

　　　　　　　　　　　　　　　　　　北九州市立大学文学部教授　楠　凡之

はじめに

序章　問題の所在と本研究の目的

　今日，深刻な課題を抱え，児童自立支援施設や少年院に措置される少年たちの多くは養育者の相次ぐ変更や虐待を経験しており，また，発達障害に対する理解と適切な対応を欠いたために二次障害を深刻化させて深刻な非行や少年犯罪に至っている事例も少なくない。

　そうした深刻な課題を持つ少年たちの社会的自立を支援する社会的な場としては，児童精神科の入院治療，情緒障害児短期治療施設，児童自立支援施設，治療的専門里親などがあるが，それらの社会的資源は，その量的，質的な面において，深刻な課題を持つ青少年に対する治療・教育実践を展開していくための条件整備は極めて不十分であると言わざるを得ないであろう。

　それと同時に，非行や少年犯罪によって少年院に措置され，矯正教育期間を終えて退院しても，処遇困難な少年を引き受ける社会的受け皿としての中間施設は少なく，こうした少年への社会的自立に向けての支援体制が極めて不十分な点も大きな問題となっている。

　近年，筆者は治療的専門里親としてファミリーホーム（里親型グループホーム）を運営し，深刻な虐待体験や発達障害を有しており，様々な問題行動や精神医学的な問題が見られる少年に対する治療的・教育的援助や処遇に関わってきた。

　本研究では先行研究・先行実践と本ホームでの実践を通じて，深刻な課題を持つ青少年の社会的自立に向けての治療・教育実践の課題と方法の明確化を試みた。

第Ⅰ部　深刻な発達上の課題を抱える青少年の社会的自立に向けての課題

　第Ⅰ部では，今日，社会内処遇の場で大きな課題となっている被虐待体験や発達障害の問題を持つ青少年の表出する様々な問題とその治療・教育的援助の課題を先行研究に基づいて整理し，ファミリーホームの課題を整理した。

　第1章では，深刻な課題を持つ青少年の抱える問題を，1．被虐待体験のもたらす影響，2．発達障害に対する不適切な対応から生じる問題の二側面から捉えつつ，両者に共通する問題としてメタ認知能力の脆弱性の問題について検討した。

　第2章では，1．フランク・W・パトナム（F. W. Putnam・2001）の解離性障害に対する治療モデル，2．ジュディス・L・ハーマン（J. L. Herman・1996）の心的外傷からの回復に関する治療モデル，3．E・ショプラー（Eric Schopler・2004）らの自閉性障害児・者に対する構造化された指導プログラム，4．藤岡（2001他）らの加害者性と被害者性の統一と修復的司法といった先行知見を紹介しつつ，深刻な課題を抱える青少年に対する治療・教育実践の課題を検討した。

　第3章では，国立の児童自立支援施設である武蔵野学院の治療・教育実践（富田　2005・2006など）や宇治少年院（向井　2001，2003など）の「統制・参加・自治委任」の3つの実践過程の知見について検討した。

　そして，これらの知見を整理しつつ，深刻な課題を抱える青少年の社会的自立に向けての課題の提起を行った。

第Ⅱ部　土井ホームにおける深刻な発達上の課題を抱える青少年への治療教育的な取組み

　第1章で土井ホームの概要，及び実践方針の変遷過程を紹介しつつ，現在の本ホームでの実践方針を3つのフェーズに区分しつつ提起した。

　第2章では，過去5年間に本ホームに入所した17人の青少年に関して，そのリスクファクター別の類型化（「虐待のみ」「虐待＋知的障害」「虐待＋発達障害」）を試み，それぞれの類型ごとの処遇効果について検討した。それを踏まえて，

本ホームでの実践の到達点と限界を整理すると同時に，関係諸機関との連携も含めた今後の課題の整理を行った。

　第3章では，この17事例のうち，本ホームで長期にわたって関わった6つの少年の事例を抽出し，その実践過程を紹介した。その6事例の内訳は，被虐待児の受け入れに伴って，治療的専門里親として実践を進めた事例が2ケース，司法・矯正教育機関との連携の中で，より深刻な行動化を伴う少年を受け入れた事例が2ケース，発達障害を抱えた少年の受け入れに伴って，生活の構造化を進めた事例が2ケース，計6ケースである。

　そして，第Ⅰ部で述べた理論的，実践的な課題と方針に基づいて，それぞれの事例に関する治療・教育実践の到達点と課題を検討した。具体的には，3つのフェーズからなる実践方針を持った生活環境の保障と治療教育的枠組みが，深刻な課題や特別なニーズを有する少年たちの行動変容の上に，どのような効果をもたらしたかについて，その実践的な到達点と課題の整理を行った。

　終章では，第Ⅰ部，第Ⅱ部の考察を踏まえて，ファミリーホームが深刻な課題を抱える青少年に対する治療・教育の場としてどこまで機能し得るのか，その可能性と限界を明らかにし，日本全国に広がりつつあるファミリーホームの実践可能性と課題を整理した。

　さらに，本ホームの実践だけでは完結し得ない，少年の社会的自立に向けてのネットワークづくりの課題を，本ホームの実践の中で浮かび上がってきた問題を踏まえて提起した。

Practice of Treatment and Education to Support the Social Independence for the Youth with Serious Problems : Some Keys from the Practice of Foster Home

By Takanori DOI

Summary

Today, many of the juveniles committed to the support facilities for development of self-sustaining capacity or juvenile training schools have experienced successive changes in their foster parents and abuses against them. And the lack of the understanding of their developmental disabilities and the appropriate response to it often lead them to aggravate the secondary victimization, thus resulting in the serious juvenile crime and delinquency.

To support their social self-reliance, there are children's psychiatric hospital treatment, short-term treatment facility for emotionally disabled children, children's self-support facilities, foster care professional etc., but this kind of social resources or institutions are extremely poor to expand the practice to improve conditions of their treatment and education in terms of the quantitative and qualitative aspects.

At the same time, after the release of juvenile delinquents from the training schools, there are very few intermediate facilities as the kind to social accommodation between the society and the correctional facilities to receive the juveniles difficult for treatment. Consequently, it is a big problem that the social and self-reliance support system for these juveniles is extremely inadequate.

In recent years, as a professional foster parent, I've been involved in the foster parent-run group home for the juveniles with serious developmental disorder and experience in abuse, and a variety of behavioral and psychiatric problems.

In this study, I tried to clarify the issues and the methods for the treatment and educational practice for them to live independent in social settings, reviewing the past research and practice and the case of my own foster home.

Part I is titled "The challenge of the youth with serious problems for the social independence."

In this Part I reviewed and analyzed some issues on the social treatment and educational support for the youth with developmental disorders or the abused experience and examined the issues facing with the foster-organized group home, based on the past studies.

The first chapter examined the following serious challenges to the problems of youth, that is, (1) the influence of abused experience, and (2) the problems resulting from improper handling for the developmental disorder. And I considered the issues about vulnerability of a meta-cognitive ability.

In the second chapter, I reviewed the following past studies, that is (1) the model of treatment for dissociative disorder by F. Putnam (2001), (2) J. Herman's study (1996) on recovery from the trauma of treatment model, (3) E. Schopler's study (2004) for children with autistic disorder in the structure of the teaching program, and (4) Fujioka et al.'s study (2001) on the integration between the victimity and the criminality, and restorative justice. Then, I examined some issues facing with the educational practice for the youth with serious problems.

In the third chapter, I examined the experience in treatment and education programs in the Musashino Gakuin, one of the national support facilities for development of self-sustaining capacity (Tomita, 2005, 2006), and the practice of the three stages process of "control, participation, and governance delegation" implemented by the Uji training school (Mukai et al, 2001, 2003).

And, I discussed the issues with the social independence of the youth with serious problems..

Part Ⅱ is titled " Practice of treatment and education for the youth with serious problems in Doi home."

In the first chapter, I introduced and overviewed the outline of Doi home and the transitional process of practical plan, and the current practical policies divided into three phases .

In the second chapter, I tried to classify the seventeen juveniles committed to Doi home during the past five years, based on the risk factors. Consequently, I divided these juveniles into the following types, that is, (1) the abuse only, (2) the abuse+mental retardation, and (3) the abuse + developmental disorder. And, I evaluated the effect of treatment on each type of the juveniles. Then, I discussed the implications and limitations of the practice of Doi home, and suggested the significance of possible cooperation with related agencies.

In the third chapter I focused on six juveniles cases out of the seventeen cases, which were committed to the Doi home for a long time. These six cases included two cases intervened as the foster care professional due to the commitment of abused child to the home, two cases with serious problem behavior which are committed to the home in the cooperation of the judiciary and correctional education institutions, and two other cases which promote to structure their living as a result of accepting them with developmental disorder

And, based on the theoretical and practical issues and principles as mentioned in Part I, I examined the results of six cases at Doi home and the resulting tasks with them. Specifically, regarding the framework for the safe living environment and educational treatment, I analyzed what effect it has on the modification of their behavior with serious problems and special needs.

In the final chapter, based on the discussion in Part I and the Part II, I tried to clarify the possibilities and limitations of the foster group home program, considering how much this program can function effectively as the place of treatment and education for the youth with serious challenges and discussed the practices and challenges of the foster group home growing in all parts of the country.

In addition, I raised the network issues for their social independence that would be unable to accomplish only by this foster home program, on the basis of various issues resulted from the experience of Doi home.

●目次●

刊行に寄せて　3
はじめに　7

序　章　問題の所在と本研究の目的……………………………………19

　第1節　問題の所在………………………………………………………20
　　　1．深刻な問題行動を表出する少年の抱える問題　20
　　　2．深刻な問題行動を表出する青少年の社会的自立をどこで
　　　　支援していくのか　21
　第2節　本研究の目的……………………………………………………24

第Ⅰ部
深刻な発達上の課題を抱える青少年の社会的自立に向けての課題
29

第1章　深刻な発達上の課題を持つ青少年の問題………………………31

　第1節　児童虐待について………………………………………………33
　　　1．児童虐待がどのような深刻な発達上の課題を引き起こす
　　　　のか　33
　　　2．児童虐待と少年非行・少年犯罪　38

　第2節　発達障害について………………………………………………40
　　　1．発達障害とは何か──広汎性発達障害とADHDの問題
　　　　に視点を当てて──　40
　　　2．発達障害の二次障害としての激しい問題行動や少年犯
　　　　罪　47

第2章　深刻な発達上の課題を抱える青少年への治療・援助モデル……51

　　　1．F・パトナムの解離性障害に対する治療モデル　53
　　　2．ジュディス・L・ハーマンの心的外傷からの回復に関す
　　　　る治療モデル　55
　　　3．E・ショプラーらの自閉性障害児・者に対する構造化さ
　　　　れた指導プログラム　58

4．加害者性と被害者性の統一と修復的司法　61

第3章　日本における深刻な発達上の課題を抱える青少年の社会的自立を支援する治療・教育実践 69

 1．児童養護施設における「システム形成型アプローチ」
  （田嶌・2008 他）　70
 2．国立武蔵野学院（富田・2006 他）　72
 3．宇治少年院（向井・2003 他）　75
 まとめ――深刻な発達上の課題を抱える青少年の社会的自立を支援する治療・教育実践の課題　82

第Ⅱ部
土井ホームにおける深刻な発達上の課題を抱える青少年への治療教育的な取組み
89

第1章　土井ホームの概要と実践方針 91

第1節　本グループホームの特徴 92
 1．入所青少年の特徴　92
 2．他のホームとの比較検討による本ホームの特徴　92
第2節　本ホームの歴史的経緯と実践方針の変遷 95
第3節　本グループホームの日課と実践方針 102

第2章　本ホームの入所少年の類型別，入所理由別の処遇効果 111
 1．リスク要因による類型化　112
 2．入所理由　112
 3．処遇効果の基準　112
 4．入所青少年の類型別および入所理由別の処遇効果　113
 まとめ　123

第3章　実践研究……………………………………………………127
　　1．実践研究の目的　128
　　2．考察対象ケース　128
　　3．考察対象の少年たちの在籍時期　130
第1節　A男——虐待的な養育環境に育ち，心的外傷から解離性障害をみせたケース……………………………………………………………………132
　　1．入所までの経緯　132
　　2．入所後の経緯　133
　　3．考察　140
第2節　B男——虐待とＡＤＨＤの重複による衝動統制の困難さから激しい非行を示したケース……………………………………………………………146
　　1．入所前の経緯　146
　　2．入所後の経緯　147
　　3．考察　154
第3節　D男——虐待的養育環境の影響で激しい行動化と病的解離を示したケース………………………………………………………………………158
　　1．入所までの経緯　158
　　2．入所後の経過　160
　　3．考察　172
第4節　E男——広汎性発達障害の二次障害で，深刻な他害行為に及んだケース………………………………………………………………………178
　　1．入所前の経緯　178
　　2．入所後の経緯　181
　　3．考察　188
第5節　F男——アスペルガー障害と虐待的な環境のもと触法行為に至ったケース………………………………………………………………………193
　　1．入所までの経緯　193
　　2．入所後の経緯　195
　　3．考察　202
第6節　G男——高機能自閉症への不適切な対応によって他害行為に及んだケース………………………………………………………………………210
　　1．入所までの経緯　210
　　2．入所後の経緯　212
　　3．考察　219

まとめと今後の課題··**229**
  1．本研究の概要　230
  2．本ホームにおける実践の成果と課題　238
  3．今後の研究課題　243

参考・引用文献　245
索引　250
おわりに　259

序章
問題の所在と本研究の目的

第1節 問題の所在

1．深刻な問題行動を表出する少年の抱える問題

　今日，少年犯罪などの深刻な問題行動を示す少年の背景に児童虐待問題[注1]や発達障害の問題があることがしばしば指摘されている。

　平成12年の法務省の調査によれば，少年院在院者の被虐待体験は男子で63.8％，女子で74.7％，特に家族以外の者から身体的暴力（重度）を受けた者の割合は80.9％，女子で性的暴力を受けた者の割合が68.6％に及ぶなど，在院少年は平素から暴力的環境にさらされてきたことがうかがえる。

　ちなみに平成17年度版犯罪白書によれば，少年院在院者の保護者の40％以上（父親43.5％，母親40.3％）が「子どもに感情的に手をあげていた」に「そう思う」と回答したのをはじめ，虐待に関連した各項目では平均54.9％の保護者が虐待的な対応をしていたと回答している。しかし，保護者の回答であることを考えると，これは現実よりもかなり低い数値であると推測される。

　また，松浦（2006）が少年院在院少年を対象に行った児童期虐待被害体験調査（Adverse Childhood Experiences Study）において，在院少年は一般高校生と比較して，身体的虐待は14倍以上，心理的虐待は7倍以上という得点を示した。

　このように，少年非行・少年犯罪の問題には，被虐待体験の問題が重大な影響を及ぼしていることは明らかであろう。

　また,発達障害の二次障害として,激しい行動化を表出する少年も少なくない。

　向井（2001）によれば，宇治少年院の入院時スクリーニングテストで約70％強の少年に注意欠陥多動性障害（ＡＤＨＤ），50％強に学習障害（ＬＤ）の可能性があり，その後の松浦（2006）による調査でも，3年間の入院者352名中，ＡＤＨＤサスペクトが約81％強，ＬＤサスペクトが63％強，両者の合併サスペクトが39％となっており，ＡＤＨＤやＬＤ[注2]などを抱える少年に対する不適切な対応が重なることによって非行や少年犯罪に発展していく危険性が示さ

れている。

　また，松浦が少年院在院少年を対象に行った児童期虐待被害体験調査においては，在院少年は一般高校生と比較して高い得点を示すだけでなく，6倍から8倍という数字になっている発達障害（サスペクトを含む）とは極めて高い相関を示しており，発達障害と虐待被害体験との間には強い関連性があるという結論が得られている。

　それと同時に，事件数自体は決して多くはないが，世間の注目を浴びた特異な少年犯罪事件の背後に広汎性発達障害（PDD）やアスペルガー障害の問題が存在しており，少年犯罪の問題を考える上でも，広汎性発達障害やアスペルガー障害に対する適切な理解は欠かせないことも指摘されている（杉山・2003・2005，十一・2005・2006，奥村・野村・2006）。

　このように，深刻な問題行動の背景にはADHDやLD，PDDなどの発達障害の問題と児童虐待の重複事例が数多く存在しており，少年たちの発達特性への理解と適切な対応を欠き，これに虐待やいじめによる被害体験といったリスク要因が重なると深刻な不適応を引き起こし，少年非行や少年犯罪にまで追い詰められていく危険性が指摘できる。

2．深刻な問題行動を表出する青少年の社会的自立をどこで支援していくのか

　日本では虐待などによって家庭から離れる子どもの91％が児童養護施設へ措置されているが，現在，定員一杯の状態である。また，深刻な問題行動を示す子どもに対しては，職員の配置数や労働条件，また職員の専門性の問題から十分な対応ができず，機能が崩壊状態となっている施設の存在も指摘されている[注3]。

　それでは，そのような深刻な発達上の課題を持つ少年たちの社会的自立を支援する場としてはどのようなところがあるのだろうか。

　虐待による深刻な問題を抱えている子どもに対しては専門的な治療的援助が行える場が必要であり，そのような場は，現在のところ，児童精神科の入院治療，情緒障害児短期治療施設，児童自立支援施設，治療的専門里親などであろう。

　全国児童青年精神科医療施設協議会に所属し，精神疾患や虐待，発達障害な

どを扱い，児童精神科の専門外来や病棟のある病院・施設は全国に28カ所。明確に児童や思春期の診療に応じていると表明している医療機関は2008年3月段階で32カ所となっている。齊藤（2008）は，このうち，児童精神科入院機能を持つ医療機関は全国で20数カ所であると指摘している。また厚労省の調査によれば，「子どもの心の診療」（厚労省）を定期的に行っている小児科医と精神科医は約1500人いるが，専用病棟を持つ医療機関と診療部門を持つ大学病院に勤務する児童専門医は全国でわずか70人であり，審議会（「子どもの心の診療拠点病院の整備に関する有識者会議」2008年9月19日）でも，数少ない児童精神科の専門医に患者が殺到し，数カ月の予約待ちとなっている現状が指摘されている。

　また，虐待などにより心的外傷を受けていたり，引きこもりや発達障害など日常生活に支障がある20歳未満の青少年(注4)を受け入れる施設である情緒障害児短期治療施設は，2007年10月段階で全国で31カ所（在所者数1151人・定員1484人）であり，児童養護施設に比べると心理専門職が多く配置され，専門的な治療的援助が期待されているが，一部の施設では児童養護施設同様，被虐待児などの深刻な発達上の課題を抱えた子どもへの対応ができず，機能不全となって一時受け入れ中止を決めた状況も報告されている。

　また，非行や暴力等，行動上の問題が顕在化している児童を受け入れる児童自立支援施設は，2007年10月段階で58カ所（在所者数1889人・定員4036人[注5]）となっているが，都市部を中心に130％を超える施設があり，そのために家庭裁判所が措置したくても措置できない事例や入園待機児童の事例も報告されている。

　また，このような深刻な発達課題を抱える子どもの受け入れによって施設が機能不全に陥ったり，定員超過のために受け入れ困難というケースの他に，入所年齢の問題がある。

　具体的には，情緒障害児短期治療施設や児童自立支援施設は原則として15歳までの学齢期の子どもを受け入れ対象としているために，年齢が15歳を超過した少年たちの受け皿とはなっていないことも大きな課題といえよう。

　ところで，諸外国の例に倣い，わが国でも2004年に「専門里親」制度が創設され，専門里親1人に上限2名の被虐待児が委託されているが，登録された専門里親は2007年度末段階で428人（内児童委託中は86人）にとどまっており，厚

労省の期待通りの増加は見せていない。

　柏女（2007）は，里親や児童養護施設の下で生活していた子どもたちが社会に巣立つときに，一般家庭の子どもたちと同じスタートラインに立てないという現実を踏まえ，社会的養護を巣立って自立をしていく際の"フェア・スタート（公平・公正な巣立ち）"の確保が重要であると指摘している。

　こうした意味でも少年たちの社会的自立を支える社会的サポートネットワークの構築は，とりわけ深刻な発達上の課題を抱えた少年たちにとっては喫緊の課題であると言えよう。

　それと同時に，非行や犯罪によって少年院に措置され，矯正教育を終えて少年院を退院しても，処遇困難な少年を引き受ける社会的受け皿としての中間施設は少なく，こうした少年への社会的な支援体制は極めて不十分な点も大きな課題であろう。

　実際，少年院を出院する時期になっても，保護者や更生保護施設が引き受けを拒否したために少年が出院できないケース，また受け皿がないために出院後再犯に追い込まれるケースも少なくない。

　元関東医療少年院医師の野村（2006）も，わが国の施設内処遇と社会内処遇の均衡が著しくバランスを欠いており，一連の処遇の一貫性・継続性を担保する全体を網羅した系統的なシステム[注6]と個別の少年をサポートする処遇チームが必要であると指摘している。たとえば，2008年4月現在，更生保護施設は全国で101カ所（収容定員2268人）あるが，このうち専ら少年を対象とする施設は5施設[注7]にとどまり，定員の約15％（男子少年は298人，女子少年は44人）が少年枠となっているに過ぎない。

　このような観点からも，社会復帰や更生を目指す少年たちの受け皿となる中間施設の広がりと充実が求められている。ちなみに，中間施設は青少年の社会的自立への支援を目的として，生活スキルや対人スキルなどの社会生活に必要な能力を養うだけでなく，少年たちにとって安全感が感じられ，また自立を果たした後にも帰っていくことが可能な青少年の居場所としても極めて重要な意義を有していると，筆者は考えている[注8]。

第2節　本研究の目的

　現在，筆者は治療的専門里親としてファミリーホーム（里親型グループホーム[注9]）を運営し，深刻な虐待体験や発達障害を有し，様々な問題行動や発達疎外状況が深刻化している少年に対する治療的援助や処遇に関わっている。

　筆者はこれまでの実践と研究を通じて，このような被虐待児や非行児には後に述べるメタ認知能力，また，それに密接に関連する実行機能に脆弱性を有していることが多いこと，それゆえに，こうした少年には生活場面の「治療・教育的な構造化」（=「生活そのものを治療的に働くよう統合し，秩序立てられた環境を構成していくこと」）を行うことを通じて少年たちのメタ認知能力の発達を保障し，自己モニター，自己コントロールの力の獲得に取組んでいくことが重要であると考え，ホームでの生活全体を通じて実践を展開してきた。

　そしてこれまでの実践を通じて，深刻な虐待体験を有している少年の場合でも，発達障害を基盤に持つ少年の場合でも，その治療的援助や処遇には多くの共通な部分があり，同一の場での取組みが可能であると考えるようになった。しかし，それと同時にそれぞれの課題によって独自な取組みが必要であることも実践の中で感じてきた。

　本研究の第1の目的は，ファミリーホームにおける安定した生活環境の保障と治療教育的な指導がこうした「深刻な発達上の課題を有する少年」たちの行動上の変容の上にどのような効果をもたらしたか，また，残された課題は何かを実践的に検討していくことである。

　なお，ここでいう「深刻な発達上の課題を持つ少年」とは，長期にわたる被虐待体験やいじめなどの影響で深刻な発達疎外状況を抱え，その発達疎外状況を深刻な行動障害や精神症状として表出している少年や，生来的な発達障害の問題が周囲から理解されず，不適切な指導，叱責やいじめなどに曝され続けた結果，二次障害が深刻化し，激しい問題行動を表出している少年たちを指している。本研究では，具体的な実践事例を検討していくことを通じて，ファミリーホームにおける，深刻な発達上の課題を有する少年への治療・教育的な援助の

課題と，そのために求められる実践方針，指導方法を明確化していきたいと考えている。

　本研究の第2の目的は，そうした深刻な発達上の課題を持つ少年たちが社会的自立を果たしていく上で欠かせない社会的なサポートネットワークの構築に向けての課題を検討していくことである。思春期の男子少年を受け入れている本ホームでは，入所して数年のうちに，否応なしに社会的自立の課題に直面することになる。ところが，少年たちの多くは困難な養育環境で育ったために，自己の未来像の指針となってくれる大人のモデル（「自己形成モデル」）がそもそも存在せず，またその自立を支える社会的資源も極めて貧弱である。それだけに，本ホーム退所後も継続される社会的支援のネットワークが少年達には必要不可欠であると考えるからである。

　本研究の第Ⅰ部では，今日，社会内処遇の場でも矯正教育の場でも大きな課題となっている，被虐待体験や発達障害を抱え，少年非行などの行動化や精神症状などの深刻な問題を表出している少年に対する治療・教育的援助の課題を先行研究や先行実践を基にしながら検討し，ファミリーホームにおける治療・教育的援助の課題を整理していきたい。

　第Ⅱ部では，本ホームの概要，入所少年の変遷に伴う土井ホームの実践方針の変遷過程と現段階での指導方針，そして，本ホームに入所した，深刻な発達上の課題を持つ少年に対する処遇効果について検討していきたい。また，本ホームでの具体的な事例を分析していくことを通じて，第Ⅰ部で述べた2つの課題に対する考察を行っていきたい。

　そして終章では，論文全体のまとめを行うと同時に，この研究を通じて，里親型グループホームが，深刻な発達上の課題を持つ少年に対する治療・教育の場としてどこまで機能し得るのか，その可能性と課題，また，その際に求められてくる社会的サポートネットワークづくりの課題を考察していくことを通じて，日本全国に広がりつつあるファミリーホームの実践的可能性と課題を探求していきたい。

補　注

1　近年，児童相談所に持ち込まれる虐待相談件数が急増している。厚生労働省によれば，統計を取り始めた平成２（1990）年度こそ1101件であったが，平成19年にはついに４万件を超えるなど深刻な様相を見せている。平成17年度の児童福祉法の改正で市町村の窓口で通告の受付を行うようになり，市町村での集計が加算されこの数はさらに増えつつある。

　　なお，通告の件数が急増しているのは，児童虐待の認識が広がり，暗数が表面化しつつあるにすぎないという指摘もある。しかも虐待を受けた子どもは翌年には被虐待児ではなくなるということはなく，この数字は毎年積算される。わが国の年間出生は110万人前後であるから，少なくとも児童の２％と推測できると杉山（2004）は指摘している。

2　発達障害にかかわる語句や略語などは数多くあるが，主なものは以下の通りである。
　　・ＬＤ【学習障害】（Learning Disabilities）
　　・ＡＤＨＤ【注意欠陥多動性障害】（Attention Deficit/Hyperactivity Disorder）
　　・ＨＦＡ【高機能自閉症】（High Function Autism）
　　・ＰＤＤ【広汎性発達障害】（Pervasive Developmental Disorders）
　　・【自閉性障害】（Autistic Disorder）
　　・【レット症候群】（Rett's Syndrome）
　　・【小児崩壊性障害】（Childhood Disintegrative Disorder）
　　・ＡＳ【アスペルガー症候群】（Asperger's Syndrome）
　　・ＰＤＤ－ＮＯＳ【特定不能の広汎性発達障害】（Pervasive Developmental Disoders Not Otherwaise Specified）

3　厚生労働省は2008年11月31日，「家庭で暮らせない子供たちが生活する児童養護施設などのケアの実態」について初の全国調査結果を公表した。対象は児童養護施設559カ所・約３万人のほか，乳児院，児童自立支援施設など計1040施設で，平均回答率は87.21％だった。

　　調査によれば，家庭で虐待を受けた子どもは，児童養護施設59.2％，乳児院34.6％，児童自立支援施設63.5％，情短施設77.7％だった。

　　発達障害や行動障害と診断，ないしその疑いがある子どもは，児童養護施設20.0％，乳児院13.3％，情短施設69.3％，児童自立支援施設39.6％にのぼった。

　　児童養護施設が「この施設でのケアが適していない」とみる入所児は9.7％，同様に乳児院16.2％，児童自立支援施設11.4％，情短施設11.8％という結果だった。

4　情短施設の対象とする児童は，当初想定されていた養育上の課題による反応性の情緒障害の子どもだけではなく，被虐待児や不登校児，発達障害児なども含ま

れている。特に近年は被虐待児の増加が顕著で，その割合も多く，2006年では入所児の68.3%を占めており，他方，広汎性発達障害圏の子どもの入所率も，2005年では12.6%と，被虐待児に比べてまだ低率であるものの増加傾向にある。また軽度発達障害圏の子どもは2004年では20%を越えている（独立行政法人福祉医療機構・2007，2008）。
5　ちなみに，定員充足率の低下をみせていることに関して，全国児童自立支援施設協議会では，2007年に全58施設を対象に調査を行ったところ，30〜40%に布置するグループと70〜80%に布置するグループに2極化していることが明らかになった。その原因として施設の設置地域（人口集中地域や政令都市の施設ほど充足率が高い）の問題と施設の実践に関する児童相談所（以下、児相）の評価と連携の度合いによるものという指摘がある。
6　元家裁調査官の藤原も，社会的養護，少年司法を貫く理念（児童福祉法第1条，少年法第1条，教育基本法の目的）は「少年の健全育成」という同一基盤にあり，その理念が社会制度として少年たちの更生保護の一貫したシステムに反映される必要性を指摘している（藤原2006・P117）。
7　更生保護・社会内処遇にかんする世論の高まりを受け，法務省有識者会議は，平成17年6月27日，保護観察官の倍増，国立更生保護施設の建設や「居住地指定制度」などを主な柱とする最終提言を行った。
8　こうした実情を受け，法務省は2007年10月から北海道沼田町で少年院仮退院者等を宿泊させながら，農業実習と農業への就業支援を行う沼田町就業支援センターを開設したが，全国3カ所（福島，京都，福岡）で計画した自立更生促進センターに関しては，住民の反対によって予定時期での開設は困難となっている。
9　2009年4月1日に施行された改正児童福祉法では，第二種社会福祉事業として「小規模住居型児童養育事業」として制度化された。

第Ⅰ部
深刻な発達上の課題を抱える青少年の社会的自立に向けての課題

第1章
深刻な発達上の課題を持つ青少年の問題

児童虐待や親子分離，養育者の相次ぐ変更などによる心的外傷体験によって深刻な発達疎外状況に追い込まれている少年，あるいは，ＡＤＨＤやＬＤ，ＰＤＤ（広汎性発達障害）などの発達障害を抱え，それへの適切な理解と支援を欠いたために不適応を起こし，その結果，激しい問題行動を表出し，少年非行や少年犯罪に追いつめられていく少年たちがいる。

　このような深刻な発達上の困難さを抱える少年たちの存在と社会的なニーズを踏まえ，厚労省は専門里親に期待する養育対象を，制度制定当初の被虐待児から非行少年，さらには障害児へと順次拡大してきている。

　第1章では，こうした少年たちの社会的自立に向けた支援の課題を明らかにするために，少年たちが抱える深刻な問題に対して児童虐待がどのような影響を及ぼしているのか，発達障害の特性がどのような困難さを惹起しているのか，また児童虐待や発達障害に対する不適切な対応などによる被害体験の集積が少年非行（犯罪）や深刻な行動障害へと転化していくメカニズムを概観し，その指導，援助の課題を先行研究に基づいて整理していきたい。

第1節　児童虐待について

1．児童虐待がどのような深刻な発達上の課題を引き起こすのか

1）子どもにもたらす影響
斎藤（1994）は，虐待は以下のような影響を子どもに与えると述べている。

身体的虐待

死亡，脳障害，精神発達遅滞，脳性まひ，学習障害，視覚障害などといった身体的レベルの問題を生じる可能性がある。身体的虐待によって生じるこれらの神経学的な障害は長期間にわたる機能に重大な影響を及ぼしており，身体的虐待を受けた子どもの25％から30％が頭部外傷の直接的な結果として何らかの脳障害もしくは神経学的機能障害を呈していると考えられる。このほか，仲間の子どもと関係がうまく結べない，多動性，爆発性憤怒と反抗，夜尿，多飲・多食といった情緒・行動上の問題を示す。

養育の放棄・怠慢（ネグレクト）

ネグレクトは子どもの心身の生育に大きな影響を与える。身体的には「愛情遮断性症候群」や「非器質性体重増加不良」といった低身長，低体重を生じることがある。こうした成長障害には，食事が適切に提供されないといった身体的，物理的な要因だけでなく，「愛情」といった要素も大いに影響している。養育放棄をする養育者自身が深刻な精神的，情緒的問題を抱えているケースが多く，子どもに与える心理的影響もより重篤となる。このほか，知的発達の遅れ，多動性，夜尿，爆発的憤怒と反抗，過度のなれなれしさなどの傾向もみられる。

性的虐待

性的虐待を受けた子どもによく見られる現象として，「経験する自己」と「観察する自己」の切り離し・解離がある。子どもは虐待の苦痛を軽減しようとして感情や記憶を分裂させる解離を起こし，多重人格が起こることもある。このほか，知的発達の遅れ，仲間の子どもと関係が結べない，過度のなれなれしさ，

夜尿，性への強い関心といった傾向も見られる。

心理的な虐待

他の人を信頼することができないため，適切な人間関係が築けなくなり，他人への攻撃性が増す。自分が悪いから虐待されていると考えることによる自尊心の低下，貧しい自己イメージから自暴自棄な行動をとることもある。このほか，多動性，爆発性憤怒と反抗，仲間の子どもと関係が結べない，過度のなれなれしさといった傾向が見られる。

2）虐待などの長期反復性のトラウマがもたらす影響

ハーマンらは，児童虐待や監禁など長期反復性のトラウマに関して，適切な治療がなされない場合には，その終着駅はDESNOS（DSM—Ⅳ—TR「他に特定されない極度のストレス障害」）として知られる病態となることを指摘している。

こうした概念によって，ハーマンらは長期反復性外傷被害者が示す複雑な精神症状をとらえようとしており，Ⅰ～Ⅶの7つのカテゴリーに分けられた，合計27の症状を抽出した。

そこには，感情コントロールや対人関係の不安定さが障害の特徴として示され，生物学的側面や愛着形成を含め，虐待が及ぼす長期的影響を総合的に把握する上で大きな示唆を与えるものであると考えられる（ヴァン・デア・コルク van der Kolk 2001，ハーマン 1996 他）。

表1 複雑性PTSDないしDESNOSの症状

1 全体主義的な支配下に長期間（月から年の単位）服属した生活史。
実例には人質，戦時捕虜，強制収容所生存者，一部の宗教カルトの生存者を含む。実例にはまた，性生活および家庭内日常生活における全体主義的システムへの服属者をも含み，その実例として家庭内殴打，児童の身体的および性的虐待の被害者および組織による性的搾取を含む。
2 感情制御変化であって以下を含むもの
・持続的不機嫌 ・自殺念慮への慢性的没頭

・自傷
・爆発的あるいは極度に抑止された憤怒（両者は交代して現れることがあってよい）
・強迫的あるいは極度に抑止された性衝動（両者は交代して現れることがあってよい）

3	意識変化であって以下を含むもの・外傷的事件の健忘あるいは過剰記憶

・一過性の解離エピソード
・離人症／非現実感
・再体験であって，侵入性外傷後ストレス障害の症状あるいは反芻的没頭のいずれかの形態をとるもの

4	自己感覚変化であって以下を含むもの

・孤立無援感あるいはイニシアティヴ（主動性）の麻痺
・恥辱，罪業，自己非難
・汚辱感あるいはスティグマ感
・他者とは完全に違った人間であるという感覚（特殊感，全くの孤立感，わかってくれる人はいないという思い込み，自分は人間でなくなったという自己規定が含まれる）

5	加害者への感覚の変化であって以下を含むもの

・加害者との関係への没頭（復讐への没頭を含む）
・加害者への全能性の非現実的付与
・理想化あるいは逆説的感謝
・特別あるいは超自然的関係の感覚
・信条体系の受容あるいは加害者を合理化すること

6	他者との関係の変化で以下を含むもの

・孤立と引きこもり
・親密な対人関係を打ち切ること
・反復的な救助者探索（孤立・引きこもりと交代して現れることがあってよい）
・持続的不信
・反復的な自己防衛失敗

7	意味体系の変化

・維持していた信仰の喪失
・希望喪失と絶望の感覚

『心的外傷と回復』（P189）より引用

　R・M・リース（2005）は，こうしたコルクやハーマンの研究をふまえ，各機能領域で，虐待による影響が児童期から成人期に向けてどのように深刻化し

ていくのかを，以下のように整理している。

表2 各機能領域の虐待による影響

<table>
<tr><td rowspan="2">児童期
↓
成人期</td><td>神経学／医学</td><td>知性／認知</td><td>社会／行動</td><td>心理／情緒</td></tr>
<tr><td>軽度の損傷
脳損傷・機能不全
神経生物学的影響
知的障害
言語障害
身体的障害
致死</td><td>IQ低下
不注意
学習障害
学力の欠如
低い読解力
学業不振
落伍</td><td>攻撃性
怠学
家出
非行
乱交
売春
10代の妊娠
問題飲酒
薬物使用
犯罪及び暴力
パートナーへの暴力
児童虐待
失業</td><td>不安
抑うつ
自尊感情低下
低い対処技能
敵意
自殺企図
外傷後ストレス障害
解離
境界性人格障害
身体化障害
多重人格障害</td></tr>
</table>

伊東（2006）は，災害や事故などによる1回だけの外傷体験に対して，虐待などによって子どもの養育システムそのものが侵襲的であり，日常的に多くのトラウマを受けてきた場合には，愛着形成や発達に異なる側面を示してくることが知られていると述べ，その影響について以下のように指摘している。

児童養護施設に入所中の虐待を受けた既往のある子どもでは攻撃性，規則違反・逸脱行動，対人関係の問題，意欲の低下，社会性の問題，多動・衝動性などが高い頻度で認められた。

伊東は，被虐待児がその一生の間にPTSDと診断されるのは3分の1と言われ，PTSD以外に分離不安障害，反抗挑戦性障害，不安障害，ADHDなどが多く診断されたという報告もあり，慢性反復性の外傷体験がある場合，PTSDの診断だけで状態を説明し尽くすことはできないと述べている。

そして伊東は，ハーマンらが提唱した複雑性PTSDないしDESNOS（他に特定されない極度のストレス障害）という症候群は，このような者が示す複雑

な精神症状を捉えようと試みたものであり，そこには，感情コントロールや対人関係の不安定さが障害の特徴として盛り込まれており，生物学的側面や愛着形成を含め，虐待が及ぼす長期的影響を総合的に把握する上で示唆的であると指摘し，慢性反復性トラウマを受けた子どもの特徴を以下のように紹介している。

① 生物学的変化

　一般に危機的状況が続くと，扁桃体や海馬を含む大脳辺縁系が生存をかけて緊急に反応するが，危機が慢性化すると扁桃体がわずかな刺激にも容易に活性化して，不適切な強い恐怖感や攻撃的行動に至る。また，脳の左半球の発達が障害されることは被虐待児に独特の認知の偏り，感情の爆発，論理的思考や言語表現の乏しさに至る。

② 愛着と自己像

　乳幼児期の養育者との関係は，自己と他者，その関係性の概念形成につながるが，虐待・ネグレクトなどで養育者から必要な情緒的応答がなく，子どもの内面に安定した養育者像が確立されなければ，安心感を得ることができず，他者と協調する能力の獲得が困難となる。また，養育者から拒否され傷つけられることが続くと，「自分は無力で愛される価値がない」という否定的な自己像が確立してしまう。本来子どもが成長過程での失敗を乗り越えるために必要な健康的な万能感をもてず，罪悪感や抑うつから周囲の援助を求めなくなる。人への信頼感が育たないために社会的に孤立する。

③ 自己コントロールと解離

　子どもが感情調節をするには，自分の内的感情に気づき，養育者との応答を通じて自らの感情を整理することを学ぶが，慢性的ストレス下にあると，その一連の過程を経験する機会が少ないうえ，身体感覚としての危機状況が持続するため，恐怖や不安を少しでも感じれば，自分の内的感情に名前をつけて表現する代わりに，「闘争か逃走か」反応という原始的な選択をする。「闘争」を選んだ場合，攻撃的行動を取ることで危機的状況を脱しようとする。同時に暴力的文化の影響や過去の体験に対する怒りや恨みの感情も加わる。無力であった自分を克服しようとして，今度は強い加害者の立場で被害体験を再演することもある。

逆に「逃走」を選択した場合，現実に逃げる力のない子どもは，恐怖を感じなくするために解離を多用する。以前の嫌な感情が蘇ることは強い苦痛をもたらすため，思春期以降ではその侵入を遮断するための飲酒，薬物への耽溺も問題となる。

④ 知的発達

警戒心が解けないと集中して知的課題に取組んだり，新しいことに関心を持つことができない。また，養育者との言語的やり取りが乏しければ言語発達は滞り，論理的思考の育成が妨げられる。そのために慢性反復性のトラウマを持つ子どもには全検査ＩＱおよび言語性ＩＱの低さが認められており，学習への取組みの悪さから学校での不適応につながりやすい。

2．児童虐待と少年非行・少年犯罪

このように長期反復的な虐待を受けた子どもは，常に暴力的な養育環境に身を置いているため，暴力支配の虐待的な人間関係，支配―被支配の関係性を内面に取り込んで，対人関係においても暴力的，破壊的な様相をみせ，さらに衝動統制の困難と暴力行為に対する抵抗感のなさからすぐに暴力を加えてしまうこともしばしばみられる。

また，性的虐待を受け続けた結果，脆弱な自我のまま思春期を迎え，夜間徘徊や家出，そして逸脱した性行動へと発展してしまう危険性があることも指摘されている。

このように，長期反復的な虐待は被害児の認知の混乱だけでなく，被害児を破滅的行動へと追い込み，ある局面では被害児を加害者に転化させ，逸脱行動・非行へと発展していくこともしばしば生じてくると橋本（2004）は述べている。

藤岡（2002）は，「暴力の再生産過程――被害と加害の円環」において，トラウマの長期的影響は被虐待児と非行児に共通のものであり，虐待的環境が与える感情的，認知的，行動的影響が一部の被害者をして加害者をも演じられるトラウマの反復強迫へと導くと指摘している。

森（2002）も，少年院の在院少年には統計で示されている以上の被虐待体験，学校や職場からの疎外体験があり，無力感や絶望感に支配された状態から抜け

出すために反社会的価値観や態度を取り入れ，被害者側から加害者側に転じることで身を守ろうとしたケースは少なくないと述べている。

　杉山（2006b）は，「子ども虐待の影響は幼児期には反応性愛着障害（ＲＡＤ）として現れ，次いで小学生になると多動性行動障害（Hyperkinetic Conduct Disorder）が目立つようになり，徐々に思春期に向けて解離（Dissociative Disorder）や外傷後ストレス障害（ＰＴＳＤ）が明確になり，その一部は非行に推移していく」と述べている。

　このようなプロセスを経て，虐待被害体験が行為障害や少年非行・少年犯罪へと発展していくのである。

第2節　発達障害について

1．発達障害とは何か——広汎性発達障害とＡＤＨＤの問題に視点を当てて——

　杉山（2007ｂ）は，発達障害とは，「子どもの発達の途上において，何らかの理由により，発達の特定の領域に社会的な適応上の問題を引き起こす可能性がある凸凹を生じたもの」，あるいは「発達途上に生じた発達の道筋の乱れ」と定義している。

　宮本（2007）によれば，発達障害という考え方は，そもそも1960年代から70年代にかけて，主として知的障害を中心とした状態に対して，行政上の支援を行うための根拠となる法律が米国連邦議会で検討され，その法律において「発達障害」が初めて公的に論じられたことに始まるとされている。

　黒川（2007）は，発達障害という言葉は，アメリカ精神医学会の診断マニュアル「精神疾患の分類と手引き」第3版改訂版・ＤＳＭ－Ⅲ－Ｒ（1987）から対象が拡大したと指摘している。ＤＳＭ－Ⅲ－Ｒでは，①全般的な能力の発達の障害である精神遅滞，②特徴ある能力障害分布を示す自閉症，③特定の能力の障害（言語障害，読字障害，計算障害など）を発達障害としているが，黒川は，日本の多くの研究者は，この3つに注意欠陥多動性障害（ＡＤＨＤ）を加えたものを発達障害としていると指摘している。

　ちなみに，2005年4月に施行された発達障害支援法では，これらのうち，精神発達遅滞（知的障害）を合併していない（ＩＱ70以上）狭義の脳の発達障害を「発達障害」と定義している。発達障害の範疇に入る疾患は以下の通りである。

　　①　学習障害（ＬＤ）
　　②　注意欠陥多動性障害（ＡＤＨＤ）
　　③　高機能広汎性発達障害（高機能自閉症，アスペルガー症候群）
　　④　発達性協調運動障害（ＤＣＤ）

第1章　深刻な発達上の課題を持つ青少年の問題　　41

　ここでは，深刻な問題行動を示す少年の問題を理解していく上ではとりわけ必要不可欠であると考えられる注意欠陥多動性障害（ＡＤＨＤ）と広汎性発達障害（ＰＤＤ）について見ておきたい。

1）注意欠陥多動性障害（ＡＤＨＤ）

　ＡＤＨＤは中枢神経系の機能不全により，年齢あるいは発達に不釣り合いな注意の集中や行動コントロールの難しさが特徴の発達障害である。
　ＤＳＭ－Ⅳによれば，ＡＤＨＤの3主徴は以下の通りである。
　① 不注意
・学業，仕事，またはその他の活動において綿密に注意する事ができない。または，不注意によるミス・過ちが目立つ。
・課題・仕事または遊びの活動で注意を持続する事が難しい，または困難である。
・直接話しかけられた時に聞いていないように見えることが多い。
・反抗的な行動または指示を理解できないということではないのに，指示に従えず，学業，用事，または職場での業務をやり遂げる事ができない。
・課題や活動を順序立てる事が苦手・困難である。
・学校の宿題や課題など，精神的努力の持続を要する課題に従事することをしばしば避ける，嫌う，またはいやいや行う。
・各種の作業や課題や活動に必要なもの（おもちゃ，教材，鉛筆，本，道具など）をよくなくす。
・外からの刺激によって容易に注意をそらされる。
　② 衝動性
・質問が終わる前に出し抜けに答えたりする。
・順番を待つ事が困難・苦手である。
・人の邪魔をしたり，介入したりする傾向がある（人の会話やゲームに割り込むなど）。
　③ 多動性
・よく手足をそわそわと動かし，または椅子に座っているときにもじもじする。

・教室や,その他,座っていることを要求される状況で席を離れることが多い。
・不適切な状況(おとなしくしていなければいけない状況など)で,余計に走り回ったり高い所へ上がったりする(青年または成人では落ち着かないように感じられるだけのときもある)。
・静かに遊んだり余暇活動につくことができない。
・「じっとしていない(動き回る)」または「まるでエンジンで動かされているように」行動することが多い。
・しばしばしゃべりすぎる(おしゃべりが目立つ)。

なお,DSM-Ⅳ-TRでは,症状の表れ方によって,多動性―衝動性優勢型,不注意優勢型,混合型の3種に下位分類されている。

長尾(2006)はADHDの合併・併存症としては反抗挑戦性障害,行為障害,学習障害,不安障害・うつ状態,思春期躁うつ病,チック・トゥレット病が多いとしている。

また長尾はADHDの家族集積性を指摘しており,両親の子ども時代の様子や兄弟の様子を聞くことで,家庭での様子や関係の理解が進む場合もあると述べている。

ADHDの症状は場所・時間・相手・まわりの状況などで症状が変わるため,学校での様子と家庭での様子が一致しないことも多い。これは,ADHD児には被影響性が強く,周りとの関係で二次反応による症状加工を呈することも多いためであると長尾は説明している。長尾は,一般的には発達とともにADHDの症状は軽くなるが,基本的特徴はもち続けることが多く,適切な治療や対応によって,これが生活の支障とならないような工夫が求められると指摘している。

2)広汎性発達障害(PDD)

広汎性発達障害は自閉症スペクトラム(連続体)とも呼ばれ,自閉性障害,アスペルガー障害,特定不能の広汎性発達障害(非定形自閉症を含む)など,社会性の発達の遅れを中心とする発達障害の総称である。

DSM-Ⅳによれば,広汎性発達障害の特徴は,以下の通りである。

① 対人関係（社会的相互交渉）の障害
・目と目で見つめ合う，顔の表情，体の姿勢，身振りなど，対人的相互反応を調節する多彩な非言語性行動の使用の著明な障害。
・発達の水準に相応した仲間関係をつくることの失敗。
・楽しみ，興味，成し遂げたものを他人と共有すること（例：興味のあるものをみせる，もって来る，指さす）を自発的に求めることの欠如。
・対人的または情緒的相互性の欠如。

② コミュニケーションの障害
・話し言葉の遅れまたは完全な欠如（身振りや物まねのような代わりの意志伝達の仕方により補おうという努力を伴わない）。
・十分会話のある者では，他人と会話を開始し継続する能力の著明な障害。
・常同的で反復的な言葉の使用または独特な言語。
・発達水準に相応した，変化に富んだ自発的なごっこ遊びや社会性を持った物まね遊びの欠如。

③ 反復的・常同的行動，狭い関心や活動性
・強度または対象において異常なほど常同的で限定された型の，1つまたはいくつかの興味だけに熱中すること。
・特定の，機能的でない習慣や儀式にかたくなにこだわるのが明らかである。
・常同的で反復的な衒奇的運動（例えば，手や指をぱたぱたさせたりねじ曲げる，または複雑な全身の動き）。

ところで，自閉症の脳機能障害の特徴を橋本（2002）は以下のように説明している。
① マインド・ブラインドネス（人の気持ちを読み取ることの障害）
② 実行機能の障害（計画，努力，我慢に関する障害）
③ 中枢統合機能の障害（要らない情報の切り捨てと，要る情報の選択の障害で，情報量が多すぎて適切に処理できない）
④ 感情認知の障害（人の感情を読み取れない，表情を推し量れない）

こうしたことが自閉症の非社会性の要因にもなっているのである。

また，橋本はこれを情報処理の観点から整理して以下のような特徴を指摘している。
① 刺激の過剰選択性（情報を整理できずに過剰に取り込んで混乱を起こす）
② 継次処理過程（並列処理ができない。1つずつしかできない）
③ 視覚優位（聴覚よりも一般に視覚に強みを持つ）
④ 一般化の困難性（応用が利かない）
⑤ 因果関係の理解困難（目に見えることは理解可能だが，目に見えないことは理解困難）
⑥ 時間，空間の理解困難（過去と現在の区別に困難を抱え，迷子になりがち）
⑦ 社会的認知困難（おじさんやいとこといった関係性理解が困難であり，私服刑事を警察官と理解できない）
⑧ コミュニケーションの困難（場の空気を読めず，自分の関心を一方的に話す）

3）虐待と発達障害の関係，その両者の鑑別の困難さ

遠藤・染矢（2006）は発達障害と虐待の問題は切り離して考えることは不可能であるとし，たとえば，ＡＤＨＤ児はその育てにくさのためにしばしば虐待の被害者となると述べている。

杉山も継続的にフォローアップしている1000名以上の児童青年のうち，ＡＤＨＤの診断基準を満たす者の77％に何らかの虐待の既往があると述べ，受診した虐待被害児575名中の54％の児童に何らかの発達障害が認められること，しかもＰＤＤのなかで知的障害を伴うものは少なく，85％まではＩＱ70以上であったというデータに基づき，高機能広汎性発達障害（ＨＦＰＤＤ）をはじめとする発達障害が虐待のリスク要因となっていることを指摘している（杉山・2007ｃ，2006ａ，2005ｃ，2004）。

また，被虐待児と発達障害児との鑑別の困難さの問題もしばしば指摘されている。

ヘネシー・澄子（2004）は反応性愛着障害の観点から虐待の影響を整理しているが，杉山（2007a）は，ヘネシーが被虐待の影響として整理している内容には自閉症やＡＤＨＤの症状として広く知られている症状が含まれているとコメントしている。

ちなみに、杉山は反応性愛着障害の抑制型は自閉症圏の発達障害に非常によく似ており、特に高機能広汎性発達障害との鑑別は極めて困難であり、その一方で脱抑制型は注意欠陥多動性障害によく似た臨床像を呈すると述べている。杉山は子ども虐待によって生じる反応性愛着障害の脱抑制型においては多動性行動障害がほぼ必然的に生じるとし、杉山が診察した被虐待児の8割がなんらかのADHD様症状を示したことを明らかにしている。その上で、杉山は、臨床上は同一の多動性行動障害を示す両者の鑑別点は、虐待によって生じた多動は不注意優勢型が多いのに対して、一般的なADHDは混合型が多い点であるとしている。

4）メタ認知の問題

　そして、ADHDとPDDの両者に共通する問題として、メタ認知能力、そして実行機能の障害の問題が指摘できると考えられる。ちなみに、これは発達障害の少年だけでなく、被虐待状況に置かれてきた子どもにもしばしば共通する問題であると考えられる。

　海保（1996）はメタ認知能力について以下のように整理している。
　メタ認知能力は自己モニタリングと自己コントロール力の2つの側面から構成されるが、自己モニタリングは、さらに次に3つの領域からなっている。
　① 自分は何を知っていて何を知らないかを知る（知識についてのメタ認知）。
　② 自分は何ができて何ができないか、どこまでできるかを知る（能力についてのメタ認知）。
　③ 自分の今の心の働き、心の状態がどうなっているかを知る（認知状態についてのメタ認知）。

　そして、もう1つの自己コントロール力には、次の2つ目の局面があるとしている。
　① 目標遂行と認知状態に応じた対処方略を選ぶこと（方略選択についてのメタ認知）。
　② 対処方略を実行し評価し訂正する（行為の実行と評価についてのメタ認知）。

この2つの局面は，PDS（計画―実行―評価）のサイクルの中に位置づけられる。つまり，方略選択についてのメタ認知はP（計画）段階で，行為の実行と評価についてのメタ認知はD（実行）段階とS（評価）段階で問題にされることになる。

　そして，こうしたメタ認知統合機能と関係が深いのが実行機能である。
　船橋（2005，P 52）によれば，ひとがある目的を遂行するために様々なプロセスや感覚系，運動系などの機能系をうまく協調して働かせる仕組みが実行制御（executive control）と呼ばれ，このような仕組みによって生み出される機能が実行機能（あるいは遂行機能，executive function）と呼ばれる。物事を処理していくためには外界の出来事をモニターしたり，その出来事の中で個体に必要な情報に注意を向けたり，関連した情報を長期記憶の中から取り出したり，その取り出す，もしくは選択した情報を他の情報と統合したり，操作したりして，新たな情報を作り出すこと，新たに生成された情報を必要な部位に出力すること，不必要な出力を抑制することなどが必要であり，これらのプロセスがうまく協調して働く必要がある。これらの働きが実行機能と呼ばれるものである。

　また，鴫原（2006）は，実行機能を以下のように定義している。
　①　未来のために計画を立てる能力
　②　自己の行動をつかさどる能力
　③　反応を抑えたり（適正な時期まで）遅らせたりする能力
　④　行動を柔軟にする能力
　⑤　情報を統合する能力
　鴫原は，一部の発達障害は時期を過ぎても十分な「実行機能」が発達しないことで説明できるとし，ADHD，トゥレット症候群[注10]，強迫性障害，早期に治療を受けたフェニールケトン尿症など児童期の病態がこれに該当すると指摘している。
　このような実行機能の障害が様々な社会的場面や学校場面での適応の困難さにつながり，結果として様々な問題行動につながっていく危険性が生じてくると考えられる。

2．発達障害の二次障害としての激しい問題行動や少年犯罪

1）ＡＤＨＤと少年非行・少年犯罪

　ＡＤＨＤの子どもは，特に集団教育の場面が多くなる小学校入学後に問題が目立つことが多くなり，その衝動統制や行動修正の困難さ，多動傾向によってしばしば叱責されたり，疎外される場面が多くなり，そのことによって自尊感情の低下を招くばかりか，被害的な認知の固定化によって周囲との関係が悪化するという悪循環に陥ることがしばしばみられる。

　杉山（2006a）は，継続的にフォローアップしている1000名以上の児童青年のうち，ＡＤＨＤの診断基準を満たす者の77％に何らかの虐待の既往があり，その43％に何らかの行為障害が見られたとしている。

　原田（2007）は，ＡＤＨＤの子どもはその障害特性によって周囲とのトラブルを引き起こしがちであり，その結果，他罰的となって周囲に怒りを抱くなど，ＡＤＨＤの特性が不適切な方向に子どもを導いてしまう危険性があることを指摘している。たとえば，衝動性は抱いた怒りを即自的に表出させるであろうし，言語機能が低ければ，うまく表出されない怒りは行動として現れやすくなる。また，低い認知機能は状況をうまく把握できなかったり，言動を曲解するがゆえに，子どもの怒りを増幅させる方向に働く可能性があるのである。

　こうして反抗的になった子どもに対して親がさらに激しい叱責や体罰などの不適切な養育を続けると，子どもの怒りや反抗も持続的になり，性格に根づいていく悪循環が形成される。こうした状態が「反抗挑戦性障害」と呼ばれるものであり，反社会的行動をとる準備状態であると原田は述べている。

　そして，このような，大人に対して反抗的であり，周囲からも孤立した子どもを受け入れてくれるのが同じような境遇に置かれた子どもたちである。このために彼らは思春期を迎える頃から非行グループに属することが多くなる。一方，崩壊した家族ではモデルとすべき適切な大人像が得られないため，言語，認知機能の低い子どもは特に，反社会的な大人像を理想化し，行為障害を呈することになると原田は指摘している。

　このように，ＡＤＨＤの並存症あるいは後遺症として，多動性行動障害から反抗挑戦性障害（ＯＤＤ），そしてその一部が行為障害（ＣＤ）に移行し，成人

に至って反社会性人格障害（APD）に結実する一群があるとされ，齊藤（2006）はこれを「外在化障害の展開」であり，破壊的行動障害マーチ（DBDマーチ）と呼んでいる。

2）PDDと深刻な問題行動・少年犯罪

　PDDの子どもの場合，マインドブラインドネスによって相手の感情を読み取ることが困難であるために，本人にそのつもりはなくとも，結果的に相手に対するいじめや嫌がらせの行為になってしまうことがある。

　また，杉山（2003）は，感覚過敏からくる不快体験やいじめなどの被害体験によって不快な記憶の貯蔵庫が一度つくられてしまうと，些細な出来事が鍵刺激となって過去の不快な体験と激しい情動がよみがえり，その結果，「被害的・迫害的認知の固定化」が起きて，対人関係を被害的に読み取り，トラブルを頻繁に起こす事態も生じてくるのである。

　杉山は，高機能広汎性発達障害の児童はその集団行動の困難さの問題とも相俟って，激しいいじめの対象となりがちであり，しかも低学年のうちはいじめを受けても比較的無関心なものが少なくないが，「心の理論」を獲得し，他者の心理を読むことがある程度可能になる小学校高学年になると，今度は自閉症圏の発達障害の現象であるタイムスリップ現象によって，ささいなきっかけで昔の不快場面のフラッシュバックが生じ，大騒ぎを繰り返すようになると指摘している。

　さらに杉山は，高機能広汎性発達障害の子どもの中には周囲の大人が脅威を感じるような暴力的噴出を伴う発作的興奮を繰り返すものが存在することを指摘している。そして，そうした事例では，ささいなきっかけで顔色が変わり，あたかも変身するかのように急に激高して暴れだすが，興奮がいったん収まると平静な表情に戻るという状況がすべての事例に認められたと述べている。

　ちなみに，杉山は，こうした子どもたちを，以下にあげた3つの類型で整理している。

　① ファンタジーへの没頭と戦闘型テレビゲームへの偏向があり，ストレス場面で急にゲームの世界に切り替わってしまい，あたかも変身するかのように暴れだすもの。

② 対人的な過敏性が著しく高く，後から肩をたたかれるといきなり殴り返すなど，ささいな働きかけや接触に対して激高するもの。
③ 他の子どもとの交流がことごとく被害的，迫害的に受け取られ，暴力的な反撃を繰り返すもの。

そして，これらの児童全員に不安が高く，自分が達成できないと感じると学校の課題そのものを回避してしまう傾向が認められると杉山は指摘している。

表3　暴力的な噴出を繰り返す児童の類型と対応

類型	要因	学校での対応	家庭での対応
Ⅰ型	ファンタジーへの没頭	不快場面を極力避ける　興奮する前に言葉かけ	戦闘型ゲームの禁止　薬物療法の導入
Ⅱ型	対人過敏性	少人数クラスにする　少しずつ我慢をさせる	暴れないことへのご褒美　薬物療法は必須
Ⅲ型	敵対的対人関係の固定	からかいやいじめからの保護　被害的にならない説得	暴れないことへのご褒美　薬物療法の導入

杉山（2003）

また，すでに指摘したように，社会に衝撃を与えた少年犯罪事件の中にも発達障害に対する無理解や不適切な対応やいじめなどによる二次障害が引き起こした事例が少なくない。

元家裁調査官の藤川（2007）は，ＰＤＤと診断もしくは鑑別され，家庭裁判所に係属した32例の非行事例を分析し，非行に至る動因として4類型に分類している。

藤川は，ＰＤＤを有する少年の非行様態が，被害者の反応を期待せず，合意を得ることをそもそも考えておらず，完全に一方通行であることで，一般の非行少年とは本質的に発生の機序が異なっていることを指摘し，中には実験的関心によるものが含まれ，一般の非行における少年犯罪とまったく印象が異なると述べている。

表4　非行に至る動因としてのPDDの4類型

1．対人関心接近型		21例（65.5%）
2．実験型	① 人体実験型	2例（6.3%）
	② 物理実験型	2例（6.3%）
3．パニック型	① 偶発	1例（3.1%）
	② フラッシュバック	3例（9.4%）
4．障害本来型		3例（9.4%）

藤川（2007）より引用

　このように，PDDを有する子どもたちは，その発達特性への適切な理解と対応を欠いたり，いじめや虐待などのリスク要因が重なると，少年犯罪や非行へと発展する危険性があることには十分に留意する必要があると考えられる。

補　注

10　トゥレット症候群は小児期出現の常染色体劣性遺伝を持つチック症で，広範囲の運動チックと発声チックを特徴とし，時に強迫的行動，注意散漫を伴い，稀に汚言や反響語がみられる。強迫性障害（Obsessive-Compulsive Disorder：OCD）は，精神障害の1つ。従来，強迫神経症と呼ばれていたもの。強迫症状とは強迫性障害の症状で，強迫観念と強迫行為からなる。両方が存在しない場合は強迫性障害とは診断されない。フェニールケトン尿症は常染色体の劣性遺伝によって起こり，フェニルアラニン・ヒドロキシラーゼと言う酵素が欠如する疾患で中枢神経系に有害で脳障害をもたらす。生後満1歳までに発症し，脳障害が原因で顕著な精神発育遅滞が発生し，少し大きくなると運動障害が発生する。

第2章
深刻な発達上の課題を抱える青少年への治療・援助モデル

児童虐待や深刻ないじめなどの被害体験の不幸な転帰の1つが解離性障害である。

　パトナム（2001）は，この解離性障害について，同一性の確立とメタ認知的統合機能の成熟という，基本的な発達過程の挫折という発達論的な視点から包括的な治療論を展開している。

　また，ハーマンは，激しい自傷行為や衝動的な行動化がしばしば観察される境界性人格障害や解離性障害，身体表現性障害は幼少期からの心的外傷体験を慢性的に受けたことによる外傷後ストレス障害（PTSD）であるとし，複雑性PTSDという概念を提唱したことは既に述べたが，ハーマンは，そのような心的外傷からの回復のプロセスを「安全，服喪追悼，再結合」という3つのプロセスとして捉えている。

　また，発達障害児・者に対する支援の方法として，エリック・ショプラー（2004）は自閉性障害に対するTEACCHプログラムを提起しており，自閉症者が視覚優位であることに着目し，視覚的な情報提示を中心とした物理的構造化やスケジュールと呼ばれる時間的構造化などからなる「構造化された指導」の重要性を指摘している。

　筆者はこれらの知見は，被虐待体験や発達障害等，様々な発達上の困難さを抱える少年たちの自立を支援していく上で極めて有効な知見を提示していると考えている。

　そこでここでは，ハーマン，パトナム，ショプラーなどの治療・療育モデルについて検討していきたい。

　しかし，それと同時に，深刻な発達上の課題を持つ少年の中には他者への加害行為に至ってしまっている事例も少なくない。それだけに，被害者としての側面だけでなく，加害者としての側面にも視点を当てた取組みも必要である。本章では，この問題を考える上で重要であると考えられる，藤岡や森らの「加害者性と被害者性の統一」の提起や，近年，アメリカなどで取組まれている修復的司法の取組みについても合わせて検討していきたい。

1．F・パトナムの解離性障害に対する治療モデル
──認知的・感情的・行動的な恒常性の保障

解離性障害の発生機序

パトナム（2001）は，子どもの発達上決定的に重要な課題は，離散的行動状態[注11]の調整に対する制御の力の獲得であるとしている。

行動状態を動的に調整する能力は，子どもが環境の要請に対して適切に対応し，破壊的刺激に逆らって望ましい行動状態を維持し，望ましい行動状態が破壊されたときにはこれを再建する能力として現れる。この能力の獲得は注意の幅の増大，情動の統制，行動の自己制御の増大として現れる。しかし，虐待などによって持続的な外傷経験を持った子どもは，自省的・統合的なメタ認知能力を破壊されてしまうのである。

パトナムは，被虐待体験が引き起こす心的外傷によってもたらされる解離性障害[注12]について，以下のように説明している。

「解離」には「正常な解離」と「病的解離」があり，前者は私たちが日常生活においても苦痛な時間やストレスのかかる状況の中で意識をそらしたり，車の中や講演の最中に別のことを考えたりして，その場から意識を離すというかたちで用いているものである。しかし，そのような「解離」が適応的な程度を超えて日常生活に支障を及ぼすようになると，それは「病的解離」と呼ばれる。「病的解離」は「正常な解離」とは違って，圧倒的な感情や記憶を解離する防衛機制であり，児童が親にひどい虐待を受けている状況でさえ親を理想化できるのは圧倒的な体験・感情を「水密区画化（compartmentalization）」する「解離」によるものであるとパトナムは指摘している。

パトナムは「メタ認知的統合機能は時間的には縦断的に，文脈的には横断的に，行動の知識との統合から発生し，またこの統合を促進する」が，「心的外傷は，とりわけメタ認知的統合機能の発達を阻害する」と述べている。

このように，虐待的な養育環境のなかで「病的解離」を強いられた子どもは，まさしく「メタ認知的統合機能」の発達を大きく阻害されていくのである。

パトナムの治療論

　パトナムは，解離性障害者に対する治療では，確固として限界を設定し，境界を管理する姿勢をとることが長年にわたる治療的伝統であるとしている。そして，このことは年少の解離性障害の子どもにも該当しており，「混乱した外傷被害児の治療に携わる者は，時に『石頭』にならざるを得ないという，まことに不愉快な地位に置かれることを覚悟しなければならない」と指摘している。

　このように，解離性障害を示す児童に対しては，次々と繰り出してくる逸脱行動に振り回されないためにも断固として限界を設定し，境界を管理しつつ，その発達の位相に従って柔軟に対応する必要があるのである。

　パトナムは，治療者は常に認知的・感情的・行動的な恒常性を維持することが大切であり，それ自体が重要なメタ認知的介入となるとしている。この介入によって要治療児童に一貫性と連続性を創り出すことになるからである。さらにパトナムは，自己統制や感情調節に変化を起こさせようとして直接に働きかけるよりも，要治療児童・外傷被害／解離性障害児童の自己モニター的・評価的メタ認知能力に影響力を行使することの方が重要であるとしている。

　ちなみに，パトナムは成人治療モデルと児童治療モデルは明らかに異なるとしている。すでに確立されている成人治療モデルでは，患者の外傷性記憶[注13]を再認知させ，意識的に自由に取り出せなかった外傷記憶を「取り戻し」「再構成する」ことへの援助を通して，強烈な感情的・身体的・知覚的体験を言語化することが焦点となる。

　これに対して，児童治療モデルでは，子どもは成人のように外傷体験を明確・詳細に述べる言語能力を有していないという制約が出発点にある。子どもたちの外傷性記憶を取り戻す力はまったく文脈依存的・行動状態依存的であり，仮に治療者が外傷患児のある行動と外傷体験とのつながりを認識したとしても，このつながりを言語化させて「洞察」を与えようとすると，治療的介入の基礎が崩壊することが少なくないのである。

　パトナムは，解離的行動に対する治療方法の基本的戦略として，①行動と感情状態の自己調整力の獲得を促進すること，②メタ認知的自己モニター／統合機能の発達を促進すること，③水密区画化された感情と記憶に治療的処理を加え，それらを統合して病的解離状態の離散性を打破することをあげている。

そして，パトナムは，子どもに対する治療的努力の焦点は支持的な家庭あるいは養育の場を創り出すことにあり，そうすることが子どもたちに気分と行動状態を調整し，衝動性を抑制する学習を助け，子どもの行動と期待に対して首尾一貫した態度と支持的フィールドバックを十分に供給することになると述べている。

パトナムの治療論からの示唆

パトナムの知見を踏まえると，解離性障害を抱える少年への治療的援助に際しては，首尾一貫した応答関係と支持的なフィールドバックを保障することが重要であると結論づけられるであろう。本ホームでは深刻な外傷体験を持つ少年を受け入れているが，その多くは生活世界において対象恒常性を欠いた養育環境で育ってきたために，感情調整や行動上の衝動統制に大きな困難を抱えている。それだけに，その指導，援助において，パトナムが指摘するような，認知的，感情的，行動的な恒常性を伴った生活世界を保障することが極めて重要な実践課題となってくると考えられる。

2．ジュディス・L・ハーマンの心的外傷からの回復に関する治療モデル
―― 「安全な世界」「想起と服喪追悼」「再結合」(reconnection) のプロセス

心的外傷の心身への影響

ハーマン (1996) は，幼児期からの長期にわたる外傷が大きくかかわっている問題として，とくに身体化障害 (Somatization disorder)，多重人格障害 (Multiple personality disorders : MPD)，境界性人格障害 (Borderline Personality Disorder : BPD) を取り上げ，それが一昔前のヒステリーの下位病名に相当し，対人困難という共通性を有していると述べている。ちなみに，ヒステリーには性的身体的外傷が深く関与していると考えられてきたが，ハーマンは，MPD患者の実に97％に深刻な児童期外傷の既往があったというパトナムの研究を紹介しつつ，BPD患者の81％は幼児期の性的身体的虐待被害者であることを明らかにし，コルクとともに，先に述べた複雑性PTSDないしDESNOS (他に特定されない極度のストレス障害，Disorder of Extreme Stress Not Otherwise

Specified）の概念を提唱したのである。

ハーマンの治療論

　ハーマンは心的外傷体験の中核は，無力化（disempowerment）と他者からの離断（disconnection）であり，従って回復の基礎は虐待生存者に有力化（empowerment）を行い，他者との新しい結びつきを創る（creation of new connections）ことであるとしている。そして，このような心的外傷被害者（survivor）の回復の過程を3段階[注14]に分けて考察している。ここでは，その3段階についてみていきたい。

(1) 第1段階――安全な世界

　第1段階は「安全の確立」である。ハーマンは，外傷体験によって被害者は力と自己制御の感覚が奪われており，身体，思考・感情，対人関係のすべてに不安全感を感じているだけに，回復の治療作業が成功するかはひとえに「安全の確立」にかかっていると述べている。

　「安全の確立」はまず身体の自己制御に焦点をあて，次に次第に外に向けての環境の制御に重点を移していく。身体，思考・感情の治療にはあらゆる療法と薬物療法が動員され，対人関係の回復にはあらゆる社会資源が動員される。

　身体コントロールの焦点は食事と睡眠の生物学的リズムの回復と過覚醒及び侵入症状の減殺である。やがて安全の焦点は身体の制御から環境の統御に変わっていく。外傷被害者に安全な場が確保されれば，患者は徐々に世界に関わる円周を拡大していくことができるのである。患者が行動を計画し，自己の主動性で開始し，自分の判断力で行動することは患者のエンパワメントに大きく貢献する。

　ハーマンは，第1段階を終了するに当たって，患者も治療者も安全感が要求する諸条件に目をつぶって，治療の第2段階になだれ込みたい誘惑に駆られることを警告している。回復は短距離でなく，マラソンなのである。

(2) 第2段階――想起と服喪追悼

　第2段階は「想起と服喪追悼」である。被害者が「外傷物語の再構築」，すなわちここで話しても傷つけられることはないという安全感を前提に，外傷体験を再構成して語り，これによって外傷性記憶を変形し，ライフストーリーに統合する段階である。

しかし，外傷の再構成は患者と治療者の双方に多大な勇気を要求する。両者は共同で安全維持と過去への直面との間，狭窄と侵入との間で前進する路を見つける必要がある。その際にはペースとタイミングと意見の一致に留意するべきである。

　ストーリーの再構成は，外傷以前の歴史から出発し，次に外傷事件と事実の順序を再構成する。記憶の再構成は感覚のすべてが参与するまでは完成しない。外傷性記憶と身体感覚とを交えない語りは不毛であり，欠落を残す。最終目標はイマジャリー（イメージ[注15]）を含めてストーリーを言語化することである。

　新しく記憶を取り戻す作業は忍耐を要するが，単純な作業であり，患者の持っている記憶を慎重かつ周到に探索すればよい。患者は自然と思い出すものである。外傷物語の再構築は，1つのエピソードが多数の事件を代表していることを理解したうえで，特に意味深いくっきりした輪郭を持つパラダイム的な事件にもとづいて行う。

　外傷性ストーリーを繰り返し語るうちにもはや強烈な感情をかき立てられなくなるときが来る。それは生存者の体験の一部になったときである。外傷の再構成は人生の節目ごとに繰り返されるが，第2段階は自己の歴史の奪回と人生への新たな希望と活力を感じるときに終わるとハーマンは述べている。

(3)　**第3段階——再結合 reconnection**

　外傷的な過去との和解を果たしたあとの生存者は，意味ある世界との結合，未来への創造という「再結合」の第3段階を迎える。心的外傷体験の核心が「孤立」と「無縁」であるなら，回復の核心は「有力化」と「再結合」にあるとハーマンは述べている。

　回復のための大原則は，生存者に力（パワー）を与えることにある。生存者自身が自己の回復の主体であり，判定者でなければならない。その人以外の人はケアすることはできるが，治療（キュア）するのはその人自身である。

　ハーマンは，「再結合」の中身は「私は私自身の持ち主だ。これは確かだ（I know I have myself）」に象徴されるような「自分自身との和解」(318頁) であり，信頼能力の回復を伴った「他者との結合」(324頁)，そして外傷体験さえも自己の人生に意味あるものとして位置づけながら「生存者使命を発見する」[注16]ことであり，「外傷体験があがなわれるのはただ1つ，それが生存者使命の原

動力となる時である」と述べている。

ハーマンの治療論からの示唆

　本ホームへ入所してくる少年の多くは長期反復の虐待などによる心的外傷体験を有しているだけに，ハーマンの心的外傷からの回復のプロセスに関する理論は，本ホームの実践の上で極めて示唆に富むものと考えている。

　すなわち，第1段階における「安全」の確立はすべてに優先すること，第2段階における，「想起と服喪追悼」，すなわち，外傷体験の言語化を促し，ライフストーリーへの統合を促進する支援が求められていること，最後の第3段階における，心的外傷による「孤立と無縁」を克服し，自分のこれまでの体験のすべてを統合して新しい自分を創造し，自己の主人公となり，他者との再結合を果たしていくこと，こうした心的外傷からの回復のプロセスは本ホームの実践方針を組み立てていく際にも，また，実際に虐待を受けた少年たちの回復への支援の場面でも大きな示唆を与えてくれるものであると考えている。

3．E・ショプラーらの自閉性障害児・者に対する構造化された指導プログラム

広汎性発達障害（PDD）への支援の核心

　広汎性発達障害（PDD）の特徴についてはすでに述べたが，特に問題となるのは，その3主徴のうちの対人的相互的反応性の障害に起因する"非"社会性である[注17]。

　ショプラー（2004）は，このようなPDDの"非"社会性を補うために，①周囲の環境を調整する（adapt）こと，②彼等の理解力（knowledge）とスキルを高めること，の相補的な働きかけが必要であり，生活全般において，その働きかけと工夫がなされた「構造化」が重要であると指摘している。

　そして，このようなPDDを抱える少年に対しては，「いま，ここで，なにをすべきか」を常に分かりやすく提示する必要があると述べている。

　そして，このような環境のもとで展開される「構造化された指導」は「慎重かつ継続的なアセスメント」「強みと興味の利用」「家族との協働」からなって

いるとされる（Gary B.Mesibov, Victoria Shea, Eric Schopler・2004）[注18]。

ショプラーの療育論
　ショプラーの開発した「構造化された指導」は以下の内容から成り立っている。
　① 物理的構造化：場所と活動の意味を一致させる。
　② スケジュール：いつ・どこへ行けばいいのか分かる。
　③ ワークシステム：何をするのかが分かる。
　④ ルーティン：決まった手順や習慣（どうやってするのか分かる）。
　⑤ 視覚的構造化：見ただけでも分かる。

　このような「構造化された指導」は自閉症の特性に応じたものであり、自閉症児・者の得意な学習様式（視覚運動スキルに優れ、ルーティンを好む）を活用して、障害によって引き起こされる学習面でのギャップに橋をかけることを目標にしている。
　ちなみに、この「構造化された指導」では、新しいスキルの学習を進めるばかりでなく、自立度や自尊感情を高め、混乱・不安・刺激過多から生じる問題行動を減らすことも可能であるとされている。
　「構造化された指導」は、個別アセスメントの利用、積極的かつ適応的なルーティンの確立、そして学習を支援するための視覚的支援の計画的な活用などの組み合わせからなっており、その核心は、自閉症児・者の人は弱点も多いが、ビジュアルパーセプション（Visual Perception「視覚的認知」「視覚的理解」）に「強み」を持っていることを生かして、自閉症児・者の学習に必要な情報をすべて視覚化して提供することにある。
　ＴＥＡＣＣＨの理論によれば、視覚的構造化の３つの中心的要素は以下の通りである。

表５　視覚的構造化の３要素

視覚的構造化の３つの要素
視覚的指示（Visual Instructions）
視覚的整理（Visual Organization）
視覚的明確化（Visual Clarity）

視覚的指示（Visual Instructions）とは，求められている課題を完成するために，一連の材料の組み合わせ方法や達成の手順を生徒に視覚的に示すことである。視覚的指示は順序よくわかりやすい方法で課題の材料あるいは詳細な点を組み合わせるのに必要な情報を生徒に与えるものである。このことが，明確で機能的な方法で生徒の長所である視覚スキルの活用を促し，その能力の開発につながるのである。

　視覚的整理（Visual Organization）は，作業環境の中で材料と空間を整理することによって，感覚的に入力される刺激を調整するものである。すなわち，自閉症を持つ生徒が目の前にある課題を理解しやすいように，余分な刺激をコントロールするのである。たとえば，材料の整理は課題で使われるアイテムを整理して単純化すること，作業空間の制限は物理的・視覚的な境界を設けることによって余分な刺激を減らし，課題に関連する細部に注意を向けることができるようにすることである。

　視覚的明確化（Visual Clarity）は，重要な材料とそれに関連する指示をさらに強調する必要から生じたものである。視覚的明確化によって視覚的指示の重要な部分を強調するのである。たとえば，色，絵，数字あるいは文字で強調されることによって生徒はこれらの重要な部分に注目できるようになるのである。

ショプラーの療育論からの示唆

　本ホームにこれまでに入所してきた少年のうち，約7割の少年が何らかの発達障害を抱えていると推測される。それだけに，こうした「構造化された指導」の観点を踏まえた取組みは必要不可欠であろう。なぜなら，これによって自閉症児に安全感と見通しを与えることができるからであり，こうした安全感の醸成抜きには自閉症児の社会性の獲得に向けての取組みは成立しないからである。また，自閉症児のこだわりや強み，関心を利用したワークシステムやルーティンも欠かせない。このように彼らが一般に視覚的な強みを持っていることを生かした視覚的提示といった視点は本ホームにおける取組みにも大きな示唆を与えるものであると考えている。

4．加害者性と被害者性の統一と修復的司法

1）加害者性と被害者性の統一の理解

　少年非行や少年犯罪に代表されるように，被害者だった少年が今度は加害者となり，他者の人権を蹂躙する「行動化」をしてしまうことはしばしば見られる。とりわけ，多くの子どもが被虐待体験，心的外傷体験を有している養護施設やグループホームのなかでは，過去の心的外傷体験の「再演」(reenactment) としての「行動化」の問題がしばしば生じている。

　本ホームでも自らが深刻な被虐待体験を有するだけでなく，少年犯罪の加害者となった少年たちも少なくない。従って，少年たちは被害者としての側面だけでなく，加害者としての側面も有しており，自らの罪を償っていくプロセスなしには真の意味での社会的自立も成立しえないであろう。

　また，施設内で虐待的な関係の「再演」が生じてくることは，少年たちの「安全である権利」を根底から脅かし，さらなる心的外傷を，そして，新たな加害者，被害者を生み出してしまうものであるだけに，こうした点からも加害者性と被害者性の統一を促す指導は極めて重要である。

　森（2002）は，少年たちの生活世界に日常的に蔓延する暴力は，加害者・被害者の二分化にとどまらず，被害者から加害者への転換，被害体験のある加害者の存在をもたらすとした上で，「罪しょう感の覚醒を図るための指導」においては以下の点が重要であると指摘している。

　①　非行事実の客観的な振り返りと自分の行為の直面化。
　②　被害者やその家族等に与えた「痛み」への共感的理解。
　③　責任の認識と贖罪の自発的行動。

森は，しかし，この３つの段階はスムーズに進むものではなく，行きつ戻りつしながら深まっていくものであるとしている。

　さらに森は，①の自分の行為の直面化は困難な場合が多く，そのプロセスは以下の過程をたどると指摘している。

　①　全否定（自分は何もしていない）
　②　一部否認（全部はやっていない）

③ 責任の回避（被害者の手落ち，共犯者のせい等の状況要因を強調，自分も被害者だ，など）
④ 責任の自覚（被害者でなく，自分に責任がある）

　また，この過程が進んでいくためには家族や職員の支えが不可欠であると森は述べている。すなわち，自分ひとりでは抱えきれない結果が目の前にあり，それを認めたくないという苦しい気持ちを理解し，時には一緒に苦しみながら，この先のことを真剣に考え，具体的な助言や支援をしてくれる，そういう他者の存在が罪障感を次の段階に進めるために必要不可欠なのである。森は，具体的には，職員との信頼関係，安心できる関係を基盤にしつつ面接や作文指導でこれまでの体験を振り返り，整理していくこと，自己効力感を感じ取れるような様々な体験を積ませ，自信をつけさせること，不適切な対処方法の問題点を理解させ，適切な方法がとれるように援助していくことが重要であるとしている。

　藤岡（2001）は被虐待児のうち虐待者になるのは比較的少数であるが，虐待者の中では被虐待体験率が非常に高いことを繰り返し指摘した上で，「加害者になること」は被虐待体験に対する，被害者に留まることとは異なる特定の対処方法，適応様式であると述べている。従って，その治療は単に被虐待体験を扱うだけでは完結しない。まず彼らの加害者としての感情や思考の偏りを扱い，その上で被虐待者としての治療が必要になるのである。

　藤岡は感情や思考の偏りは被虐待体験による激しいトラウマ，ＤＥＳＮＯＳが示す感情的，認知的，行動的影響の一部であり，それが一部の被害者をして加害者をも演じるトラウマの反復強迫へと導くとしている。すなわち，感情的麻痺と外傷体験の侵入的再体験という外傷体験のうち，非行・犯罪の中核群は麻痺が主要な反応あるいはストレスに対する対処方法となっているのである。

　藤岡は，加害者の相に転回するにあたっては，愛着を切り捨てること，もしくは偏った歪んだ愛着を持つことと，攻撃者への同一視が存在すると述べている。あらゆる感情を麻痺させ，愛着を断ち切り，「やられる前にやれ」という生き方を選んだ彼らに残る感情は「怒り」であり，常に強い怒りの棘が自他を刺すのでさらに孤立を余儀なくされ，反社会的・向犯罪的ネットワークに組み

込まれていくことになるのである。
　藤岡は，こうした加害者の内面にある「被害性と加害性の統一」を図る道筋としては，まず「加害者の相」を取り扱い，その後，「被害者の相」を扱うべきであるとしている。そして，非行少年や犯罪者を育て直し，被害と加害の円環を断つためには，以下のようなプロセスが必要であると述べている。
① 心に灯を燈す。
　　孤立と絶望が支配している人に，まず安全で予測可能な生活環境を保障すること。
② 犯罪行動を変化させる。
　　非行・犯罪行為がやれば損であるという動機づけのための適切，公平な処罰を行うことと，社会的に適切な愛着と同一視を形成すること。
③ 自分のなかの被害者と加害者が出会い，ひとりになる。
　　加害者が過去の被害体験を認め，そのダメージから生じる感情を体験でき，自分のなかの加害者と被害者との感情が出会い，ひとりの自分としての統合ができること。

2) 修復的司法の理念

　近年，学校現場やコミュニティでの比較的軽微な事件においては，応報的な対応ではなく，関係者が一堂に会し，エンパワメントの観点から加害者の真摯な謝罪と被害者との和解を進めていく修復的司法のプログラムが注目されている。
　前野（2005）は，こうした修復的司法の哲学の核心には「被害者の癒しと加害者の更生，コミュニティの癒しとの三者の統合」が存在していると述べている。
　藤岡（2005）は伝統的・応報的刑事司法と対比して，修復的司法の特色を以下のように整理している。
① 犯罪を国家に対する違反としてではなく，市民間の侵害と捉える。
② 過去の行為に対する非難よりも未来に向かって問題を解決することに焦点を合わせる。
③ 手続きは対審的ではなく，対話と交渉が主要なプロセスである。
④ 懲らしめと予防のための苦痛ではなく，両当事者間の関係を修復する手

段として賠償を重視する。目標は和解と関係修復におかれる。
⑤　社会的損害の回復は加害者によって担われる。
⑥　コミュニティは傍観者ではなく，修復的過程の促進者である。
⑦　国家と犯罪者（と疑われる者）ではなく，被害者と加害者が手続きの主役である。被害者の権利やニーズを認める。
⑧　犯罪の責任の取り方は，刑罰を受けることではなく，犯罪の影響を理解し，義務を果たす方法を探求・実行することである。
⑨　犯罪による義務・債務は国家に対してではなく，被害者に対して生じる。
⑩　犯罪による悪い結果は修復的行動によって除去される。
⑪　専門家による代理ではなく，被害者・加害者の直接関与が手続きの主要部分を占める。

　また，藤岡は，修復的司法の具体的展開である被害者加害者対話（VOM）における被害者の主たる要望を以下の4点にまとめている。
①　安全と安心。
②　自由に気持ちと考えを表現し，それを認められること。
③　対話の過程について予想がつき，準備できること。
④　必要な情報を得られること。

　一方，加害者の犯行に関する「反省」とは以下の3点であるとしている。
①　自分がなぜ非行を起こしてしまったのかを認識して，被害者や関係者に説明する責任（説明責任）
②　自分の行動が被害者に与えた損害を認識し，被害者に謝罪し償うための行動をとる責任（賠償責任）
③　①と②に基づいて再犯をしない責任（再犯防止責任）
　こうした加害者の反省に関して，前野は「反省」は放置しても自然に生じるものでもなく，一瞬にして生起するものでもない。「反省」は深まっていく過程であり，それが深まっていくためには周囲の援助も重要であると指摘している。

3）治療教育実践への示唆

　すでに述べたように，本ホーム入所少年のすべてに被虐待体験があり，養育者からの激しい虐待や発達障害への無理解や不適切な対応，学校内でのいじめなどの被害体験がある一方で，少年犯罪・非行などの他害行為におよんだ少年たちも少なくない。それだけに，入所少年が表出させがちな他害行為を抑止する枠づけを行いつつ，その背後にある過去の被害体験を言語化させエンパワメントすることは，本ホームにおける少年たちの支援の上で避けて通れない必要不可欠なプロセスであると言えよう。このような意味で，森や藤岡らが述べている被害者性と加害者性の統一という視点は，こうした本ホームの治療教育実践の上でも極めて重要な示唆を与えている。

　また，真摯な謝罪をすれば，人間関係は修復可能であることを学ぶことは，少年たち相互の和解にとどまらず，未来の創造につながるものである。従って，少年たちがグループホームの中で表出してしまった外傷体験の「再演」（暴力などの人権侵害行為）に対しては，応報的な対応でなく，修復的な対応によって問題を解決していくことは，本ホームで共同生活を営む少年たちには極めて重要な取組みであると言えよう。

補　注

11　離散的行動状態モデルとは，子どもの，特に幼児の行動が，交替で出現する離散的（バラバラの）行動状態の連鎖として組み立てられているという仮説である。

12　『DSM-Ⅳガイドブック』における定義によれば，解離とは，「意識や記憶，アイデンティティ，知覚のような通常統合されている機能の断裂」を意味する。心理学的な防衛として解離を定義する場合は，「別の意識状態が存在して，普段の意識状態では，その意識状態でのことを記憶や意識しないという状態」を把えることもある。例えば，その別の意識状態の時に別の人格状態になっているとすれば，解離性同一性障害，つまり多重人格障害となる。解離が精神症状を形成する上で，中心的な無意識の力となっている精神障害を総称して解離性障害と呼ぶ。現在DSM-Ⅳには4つの解離性障害（解離性健忘，解離性遁走，解離性同一性障害，離人性障害）と特定不能の解離性障害（DESNOS）が記載されている。

13　中井（2004）は，記憶には短期記憶と長期記憶があり，長期記憶には一般記憶とエピソード記憶（個人的記憶）と手続的記憶とにわけられるが，神経学のカテゴリー

には，フラッシュバック的記憶の座がないと述べ，外傷性記憶の場合には「忘れようとしても忘れられない」記憶が問題であると指摘している。そして，外傷性記憶の特徴と2歳半から3歳までの幼児期記憶の特性が一致するとも述べている。成人型記憶との違いは，成人型は文脈依存的な成人文法性，3者関係，自己史連続感覚という特徴があるのに対して，外傷性記憶は，文脈組織体（記憶の大量索引ネットワーク）の中に組み込まれない異物であり，事態を常に相対的に受け止め，三角測量にも似て他の2者との関係において定まるような文脈依存的な3者関係を有しないのであり，自己史連続感覚の中では時間が停止している，という点で対照的であると指摘している。

14　回復の諸段階

症候群名	第1段階	第2段階	第3段階
ヒステリー（ジャネ，1889）	安定化を目指し症状指向的治療を行う	外傷性記憶の探索	人格の統合，再社会化
戦闘神経症（スカーフィールド，1985）	信頼，ストレス・マネージメント，教育	傷の再体験	外傷の再統合
複雑性外傷後ストレス障害（ブラウンとフロム，1987）	安定化	記憶の統合	自己の発達，衝動統制
多重人格障害（パトナム、1989）	診断，安定化，コミュニケーション協力	外傷の代謝	解消，統合，解消後の問題対処のスキルの発達
外傷障害群（ハーマン，1992）	安全	服喪追悼	再結合

ハーマン「心的外傷と回復」P242より引用

　ただし，回復の各段階を順々に直線的に通過していくのではなく，波動的で弁証法的であるとしている。すなわち，もう収まったかと思った問題がしつこくまた現れるといった具合に螺旋的に繰り返すのである。急性外傷が診断も治療の意義も明快であり，適切な社会的支援があれば数週で最低の安全回復，3カ月後に症状の安定が見込まれるのに対して，長期反復性外傷の場合，患者の話も主訴も偽装されがちなために，診断がまず困難である。児童期虐待経験者は問診からして困難を極め，多重人格障害の場合，初診から診断までの平均年数は6年である，とハーマンは述べている（P244・257）。

15　外傷性記憶はベトナム戦争から帰還した人がヘリコプターの音を聞いただけで，その場から逃げ出そうとしたり，エレベーターの中で強姦された経験を持つ女性が，エレベーターの前で立ちすくんだりというかたちで現れる。思い出したくない記憶が何も関係の無い場面で，例えば静かに読書をしている時などに，フッと意識の中に侵入してくる「侵入性回想」ということが起こる。それが夢に出てくると悪夢と

なる。こうしたイメージを含めて言語化することをハーマンは求めている。

16　この文脈は，S・フロイトのあの有名な患者であったアンナ・O嬢の存在を想起せずにはおれない。アンナ・Oの実名はベルタ・パッペンハイム（1859〜1936）。一応の健康を回復したのち，ベルタは母とともにウィーンからフランクフルトに移り，この地でユダヤ人孤児のための施設を開くなどの慈善活動，社会活動に携わるようになる。1904年には，ユダヤ人女性同盟を結成し，ユダヤ人の女性運動において指導的な役割を果たすようになる。こうした功績を讃えて，第二次世界大戦後，ドイツ連邦共和国（旧西ドイツ）では肖像付の記念切手が発行されている。

17　市川によれば，PDDの二次障害として次のようなものがあげられている。
①変化への抵抗（同一性の保持）
②スケジュールの障害（時間的順序の記憶・活用の困難，開始と終了の困難，予測の困難）
③コミュニケーションの障害（社会的技能，象徴化，感情表出，感情の読み取りの困難）
④瞬間想起現象（タイムスリップ）
⑤睡眠時の問題（夜驚症，夢中遊行症，不眠）
⑥てんかん発作
⑦自己評価の低下とひきこもり
⑧幻覚や妄想・不眠，気分障害様症状（貧困妄想）
⑨強度行動障害（市川・2004年）

18　ノースカロライナ州は1972年にそれを州の制度として採用した。これは自閉症児・者の学校教育や福祉支援（成人期のグループホームなどの居住支援や就労支援）にも，その「構造化された指導」を提供するという，自閉症に特化した教育福祉制度である。これによって，現在のノースカロライナ州では自閉症の人のうち約96%の人が，何らかの形で自立して地域社会で生活できるようになっている。

　　ショプラーが提唱したTEACCH（Treatment and Education of Autistic and related Communication handicapped Children）の9つの基本理念（philosophy and principles）は以下の通りである。
①　自閉症の特性を子どもの立場から理解
　　自閉症児の子どもの行動特性や認知特性を客観的に観察することを支援の出発点にする。
②　親と専門家が協力
　　TEACCHのスタッフは何ができるのか，保護者のニーズはどこにあるのかということを把握して支援の方法を考える。協力（collaboration）を重視する。

③　子どもの弱点を補う環境調整

　　治癒でなく，子どもが自分らしく地域の中で生きていけることがゴールである。障害のために子どもの能力がブロックされているときは，環境の側を子どもに合わせて改変し適応能力を向上させる。

④　個別治療教育プログラムの作成

　　一人ひとりの特性を知るために，正確なアセスメント（評価）を行い，個々の子どもの特性に沿うという個別化の原則にしたがって，何をどのように教え，環境をどのように変えるのかを考える。

⑤　構造化された教育

　　自閉症児の長所によって短所を補う工夫が「構造化」である。すなわち個々の子どもの自閉特性を理解した上で，その子どもが理解しやすい環境を設定するための工夫といえる。

⑥　認知理論と行動理論を重視

　　支援プログラムを考えるときに認知理論と行動理論を重視する。実証的なデータの重視である。

⑦　長所と短所を正確に認識

　　自閉症に対する最も有効な支援アプローチは，現在の子どもの能力（長所や興味と弱点）を認識し，そこから出発する。

⑧　ジェネラリスト―広範囲な知識・技術・経験を持つ人―としての専門家

　　個別の分野の専門家（スペシャリスト）として関与するのでなく，ホーリスティック（全体的）な視点で子どもを理解するジェネラリストであることが要求される。

⑨　生涯にわたる援助

　　自閉症は生涯にわたる障害なので，支援も生涯にわたって必要である。

（内山・2006）

第3章
日本における深刻な発達上の課題を抱える青少年の
社会的自立を支援する治療・教育実践

自閉症圏にある子どもの支援には，その発達特性に沿った「構造化された環境」を構築することが求められており，このような「構造化」が要請される背景には，メタ認知能力，実行機能の脆弱さの問題があることは先に指摘した。しかも，それはすでに述べたように発達障害を有する少年にとどまらず，非行少年や被虐待児に共通するところであると，向井や富田，藤岡らは指摘している（富田・2005・2006，向井・2003，品川・2005，竹田・2003，松浦・2003，藤岡・2001）。

本章では，深刻な発達上の課題を持つ青少年を収容し，その社会的自立に向けての支援を行っている児童養護施設での「システム形成型アプローチ」（田嶌・2008他），国立の児童自立支援施設である「武蔵野学院」（富田・2006他），ならびに「宇治少年院」（向井・2003他）の実践について検討し，深刻な発達上の課題を持つ青少年への治療教育実践の課題を整理していきたい。

1．児童養護施設における「システム形成型アプローチ」（田嶌・2008他）

田嶌（2005a，2005b，2008）は，学校でのいじめは不登校によって回避できる可能性があるが，児童養護施設の問題の深刻さは「徹底した逃げ場のなさ」にあり，生活の場での職員の暴力，特に児童間暴力は目に見えないことが多く，施設をあげての根絶の取組みと発見された段階での即応体制を整えておくことの重要性を指摘している。

田嶌はこうした児童福祉施設内の暴力に関して，従来から言われてきた職員による子どもへの暴力（職員暴力）だけでなく，子ども間暴力（児童間暴力），子どもによる職員への暴力があり，潜在的暴力，顕在的暴力の形態と併せ，「2レベル3種の暴力」が存在すると述べている[注19]。

そして，田嶌は養護施設に関わる心理職にとっては，プレイセラピーや箱庭療法などの心理療法よりも，「安心・安全についてのアセスメント」がより重要であり，何よりの最優先課題であると指摘している。

このように，田嶌は，「心の傷」をケアさえすれば暴力がなくなるという個別対応だけで問題解決に取組むことには無理があるとし，外部との連携のもとに施設が安全の確保に全体で取組むことを同時に求めている。こうした観点か

ら，田嶌は「個と集団」という視点からのアプローチである包括的なシステム＝「システム形成型アプローチ」を提案している。

とりわけ，年少児の目線に立った「安心で安全な生活」は切実なニーズであり，施設全体で取組むべき最優先課題であるとし，具体的には以下のような安全委員会方式という提案を行っている。

田嶌が提唱し，2008年11月段階で全国7つの県で14カ所の児童養護施設で実施されている安全委員会方式は以下のように整理できる。

① 力関係に差がある「身体への暴力」（含性暴力）を対象とする。
② 安全委員会には，施設職員だけでなく児相や学校関係者で構成する（一部含子ども）。
③ 外部委員が委員長または副委員長を務める。
④ 定期的に聞き取り調査と会議を行い，対応を協議し実行する。
⑤ 事件が起きたら緊急安全委員会を開催する。
⑥ 対応には4つのステップがある。1番目「厳重注意」，2番目「別室移動」，3番目「一時保護（を児相に要請）」，4番目「退所（を児相に要請）」。
⑦ 原則として暴力事件と結果の概要を入所児童に周知する。
⑧ 暴力を抑えることだけでなく，代わる行動の学習を援助し，「成長のエネルギー」を引き出す。

田嶌はこの方式における指導上の要諦として，①「指導の透明性」「指導の一貫性」の確保，②「ふりかえりと反省のための一時保護」の有効活用，が重要であると強調している。

また，安全委員会方式の導入前に，①導入前，立ち上げ集会後，立ち上げ後の3回パックの研修会開催，②安全委員会ネットワークへの参加を求め，個々の施設職員が孤立することなく認識を深め，一体となって施設内暴力廃絶に取組む体制づくりが必要としている。

そして，この方式の目標は，①暴力を非暴力で抑える「関係の脱虐待化」，②暴力という行動の代わりに「言葉で言えるよう援助」することにあり，「被害児を守るだけでなく，加害児にも暴力を振るわないで生きていけるように援助していく方式」であると説明している。

田嶌の実践からの示唆

　本ホームの入所少年には過去において被害体験を持つとともに，少年犯罪や非行などの他害行為を行ってきた経験を持つ者が少なくない。また，本ホームは，通常の里親養育が4人以内であるのに対して，5～6人という若干多人数の養育形態であり，しかも深刻な発達上の課題を抱える少年が多いだけに，安心・安全を保障し，暴力を非暴力で抑える「関係の脱虐待化」や「言語化への援助」という田嶌の視座と実践から学ぶことは多いと考えられる。

2．国立武蔵野学院（富田・2006他）

　武蔵野学院は14歳未満の最も深刻な罪を犯した男子少年を受け入れる国立の児童自立支援施設であり，その一般処遇は初期，中期，後期という段階的処遇課程[注20]を採用している。

　初期は2週間の期間で，入所した少年はこの段階ではまず観察寮（3カ寮[注21]）で過ごし，生活のリズムを取り戻し，基本的な生活習慣を身につけることを目標とした取組みが進められる。この段階では心理検査と面接や行動観察が行われ，中期の普通寮（5カ寮）での処遇の参考とされるとともに，精神科医の診察[注22]のための基本的な情報が収集される。

　中期は教務課管轄の普通寮に移り，入所少年たちは寮長夫妻と寝起きを共にしながら規則正しい生活を送る。ちなみに，寮長家族は寮併設の職員宿舎で生活しており，全国的には児童自立支援施設は職員交代制が増える傾向があるのに対して，武蔵野学院は小舎夫婦制[注23]を守っている。中期の在寮期間は3カ月以内から2年以上と少年の処遇期間によって異なっている。

　後期には別に設けられた自活寮（1カ寮）で社会的自立への準備が行われる。

　少年たちの平均在院期間は2007年度段階で1年9カ月であり，指導内容としては，以下の4領域で実施されている。

・生活指導（日常生活を通じた個別的，集団的指導）
・学科指導（学校教育，学院の教育指導）
・作業指導（農業，木工）
・部活動（7クラブ）

こうした処遇には実子を含めた夫婦職員が泊まり込んで対応しており，代替的家族的ケアの保障を通じた「育て直し」と「枠のある生活」(注24)という環境療法を基本にしつつ，それにTEACCHなどの発達障害の療育モデル・「構造化」を加味した実践であると考えられる。

強制的措置寮と閉鎖室

国立武蔵野学院は，医務課管轄の強制的措置寮と閉鎖室(注25)を有している。医師や心理療法士，看護師などの医療・心理スタッフが常駐し，衝動統制が困難で自傷他害行為の恐れのある少年は全面を厚いラバーで覆われ，24時間監視カメラが作動している閉鎖室で保護される。この措置寮では，新入所少年を対象とする観察寮としての機能だけでなく，問題行動を起こした入所少年の処遇のための機能を有しており，その建物の構造は外からの音を遮断する設備が整い，部屋同士，子ども同士の声や雑音を防ぐ構造となっている。このような環境のもと，普通寮に戻るまでの3週間を概ね1週間を区切りとする3段階にわけた処遇プランが作成されている。第1段階は刺激遮断，第2段階はロールレタリングや内観による内省（1日15時間）と2時間おきの傾聴を内容とする教官面接，第3段階は復帰前の作業となっている。

普通の生活が持つ治療力と生活場面面接

同学院医務課長の富田は，原家族の混乱した価値観と生活を経験してきた少年たちにとっては，「普通の生活」そのものがきわめて治療的であるとし，保護者に傷つけられ，周囲の仲間との関係も支配・被支配の人間関係しか持てなかった少年には「穏やかな人間関係」，また，仮に対立したとしても「修復可能な人間関係を維持すること」が治療的な意味を持つとして，同施設における環境療法(注26)を紹介している（富田拓・2006）。

また，富田は，児童自立支援施設において職員の少年への働きかけがより効果的なのは問題行動の直後であり，その期を逃さずに，その行動が少年のもともと抱いていた問題性と密接に結びついていることに気づかせていく「生活場面面接」の有効性を指摘している。

処遇のユニバーサルデザイン化

富田は，同学院での実践における「**処遇のユニバーサルデザイン化**」を提唱している。それは，「処遇困難児の少なからぬ部分が発達障害を有している」ことを前提にして，「発達障害により，コミュニケーションの障害を持つ子どもにとってわかりやすい効果的な処遇は，障害のない子どもに対してもわかりやすい効果的な処遇である」ことを意味している。

富田はこのような実践を以下のように紹介している。

① 発達障害や非行などの子どもたちに広く観察される「短期記憶の障害」，「聴覚よりも視覚優位」という性質に配慮したかたちで，指示はできるだけ視覚的に提示し，肯定の形をとる。

② メタ認知能力の脆弱さや「反対類推の障害」を考慮して具体性を伴った指示をし，そうした指示は1つの文には1つだけの意味を持たせ，できるだけ単文で行う「ワンセンテンス・ワンミーニング」の原則を保持する。

③ 予定を柔軟に変更する「実行機能」の障害ゆえにパニックを起こしがちなため，あらかじめ日課表は視覚的に明示し，変更がある際にはできるだけ早めに伝えるなど，見通しを与えるように配慮する。

④ 推奨すべき行為はその場で褒めると共に，視覚的にわかるように表にマークし，一定たまると「ごほうび」がもらえてランクが上がる「トークンエコノミー」の手法を応用する。

武蔵野学院の実践からの示唆

筆者は，2005年に同学院を参与観察したが，児童自立支援施設だけでなく，ファミリーホームも家族的環境（family environment）を保障する場である。それゆえに，「生活場面面接」なども活用しつつ，「普通の生活」が持つ治療的な機能をテコにして少年に働きかけること，さらに「処遇のユニバーサルデザイン化」を進め，少年に安全で見通しを持てる生活を保障しつつ，その発達を援助することを通じて，本ホームを「環境療法」の場として機能させることができると考えた。

3．宇治少年院（向井・2003 他）

　宇治少年院は14歳から17歳の少年を対象とした「初等・中等少年院」であり，教科教育課程（Ｅ１：中学校在学年齢児を対象とする課程で，学習意欲の喚起，基礎学力の向上を図る），職業能力開発課程（Ｖ２：勤労意欲の喚起，職業生活に必要な知識・技能の習得），生活訓練課程（Ｇ１，Ｇ２：健全なものの見方，考え方及び行動の仕方の育成）の指定を受けた長期処遇（平均在院期間は11ヵ月）の少年院[注27]である。

　家庭裁判所で少年院への送致決定となった少年は，少年鑑別所においてそれぞれのコースを指定され，入院することになる。入院者数は1998年から2002年の期間，少ない時で97人，多い時で131人となっている。

　宇治少年院では，まず，入院時の少年に対する鑑別で，家裁と少年鑑別所の調査結果，入院時の個別面接と発達障害のスクリーニングテストの実施を通じて少年の衝動性や情緒不安定，ことばの遅れなど，非行のリスク要因につながる要素を各個人別に数値化すると同時に，学力測定と併せて発達障害の有無を判断し，個別の処遇計画に反映している。

　宇治少年院は2000年から始まった発達障害を抱える少年たちへの教育実践で全国に知られるようになった。

教育環境モデルの構造化

　向井（2001，2003，品川・2005，渡辺・2006）は，宇治少年院の院生に対する調査で，非行の背後に虐待や発達障害の問題が存在することを明らかにし，少年たちの社会適応能力に応じた教育環境モデルの「構造化」を行った。この構造化とは少年院における「新入期」（約２ヵ月），「中間期」（約６ヵ月），「出院準備期」（約３ヵ月）という段階処遇制度における各教育課程を「統制」（controlling），「参加」（participatory），「自治・委任」（entrusting）と位置づけ，少年院の指導を統制主義的な集団管理から合意主義的な集団指導へと発展させようというものである。

　向井の実践における基本戦略は以下の通りである。

① モデリング効果を重視すること。
② 教育的な環境を作り上げること。
③ 非行や再犯のリスク因子にターゲットを絞った処遇プログラムを開発し、日々その視点から実践すること。
④ 個々の少年の認知に応じた学習スタイルを踏まえ、基礎学力の向上を基本的ターゲットにすること。
⑤ 従来から少年院で実践されてきた処遇や教育方法を、認知の違いという視点から見直して体系化し、活用すること。

こうした基本戦略のもとで生活指導実施のための方針づくり、社会適応と再犯防止のための指針づくりを行った。それが、「社会的絆(その取得能力)を強化し、セルフコントロールの力をつけさせ、社会的資本の蓄積をめざす」という指導方針であった。そのために、以下のような実践指針が策定された。
① 基礎学力と体力の基礎基本の徹底をはかる。
② 自尊心の回復を通じてセルフコントロールの力をつける。
③ 少年の問題性に沿って教育環境づくりを展開する。

実践の具体的過程──矯正教育のシステム化──

ここでは、向井らが進めた実践を段階ごとに整理してみたい。

1）統制（controlling）──モデリングと生活訓練及び基礎学力の保障を通じた自己効力感の回復

モデリングによる生活スキルの学習

在院少年たちの多くは虐待的な養育環境で育ち、基本的な生活習慣を学ぶ機会を奪われてきたことから、統制の段階では担当の法務教官が偏食指導や箸や茶碗の持ち方、フトンの上げ下ろしに至るまでの基礎基本を徹底的に習得させる取組みを進めている。

集団行動訓練による基礎体力の向上

宇治少年院では、集団行動訓練を通じて身体の自己制御力の増進が進められている。右足と右手が同時に上がる、左右の区別がわからないといった不器用

さが目立つ少年たちにとって、瞬時の号令に反応して行う集団行動訓練は、これを毎日実施することで自然に体が動くようになり、集中力が高まり、基礎的体力が獲得される。さらに、その副次的効果として、衝動性や多動性、転導性などがコントロールできるようになり、少年たちは自分の持続力・集中力に自信を持つようになるのである。また、自尊感情が低く、非社会的な傾向を示す少年たちにとっては、体力の強化を通して「ボディイメージ」の改善をはかることは自尊感情の回復をはかることにもつながるとされている。

基礎学力保障の取組み

統制の段階ではドリルなどの基礎学習を徹底することを通じて、基礎学力を獲得させる取組みを進めると同時に、そのことを通じた自己肯定感の回復も図られている。

ドリル学習は基礎基本を重視した徹底した反復学習である。この取組みは少年たちにとって、自分の学力に応じたペースでやれるため、その達成感も大きいとされている。

学習指導では、集団指導と並行して個別指導が行われ、個別面接指導やカウンセリング、日々の生活指導や基礎学力の獲得の取組みもきめ細かく行われている。

日記指導は読み書きに困難さを抱えるLD児にとっては大変困難な作業となるが、それ自体が文法指導であるとともに、文章を書くことで自己の感情を整理し、考える力をつける訓練としても効果があるとされている。

コミュニケーション力と自己制御力の向上

統制の段階では少年たち同士の私語は禁止されており、少年たちは沈黙を守ると同時に、言葉だけでなく、アイコンタクトや身体表現による意思疎通を学んでいく。この少年たち同士の私語の制限は再犯やいじめ防止という消極的な意味合いだけでなく、非言語的コミュニケーション能力の向上や聞く姿勢の習得、沈黙の時間を持つことで内省を促すなどの効果があるのである。言い換えれば、私語の制限自体がADHDの治療的意味合いを持っており、自己コントロール力を身につけるために必要な指導プログラムとなっているのである。

2）参加 (participatory) ——集団での協同によって対人スキルと集団的自己効力感を育む

自治活動の重視

中間期の前期になる頃から少しずつ行動規制は緩和され，それまでの自由度の少ない統制された集団から自由が少しずつ与えられる参加型の集団に移行していく。

新入期では教官自らが規範を示してモデリングさせていたのに対して，中間期になると，問題解決のために自分たちで話し合う訓練が始められる。また，寮内での係活動や役割活動など，積極的に集団に関わっていく場が作られている。

参加型学習の取組み

中間期の後期に至ると自由度はさらに広がり，授業もだんだんとオープン型に移行していく。院内での院生同士のワークショップを通じて，聴くスキル，話すスキルの習得を行うと同時に，少年たちに相互理解を深めさせる取組みが行われている。

仲間集団と共同する取組み

中間期では，「集団大縄跳び」（5日間挑戦し，跳んだ回数は1万回。その結果，241回連続という記録が達成された）や「分数計算」の取組み（足し算と九九ができないなど低学力や学習障害を有する少年たちがお互いに教え合って分数の課題に取組み，平均点88.8点を獲得した）など，仲間集団で協力しあう活動を通して少年たちに達成感を経験させ，集団的自己効力感を高め，仲間同士の絆を強める取組みが積極的に行われている。

向井はこれらの取組みを通じて，体力やモータースキル，自己統制力，対人関係等，様々な発達上の課題を抱えた少年たちが，集団の力で自己の限界を乗り越える体験をすることを通じて，その後の生活への意欲，そして，自分たちで問題を民主的に解決しようという意欲が高まったとしている。

3) 自治・委任 (entrusting) ——多様な他者との交わりの機会の保障と社会的自立への準備

　この段階は，信頼と委任を柱とする社会的自立に向けた準備期として位置づけられている。この段階になると行動規制はさらに緩和され，自由度がより高い，ファシリテイティブ（促進的）な集団活動へと進んでいき，授業方法も討議やワークショップなど完全に促進型のものに変わっていくとされている。

　さらに，宇治少年院では月1回開催される外部からの参加者を交えた公開のワークショップを行い，その相互作用を通じてそれぞれの他者には異なる視点があることを少年たちに理解させ，社会的自立・退院への準備がなされている。

　向井は，このようなワークショップの導入によって公平でかつ公正なコミュニティ（生活共同体・相互扶助・協同）の形成をベースに，ファシリテイティブなコンディション（促進的な環境）づくりへと指導が発展し，そこでの少年の反応も集会型集団指導の一体感と共感を超えて，他者との相違を秩序の中で認める方向へと変化していったと述べている。

竹田 (2003) らのコメント

　竹田は，宇治少年院の処遇システムには発達障害に対する治療的要素があるとしている。竹田は，宇治少年院では主席専門官の指導のもと，一貫した指導方法がとられており，この一貫した指導方法と併せて，少年院の規則正しい生活環境が実行機能の弱いＡＤＨＤ少年には最適の環境を保障していると評価している。

　宇治少年院では，少年の社会復帰に向けて，段階処遇制度を採用し，各段階で可能なプログラムをスモールステップでこなしていくシステムになっているが，その内容を竹田は以下のように整理している。

〈レベル1〉

　しつけ指導・食事指導・集団行動訓練などの基礎基本の繰り返しを徹底し，ＡＤＨＤ児が一番苦手としている基本的な生活習慣を身につけるトレーニングを行っている。

〈レベル2〉

　「聴くスキルのトレーニング」のワークショップは，ＡＤＨＤ・ＬＤ児にとっ

ては椅子におとなしく座って人の話をしっかり聴いて理解することが苦手なだけに，ある意味では非常に苦痛な時間でもあるが，そのハンディキャップを乗り越えていく上では非常に重要な取組みである。

〈レベル3〉

院外の初対面の人と「民主的な人との交わり」を体験するワークショップは，少年院内の集団を離れるための退院準備，再社会化を図る取組みである。

竹田は，このような取組みが少年達のメタ認知能力，さらには実行機能の改善につながると指摘している。

また，精神科医の神田橋（2007）も，宇治少年院の方法は「こころ」から入るのではなく，「からだ」からの接近で活路を見出したものであり，その方法は，立つ，行進する，回れ右，前へならえ，ジャンプ，箸使いから始めて，黙って他者の言葉に耳を傾けること，そして，文章の指導というように，ごく基礎的な行動から段階的に習得させていくものであると評価している。神田橋は，行進や回れ右の訓練にはメタ認知の初歩的な機能が含まれており，このような**身体からの接近によるメタ認知機能の積み上げ**の上に文章指導のような高次の機能が積みあがっていくものとして理解できるとしている。

宇治少年院の実践からの示唆

向井の論文，また，竹田（2003），神田橋（2007）のコメントを受けて，筆者は宇治少年院の実践，特に指導の3つの段階を以下のように整理してみた。

① 「**統制**」とは入院した少年を法務教官が1対1の親密な関係のなかでモデリングさせ，「手取り足取り」の指導を行うものである。この段階は教官が示す固定したモデルに少年たちが自らの行動を合わせる段階である。しつけ指導，集団行動訓練，食事指導などの基礎基本の繰返しを徹底し，ＡＤＨＤ児が一番苦手としている基本的な生活習慣を身につけるトレーニングが行われている。

　少年たちはお互いに沈黙を守り，教官の指示に集中することが求められる一方で，様々な目標が視覚的に掲示され，少年たちの視覚から理解しやすいように配慮されている。

　少年たちの多くは困難な境遇で育ち，基本的な生活習慣を習得する機会

を剥奪されてきているだけに，こうした基本的生活習慣を習得させ，協応運動に困難を示す少年たちへの集団行動訓練を通じた身体のコントロール力を身につけさせる取組みは，実は少年たちのメタ認知能力の基礎をなすものであると考えられる。

② 「**参加**」の段階では，前段階のようなモデルへの一方的な調整とは異なり，集団内の相互作用における相互調整に主眼が置かれている。具体的にはワークショップや大縄跳び，分数計算などの集団活動を通じて，他者との関係で自分の行動の調整をしていくメタ認知能力の育成がめざされている。ちなみに，この段階でのワークショップでは「聴くスキルのトレーニング」が行われており，衝動性や多動性，不注意の問題をかかえるＡＤＨＤやＬＤ児が相手の状況を考慮しながら自己の行動を調整，決定する力の習得を目指す段階である。

③ 最終段階の「**自治・委任**」の段階は信頼と委任による社会的自立期と位置づけられている。ここでは基礎から積み上げられてきたメタ認知能力をより高いものへと一層発展させるために，月１回，初対面の人と「民主的な人との交わり」を体験する公開のワークショップも実施されている。それは，寮内の限られた関係ではなく，外部からの参加者との相互作用の中で，自分の視点と参加者の視点とを共応させながら，自らの内面を調整していく力を育み，社会に出て自立していくための出院準備，再社会化を図っていこうとするものである。

少年院に限らず，本ホームでも，アスペルガー障害などの発達障害と虐待的な養育環境の重複によって少年犯罪に追い込まれた青少年が少なくない。それだけに，その少年の発達状況に合わせて指導方法も変化させていく必要があり，その点で，宇治少年院の「統制－参加－自治・委任」という段階的処遇の考え方[注28]は，本ホームの実践を考えていく上でも大いに参考になるものであると考えている。

まとめ——深刻な発達上の課題を抱える青少年の社会的自立を支援する治療・教育実践の課題

　最後に，これらの先行研究や先行実践を踏まえて，深刻な発達上の課題を抱える青少年が社会的自立を果たしていく上で必要である治療・教育実践の課題を整理しておきたい。

1. 安全でかつ強固な限界設定をもった構造化された生活環境の保障

　ハーマンが指摘するように，安全感と見通しのない世界では心的外傷児・者の回復は図れない。回復の治療作業が成功するかはひとえに「安全の確立」にかかっているのであり，従って，最初の段階では「安全の確立」が最優先課題となる。

　また，パトナムが指摘しているように，確固とした限界を設定し，境界を管理する姿勢をとること，それによって解離性障害を示す児童が次々と繰り出してくる逸脱行動に振り回されないようにすることが重要である。援助者は常に認知的・感情的・行動的な恒常性を維持することが大切であり，それ自体が重要なメタ認知的介入となるのである。すなわち，この介入によって，要治療児童に一貫性と連続性を創り出すことになるのである。

　それと同時に，虐待的な養育環境やその関係性の再演による人権侵害行為は，一緒に暮らす少年たちの安全を根底から崩すものであるだけに，毅然とした対応をして明確な枠付けを行いつつ，自分の犯した問題に直面させていく指導が必要不可欠である。

　このように，明示的なルールを持ち，限界設定と境界管理のもと恒常性が維持される構造化された生活環境を保障していくことは，心的外傷児にとどまらず，こだわりの強い自閉症児にとっても安心感をもたらすものである。

2. 視覚的構造化とそれに基づく指導——主に発達障害児に対して

　ＴＥＡＣＣＨの理論が示すように，発達障害の少年たちは，一般に聴覚よりも視覚に強みを有していることが多く，こうした視覚的提示を中心とした構造化は，その発達特性に沿ったものだけに必要不可欠である。また，発達障害児

に安全感と見通しを与えるための視覚的構造化は，同時にメタ認知統合機能を虐待によって破壊されている被虐待児はもとより，その二次障害によって行動化としての非行におよんでいる少年にとっても有効な取組みであると考えられる。

3．社会の中で生きていくために必要不可欠な生活スキルの学習とモデリング

　被虐待状況，あるいは発達障害に対する適切な援助の機会を奪われてきた少年たちの多くは驚くほど生活スキルが乏しいだけに，こうした発達疎外状況にある少年たちが自立した社会生活を送る上で，生活スキルの獲得は必要不可欠な課題である。その際には，日常生活それ自体がトレーニングの場となるよう，生活そのものを治療教育的な観点から有機的に組織していくと同時に，大人がしっかりとした信頼関係を築きつつ，モデリングによって生活スキルの習得を進めていくことが重要である。このようにして，明確なモデルを提示しつつ，基本的な生活スキルの獲得に取組んでいくことはメタ認知能力の基礎をなすものであり，この上に高次の能力として基礎学力や社会的スキルが積み上がっていくと考えられる。

　また，基礎学力の獲得に向けての取組みも，少年たちに達成感や自己肯定感をもたらし，その心理的な安定が様々な行動の変化や認知の変容を促すだけに重要である。

4．集団内での相互作用や自治活動による社会的スキルの獲得

　深刻な発達上の課題を抱える少年たちの多くは，日々の生活や集団活動の中で生じる問題を平和的に解決していく社会的スキルを奪われてきている。あるいは，これまでの生活体験の中で，暴力を問題解決の手段として学習していることもきわめて多い。

　それだけに，日々の集団生活のなかで生じてくる様々なトラブルの平和的な解決を通じて，暴力的な支配・被支配の関係性を克服し，少年同士が励まし合い，支えあう関係を実践的に創造していくこと，そのことを通じて社会性を習得させることは大きな実践課題である。

　そのためにもホームで生活する大人が具体的な行動モデルを提示しながら，

問題解決の社会的スキルを少年たちに取り込ませていくことが求められている。このような社会的スキルを育てていくことが暴力による問題解決を乗り越えていく力になっていく。

5．自分の体験とそれに伴う感情の言語化と修復的司法の取組み

　ハーマンが指摘するように，被虐待体験による内面の傷つきや悲しみを言語化していくことは，虐待による心的外傷からの回復のプロセスにおいては欠かせない取組みである。

　また，その際には，応報的な対応ではなく，修復的司法のモデルに沿って行っていくこと，すなわち，被害者の傷つきを受けとめつつ加害者の真摯な反省に立った謝罪と和解を行わせ，加害者の立ち直りを周囲の支えによって推進していくことが大切である。このことは，加害者にとって，真摯な謝罪を行えば他者から受け入れられ，他者と和解し，関係を修復していくことが可能であることを学んでいく上でも意義が大きい。

6．自己形成モデルの取り込みを通じた社会的スキルの学習

　深刻な発達上の課題を抱える少年の多くは困難な養育環境の中で育ってきたために，自分の未来像の指針となってくれる大人のモデル（「自己形成モデル」）がそもそも存在していない少年，あるいは，暴力によって問題を解決していく大人のモデルが取り込まれている少年が少なくない。それだけに，少年たちの社会的自立に向けて，研修やアルバイトなどの多様な社会参加の体験を保障し，様々な社会的資源とのつながりの中で，青少年が自らの人生への希望を育む自己形成モデルと出会い，平和的に生きていくことへの希望を育んでいけるように援助していくことは重要な実践課題である。

7．社会的自立を支援するための就労と家族生活への支援

　社会的養護下にある少年たちの自立支援は最大の課題であり，少年たちの社会的自立を果たす上でのエポックメイキングは就労と結婚であると考えられる。

　すなわち，一般家庭の少年たちと同じようにスタートができ，また，失敗してももう一度スタートができるように，学びや訓練の機会を繰り返し保障し，

長期にわたって職業的自立支援を行っていくことが必要不可欠である。

　また，結婚によって芽生えた絆と責任感は，少年たち自身の就労継続への力にもなるが，それと同時に少年たちが育った養育環境における虐待的な関係性の再演を生まないような支援が重要になってくる。そのためにも，両性の平等の原則に基づいたパートナーシップの関係を少年達がモデルとして取り込んでいけるような機会が重要になってくると考えられ，ファミリーホームの場合，ホームの運営者がそのようなモデルを提示できるかどうかが重要な課題となってくると考えられる。

補　注

19　このような事実はかねてより児童福祉関係者の間では「常識」とされていたが，いわゆる「福祉的配慮」によって蓋をされてきた経緯がある。しかし，多発する施設内虐待を前に，厚労省は改正児童福祉法（2008年）において施設内での虐待行為や暴力事件を目撃するなどした施設職員に通告義務を課した。

20　武蔵野学園で採用している段階的処遇課程は，岡山成徳学校や福岡学園など地方の児童自立支援施設においても一部で採用しているところがある。福岡学園は，観察導入期，治療教育期，退園準備期という処遇課程をとっており，国立きぬ川学院は前期（3カ月），中期（1年），後期（4カ月）という段階的処遇課程を採用している。

21　女子少年を収容する国立きぬがわ学院は武蔵野と違い，通常入所後すぐに普通寮に入る。

22　2002年に全国の児童自立支援施設を対象に実施された調査では，57施設（当時）のうち36施設が回答を寄せ，2000年4月から2004年9月まで在籍した2068人の児童のうち，249人（12.0％）に心理的あるいは精神医学的かかわりが必要であったと回答した。報告書では対象児童の多い施設では入所児童の40％，29％，24％に達する施設もあったとされる（市原・2004）が，この中には当然武蔵野学院が入っていると推測される。

23　2005年段階で「夫婦制」は58施設のうち20施設（34.5％）に減少している。

24　「枠のある生活」とは「入所前に長期にわたって不規則な生活をしてきていることが多く，生育歴の中で，大人から成長に不可欠な十分な愛情と逸脱行動に対する盾となるべき対応を受けた経験に乏しい傾向にある」少年たちに対して，「規則正しい生活を営むことを習慣づけること」（「児童自立支援施設の将来像」・全児協・2003年）

25　「強制的措置」は全国12施設で行い得るという通達が生きているが，現状は設備やスタッフ等の問題から国立２施設のみの実施となっている。
26　このような入所施設において展開される，環境療法（milieu therapy）の基本的な視座は，子どもの心理的，行動的問題を日常生活における子どもの具体的な行動を通じて理解すると同時に，それらの解決に向けた援助を子どもの生活環境の中で生じる様々な日常的局面に則しながら，子どもとのやり取りや交渉を通して行おうとするものである。

　通常の場合，「環境療法」は入所での取組みを前提としている。「入所」という用語には，その間，親に代わって養育をするという意味合いが含まれており，この場合の施設は「生活そのものが治療的に働くよう統合され，秩序だてられた環境」でなければならないとされ，施設の生活全体が１つの治療枠になることが要請されている。

　「環境療法」では，生活そのものを治療の場とみて，日常生活の中で治療的にかかわることに重点をおいている。すなわち，環境療法の本質は，生活学習（Living learning situation）の設定にあり，日常生活そのものが治療的・教育開発的な要素を持つようにアレンジすることにある。欧米では，アイヒホルン（Aichhorn, A．）らの非行児を対象とする試みにはじまり，レドル（Redl, F．）やベッテルハイム（Bettelheim, B．）などによっても，いくつかの実践が報告されている。

　環境療法は，アメリカを中心に「非行児」への心理療法的な働きかけの方法の１つとして発展し，「生活空間面接」（life space interview）という概念を生み出したとされている。この生活空間面接とは，子どもの治療的な働きかけを，子どもの生活環境から切り離されたカウンセリングルームなどで行うのでなく，子どもが現実に生活している生活空間で行おうとするものである。この概念の登場によって，子どもと大人の間に起こる日常的なやり取りが，子どもに対する心理療法的な働きかけという意味を持つにいたったのである。
27　建物の老朽化を理由に2008年３月に宇治少年院は閉鎖された。
28　向井実践と本ホームでの実践との共通性と独自性について以下のように考えている。本ホームで極めて処遇困難な少年の受け入れを進めていく過程で，筆者は少年院における向井らの実践（統制・参加・委任の３段階方式）や児童自立支援施設における富田の実践（環境療法を基礎にした，行動療法とＴＥＡＣＣＨの視覚的構造化からなる「処遇のユニバーサルデザイン化」への取組み）から学び，本ホームの実践方針のなかに取り入れたことは先に指摘した。しかし，本ホームの取組みはそれらの取組みとの共通性と同時に，質的な違いも有している。ここでは，主要に向井実践と本ホームでの実践との共通性と独自性を整理してみたい。

　向井らの矯正教育における実践と本ホームの実践とを比較すると，発達の権利を

剥奪された少年たちを対象に，1対1の緊密な関係を基礎にした基本的な生活習慣習得を基本として出発し，集団内部での相互協力の関係づくり，さらには外部集団や社会との交流を通じて社会へ自立を果たす過程でメタ認知能力をはじめとする諸能力の発達を促すという目的とそのプロセスに関して，両実践はほぼ共通していると考える。

独自性としては，向井実践は，矯正教育の概ね10カ月の期間における「統制」(control), 「参加」(participation), 「自治」(entrust) という3段階に区分された「構造」であり，その実施は強制力を伴う剛構造であり，再犯防止と出院に向けた直線的な発展志向を持つ過程である。それに対して，本ホームの実践は，代替的な家族ケアによる基本的な信頼感醸成を基盤とした柔構造である点であろう。とりわけ本ホームの場合，直線的な発展ではなく，ホームの退所と再入所の繰り返しも可能とする「行きつ戻りつ」の円環的な発展を示す過程であることが大きな違いであると現段階で考えている。

また，このような過程に対する強制力，拘束力という点でも両者は大きく異なっている。

少年院の実践は，矯正教育が本来有する強制力によって裏付けられている。実際，少年たちの違反行為に対して，法務教官の説諭で逸脱行動が抑止できなければ，「調査」となって個室に移され，さらに昇級および出院の遅延がある。

これに対して，本ホームの機能はあくまでも家庭生活における「代替的な家族ケア」が基本であり，強制力には裏付けられていない。従って，ホームの安全を脅かす行為に対して，最終的には「ホームで生活を継続する」のか，「矯正教育に移行する」のか，少年自身の主体的な選択を問うことになるのである。

このように少年自身に選択を迫りながら，結果として矯正教育機関に措置変更されるケースもあるが，しかし，その後も支援は継続され，最終的にはホームへの帰住が許されて，再チャレンジが可能となっている点が本ホームの独自性であろう。

あらためて整理すると，矯正教育は強制力を伴う「剛構造」であり，直線的な発展志向を持つ過程であるのに対して，本ホームの実践は，家庭生活，代替的な家族ケアを基盤とした「柔構造」であり，概ね18歳，場合によってはその後も続く，司法や福祉などの社会資源との連携・協働による開放系の，行きつ戻りつの円環的な発展過程であると言えよう。

第Ⅱ部
土井ホームにおける深刻な発達上の課題を抱える青少年への治療教育的な取組み

第1章
土井ホームの概要と実践方針

第1節　本グループホームの特徴

1．入所青少年の特徴

　本ホームは福岡県北九州市にあり，2003年から2008年までの5年間に17人の青少年が在籍した。いずれも虐待的な養育環境で育ち，児童養護施設で激しい逸脱行動や深刻な問題行動によって退所処分を受けた少年，あるいは触法行為によって試験観察処分を受けるなどして，児童相談所・家裁によって本ホームに措置された少年たちも多い。

　また，最近では家庭や更生保護施設，児童養護施設から引き受けを拒否され，行き場がなく入所した少年が急増し，半数を占めるに至っている。

　また，そのうち13人は，ＡＤＨＤ，ＭＲ（知的障害），ＰＤＤなどと診断されており，その二次障害によって深刻な問題行動や精神病理が観察される者も少なくない。具体的には，故意に他児にやけどを負わせる，シンナーや覚醒剤などの薬物の乱用，弄火・放火，窃盗，傷害，恐喝，強制わいせつなどの反社会的行動，自傷行為や睡眠障害，過呼吸，解離症状などの精神医学的症状が観察された少年たちである。

2．他のホームとの比較検討による本ホームの特徴

　本ホームは，全国の里親型ホームの中でも，かなり深刻な発達上の課題を持つ少年を多く受け入れているホームである。そこで，全国の里親型ホームにおける，本ホームの独自性と共通性を明らかにするために，公的支援を受けて運営している里親型ファミリーホームを対象に実態調査を実施した。

　2006年6月に調査用紙を全国37ホームに送付し，7月に回収，8月26日に横浜市で開催された「第1回里親ファミリーホーム全国研究協議会」の第3分科会で報告した。回答が得られたのは21ホーム（全体の59％）であった。

今回の調査結果から得られた平均的なグループホーム像は、団塊の世代に代表される中高年夫婦が、児童相談所を中心とした平均3つの専門機関や4人弱の専門家と連携しながら、被虐待体験や発達障害を持つ平均5人の子どもの養育をしているというものである。

今回、回答があった全国21ホームと土井ホームを比較してみると、養育者に関しては、他のホームに比べ、人数が倍であり、平均年齢は若干高い。子どもに関しては、その受け入れ人数が倍近くあり、平均年齢もきわめて高いが、養育年数は半分以下である。

これは本ホームの開設から年月が経っていないことと、平均年齢が高いために自立していく少年が多いことが関連している。また、非行性が高く、反社会的行動が深刻化している少年が多いために、本ホームで適応できずに少年院に措置される少年が多いことも関係していると思われる。

表6　全国のホームと土井ホームとの比較1（下段が土井ホーム）

養育者数	養育者の平均年齢	受け入れ人数	平均年齢	平均養育年数
2.57	52.62	5.09	10.17	3.72
5	61.75	9	17.37	1.82

子どもの資質や背景については以下の通りである。土井ホームは被虐待体験、発達の問題、特記事項ともに他のホームに比較して突出している。すなわち、土井ホームに入所する少年の全員が被虐待体験を有し、その多くは発達障害の問題を抱え、その二次障害として非行や情緒障害を起こしている少年ということになる。

表7　全国のホームと土井ホームとの比較2（下段が土井ホーム）

被虐待歴あり	発達の問題あり	そのほか特記	支援機関の数	支援専門家の数	支援頻度点
2.42	1.87	3.72	3.38	3.95	7.93
9	8	9	13	16	359

（注）支援頻度点：項目数×尺度点で数量化した。

連携したり，支援を受けている機関，専門家の数は4倍を越え，その支援頻度数は45倍強となっている。これは，入所する少年に様々な機関と支援の専門家が付随してくる側面と，深刻な発達上の課題を抱えているがゆえに，その支援を求めて積極的に各機関や専門家に相談・連携を図っているという側面の両方が関係している。

このように本ホームは里親型ホームの中でもより要保護性が高く，深刻な発達上の課題を有する少年を受け入れているという点でかなり独自の特徴を有している。

ただし，全国の他のホームのなかにも，児童相談所の措置解除後も年齢の高い，様々な問題を抱えた青少年を養育しているホームもあり，そうしたホームとの間には土井ホームと一定の共通した傾向がみられた。今後，それらのホームとの比較検討を行っていくことも課題となってくると考えている[注29]。

第2節　本ホームの歴史的経緯と実践方針の変遷

　本ホームは代替的な家族ケアによる愛着形成を主眼にした「里親型ホーム」（第Ⅰ期）として出発したが，その後，被虐待児や非行少年などの受け入れが進むにつれ，専門性が求められる「治療教育的ホーム」（第Ⅱ期）の要素を深めていった。

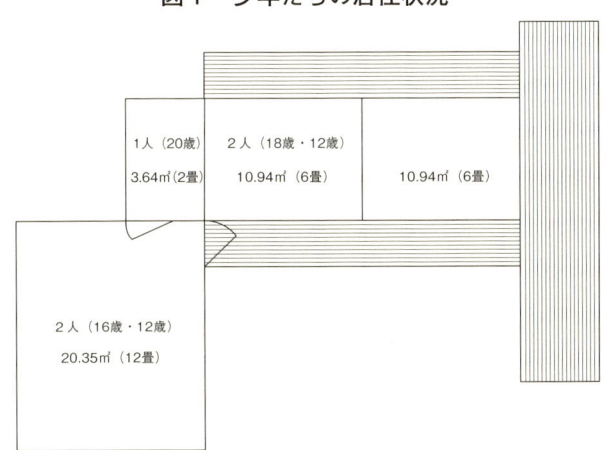

図1　少年たちの居住状況

```
               1人（20歳）    2人（18歳・12歳）
               3.64㎡（2畳）   10.94㎡（6畳）     10.94㎡（6畳）


   2人（16歳・12歳）
   20.35㎡（12畳）
```

　さらに，近年では家裁から補導委託された少年や，原家族からも更生保護施設からも引き受けを拒否され，帰住先のない青少年の受け皿としての「中間施設」（第Ⅲ期）の機能が加わり，その後発達障害の二次障害から不適応を起こした少年の増加に伴う「生活の構造化」（第Ⅳ期）を，さらにはホーム退所後の「社会的自立」に向けた支援の強化（第Ⅴ期）といった，ホームの機能の変遷があった。
　土井ホームの実践の変遷過程を段階で区分すると，以下のようになるのではないかと考えている。

図2　実践方針の変遷

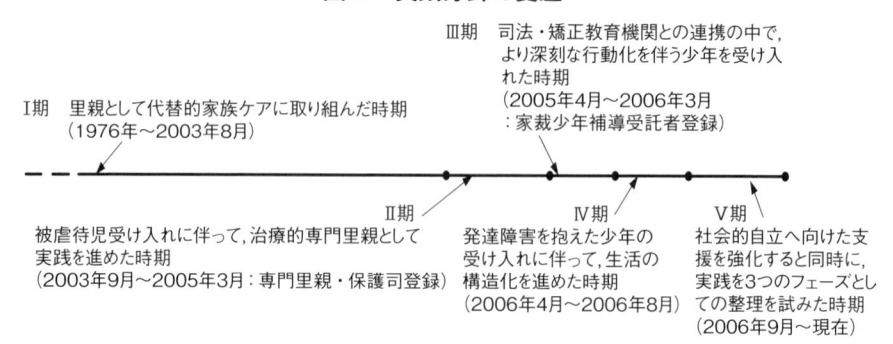

- Ⅰ期　里親として代替的家族ケアに取り組んだ時期
  （1976年～2003年8月）
- Ⅱ期　被虐待児受け入れに伴って，治療的専門里親として実践を進めた時期
  （2003年9月～2005年3月：専門里親・保護司登録）
- Ⅲ期　司法・矯正教育機関との連携の中で，より深刻な行動化を伴う少年を受け入れた時期
  （2005年4月～2006年3月：家裁少年補導受託者登録）
- Ⅳ期　発達障害を抱えた少年の受け入れに伴って，生活の構造化を進めた時期
  （2006年4月～2006年8月）
- Ⅴ期　社会的自立へ向けた支援を強化すると同時に，実践を3つのフェーズとしての整理を試みた時期
  （2006年9月～現在）

【第Ⅰ期】里親として代替的家族ケアに取組んだ時期（1976年～2003年8月）

　筆者は1970年代から不登校や引きこもり，ネグレクトの少年たちの支援を行ってきた。第Ⅱ期以降に入所した少年たちに比較して，この時期に入所した少年たちは一定家庭的な基盤があったので，主要には代替的な家族ケア，対象恒常性のある生活世界の保障を中心とした取組みによって回復し，家庭復帰していった。

　しかし，2000年になると本稿での考察対象となるA男やB男などの虐待的な養育環境で育った少年達が週末や長期休暇期間中にホームで生活するようになった。

　そこで，翌2001年，児童相談所で里親登録の申請を行い，2002年4月3日に養育里親として登録された。この間，児童養護施設の一日里親として登録し，4人の子どもが週末に来ていたが，そのうちの1人が，後に措置変更されたH男であった。H男は知的障害を有し，児童養護施設での性的被害体験があることは容易に推測されたが，広汎性発達障害があることはその当時は理解できなかった。この時期は代替的な家族ケアを軸にして，子どもとの間の安定した愛着や信頼関係を意識しながら，子どもの乏しい生活スキルの向上を目標にした養育実践を進めていた時期である。

【第Ⅱ期】被虐待児の受け入れに伴って，治療的専門里親として実践を進めた時期（2003年9月〜2005年3月：専門里親・保護司登録）

　里親登録から1年半を経過した2003年9月，C男，D男，I男の合計男児3人が児童相談所によって委託措置された。こうした少年に加えて，個人的に養育していたA男，B男（後に里子登録），さらに児童養護施設から措置変更となったH男の計6人の少年がホームで生活するようになった。それぞれが家庭や児童養護施設で激しい虐待を受けた少年であり，虐待の影響によって解離症状などの深刻な精神医学的症状をみせるA男，周囲から金品を激しく窃取し，暴行を働くB男，不眠や抑うつ症状，自傷行為をみせるC男，養護施設で他児2人に50カ所以上のヤケドを負わせ，病的解離によって著しく生活能力不足を露呈したD男，恐喝した上に被害児に火をつけるなどの著しい逸脱行動をみせたE男，4度にわたる養育者の変更で逸脱傾向が目立つI男といった少年がホームで生活しはじめた。

　このため，日常生活でも少年同士の激しい対立が惹起し，その抑止のために警察官を呼ばざるを得ない事態さえ起こった。そうした状況の中で，深刻な発達上の課題を抱える少年たちの理解と支援を進めるため，ホームの実践戦略を打ち立てる必要に迫られていた。

　こうしたことから，本ホームでは「代替的な家族ケア」といった，子どもの権利条約の20条を意識したホームの基本的な実践方針は維持しつつも，24時間の生活全体を治療的・教育的に統合する「生活の構造化」を強力に推し進めた。具体的にはパットナムやハーマンらの知見を参考にしながら，対象恒常性のある生活世界の保障を通じて，少年たちに「安全感と見通しの持てる構造化された環境」を保障すると同時に，内面の葛藤や傷つきを解離症状や著しい行動化のかたちで表出する少年たちに，内的葛藤の言語化を丁寧に指導する取組みを進めた。それと同時に，ホームにおける少年たち自身による自治活動を重視し，その役割の決定を段階的に少年たちに移譲，委任し，自律的な運営を行っていくように方向づけていった。この時期の実践方針は以下の通りである。

　1．代替的な家族ケアの保障と生活スキルの向上
　2．安全で安心できる環境における明確なルールと首尾一貫性を持った枠付け

3. 自己の体験とそれに伴う感情の言語化の促進
4. 自治活動を通じた自治能力・対人技術のスキルの向上

（太字は受け入れた子どもに合わせて、新たにつくった方針。以下同じ）

Ⅰ期が「代替的家族ケア」を基本的な方針とする取組みであったとすれば，Ⅱ期は専門的な知見を取り込んで，深刻な発達上の課題を抱える少年への実践方針に基づく支援と生活の構造化に本ホームが大きく舵を切った時期であったと考えられる。

【第Ⅲ期】司法・矯正教育機関との連携の中で，より深刻な行動化を伴う少年を受け入れた時期（2005年4月～2006年3月：家裁少年補導受託者登録）

この頃，児童相談所からの措置に加えて，家庭裁判所からの補導委託の少年4人が入所し，入所児の数も9人になった。暴力団加入歴があり，住居侵入，窃盗によって試験観察となった少年（No.3）や覚せい剤など薬物の濫用や傷害歴のある少年（No.5），家族が暴力団と関係が深く，恐喝や窃盗などを重ねてきた少年（No.9），強盗などの粗暴な犯行を重ねてきた少年（No.17）たちである。このように従来に比べて一段と非行性・要保護性の高い少年の入所に伴い，生活空間における安全の保障と強固な境界の設定を方針として掲げるとともに，少年たちの内面における外傷体験の言語化を少年たちに促し，それを真摯に受けとめられる体験を通じた心的外傷の回復への取組みを試みた。

しかし，家庭裁判所の措置による補導受託の少年たちは，概ね18, 19歳で比較的年齢も高く，また，その行動化も激しいため，ホームでの指導の限界を超えた少年は他機関に委ねざるを得ない状況も生まれてきた。実際，家庭裁判所からの補導受託の少年4人のうち，少年院を複数回経験していた3人の少年は少年院に再入院となった。

このような経緯を踏まえて，これまでのホームだけの自己完結型の運営から，外部機関との連携共同のもとで少年たちの支援を行う開放系の運営へと展開を進めた。

また，このような流れの中で連携する関係機関も増え，児童相談所だけでな

く，家庭裁判所，保護観察所といった司法機関とのつながりが増加し，計16種の専門家や関係機関と協働連携しながら実践を進めるようになった。

それと同時に，本ホームでの取組みの限界から矯正教育へと支援の場を移さざるを得なかった少年に対しても本ホームでは面会や通信などを継続していった。

こうした取組みを通じて，補導受託の少年1人と，ホームから少年院に措置されたあと，帰住先がなく再び本ホームに入所した少年2人の計3人が保護観察処分を受けながらホームで生活することになった。このようにして，少年の社会的自立に向けたリハビリテーションを目的とする中間施設機能も本ホームの新たな機能として加わった。

この時期の実践方針は以下の通りである。
1．代替的な家族ケアと安全な場の保障
2．強固な境界の設定と外部関係機関との連携の強化
3．自己の体験とそれに伴う感情の言語化の促進
4．自治活動を通じての自治能力・対人技術のスキルの向上

まとめるとこのⅢ期は，要保護性の高い少年たちの入所に伴い，本ホームでの実践の限界を踏まえて，ホームの自己完結型の運営から，外部機関との連携によって一貫性と継続性を担保した処遇へと転換を図った時期として整理できると考えられる。

【第Ⅳ期】発達障害を抱えた少年の受け入れに伴って，生活の構造化を進めた時期（2006年4月～2006年8月）

この時期，試験観察期間が6カ月前後という家裁委託の少年の多くが試験観察を終了あるいは少年院に措置されて在籍数が減少する一方，発達障害，とりわけ自閉症圏の少年が多く入所しはじめ，従来の被虐待児への対応に加えて，発達障害への対応を新たに迫られた。このため，E男（広汎性発達障害）やF男（アスペルガー障害），G男（高機能自閉症），H男（広汎性発達障害）といった自閉症圏の少年への理解とその支援がホームの処遇の焦点となってきた。

こうしたことから，新たにショプラーの知見を取り込み，従来の実践方針の

再構成を試みた。具体的には，自閉症圏の子どもの疎通性の困難さと対人関係の障害に配慮し，視覚的提示や強みと関心の利用といった「構造化された指導」を日課に反映させ，また自閉症児にとって安全感と見通しのある環境を保障することを強く意識した取組みを進めた。この時期の実践方針は以下の通りである。

1. 代替的な家族ケアと安全な場の保障
2. 強固な境界の設定と外部関係機関との連携
3. 自治活動を通じての社会参加のスキル，生活スキルの獲得
4. **発達障害児に対する構造化された指導の推進（視覚的提示・強みと関心の利用）**

発達障害児にとって生活しやすい環境は，定型発達の子どもたちにとっても生活しやすい環境である。それだけに，視覚的な提示や強みと関心の利用を中心とした「構造化された指導」によって本ホームの実践も大きな進展をみせることになったと考えている。

【第Ⅴ期】社会的自立に向けた支援を強化すると同時に，本ホームでの実践に対して3つのフェーズからの整理を試みた時期（2006年9月～現在）

現在，ホームから自立を果たす少年がいる一方で，3度の再入所の後，自立を果たしたA男や，4度の入退所を繰り返したB男のように，社会的自立に失敗して再入所を繰り返す少年や，E男のように，少年院を出院しても帰住する場所がないために再入所してくる少年たちも少なくない。それと同時に，No.3の少年やF男のように児相の委託や保護観察，あるいは試験観察を終了した後もホームでの生活を継続する少年も増えてきた。

こうしたことから本ホームの「中間施設」としての機能がより鮮明となり，現在は「社会的自立に向けた拠り所・居場所の保障」や「職業的自立支援」をホームの新たな実践課題として取組んでいる。

また，ハーマンの論に加えて，宇治少年院の実践（向井 2003）の「統制（control），参加（participation），自治・委任（entrust）」のプロセス，また，N.

Bullの「他律」から「社会律」を経て「自律」へという道徳性の発達段階の考え方なども参照しつつ，本ホームの実践過程を，第3節で述べる3つのフェーズからなる「実践方針」として再構成し，それに基づいた支援を進めた。

　少年たちは自尊感情も低く，発達的にも様々な困難さを持っており，さら，少年自身を支える社会的資源も極めて乏しいため，社会的自立に失敗することも少なくない。それだけに少年たちにとって拠り所・居場所として本ホームが存在することの意義は大きいと考える。

第3節　本グループホームの日課と実践方針

　本ホームは，里親型グループホームとしてスタートした当初は被虐待児を中心に受け入れを行ってきたために，ハーマンの心的外傷からの回復における「安全，服喪追悼，再結合」のプロセスに関する提起や，パトナムの「離散的行動状態モデル」に基づく治療仮説などを参考にしてきたが，近年は発達障害児の急激な入所増加に伴い，ショプラーの自閉症児に対する「構造化された指導」や発達障害を意識した向井や富田の実践などを参考にしながら，本ホームの「実践方針」を組み立ててきた。

　筆者はこれまでの実践と研究を通じて，被虐待児や非行児はメタ認知能力に脆弱性を有していることが多く，こうした青少年には「治療的・教育的な構造化」=「生活そのものを治療的に働くよう統合し，秩序立てられた環境の再構成」が求められていること，このような生活場面での「実践方針」の展開が，深刻な発達上の課題を持つ少年たちのメタ認知能力の発達を保障し，行動の自己制御の力の獲得に寄与すると考えて実践してきた。

　それと同時に，少年たちが本ホームの生活から離れた後，社会的自立を果たしていく上で欠かせない社会的なサポートネットワークの構築にも取組んでいる。なぜなら，思春期の男子少年を受け入れる本ホームでは，入所後数年のうちに否応なしに社会的自立の課題を迫られることになるが，現状においては，こうした少年たちの自立を支える社会的資源はきわめて貧弱であり，社会的支援のネットワークの構築は必要不可欠と考えるからである。

本ホームの日課

　現在の本ホームの一日の日課は以下の通りである。
　〔日課表〕
　　一日の流れ（月〜土曜日・ただし日曜日は休み）
　午前6時30分　　　起　　床
　午前6時35分　　　洗　　面

午前6時45分	清　掃
午前7時30分	朝　食
午前7時45分	登　校
午前9時	作　業（在宅者）
午前10時半	おやつ・自由時間
正　午	昼　食
午後1時	作　業（在宅者）
午後3時	おやつ・自由時間
午後4時30分	運　動
午後5時	自由時間
午後6時30分	夕　食
午後7時	学　習
午後7時半	自由時間（入浴）
午後9時	点呼・学習の点検
午後10時	消灯（中学生以下）
午後11時	消灯（高校生以上）

そして，現段階（第Ⅴ期）における本ホームの「実践方針」は以下の通りである。

第1フェーズ

1）代替的な家族的ケアおよび安全な場の保障と強固な境界の設定

　処遇困難な青少年への治療的専門里親として，小舎制という特長を生かしながら代替的な家族ケアによって少年たちとの間に安定した対象関係を築けるように援助していく。

　また，「ホーム内での人権のルール」（「土井家の憲法」）を明確に示すと同時に，噴出してくる問題行動や他害行為に対しては，この人権のルールに基づいた「適切なパワーの行使」によってその行為を抑止し，首尾一貫性を持った枠付けを行うことに努める。

2）生活場面での生活スキルの獲得（モデリング）

　本ホームに入所する少年たちは基本的な生活習慣を学ぶ機会を剥奪され，驚くほど生活スキルが稚拙であるだけに，その習得への支援は欠かせない。従って，24時間，生活を共にする利点を活かし，起床後の洗顔や更衣，挨拶の仕方，箸や茶椀の持ち方，洋服のたたみ方，部屋の整理などの生活技術の習得に努める。また，こうした生活技術の獲得をスモールステップで進める際には，ホーム内で共同生活を営む大人が「確かな大人」として規範を示し，また，目の前で起きた問題に対しては即座にその場で指導を加え，そのモデリングによって生活スキルの習得が進むように心がける。

　また，大人と少年たちとの関係だけでなく，少年たち相互の関係においても，起床に始まる日課で集団行動の統一的な様式をモデリングによって学ばせ，ランニングやリズム体操，ウェイトトレーニングといった行動訓練を通じて，身体感覚を含めたモータースキルの発達を促していく。このようなモデリングを中心とした生活スキルや運動スキルの学習を通じて，少年たちの基礎的なメタ認知能力の積み上げに取組んでいく。

　また，少年たちの多くは基礎的な教科学習の習得ができていないことが多いため，つまずいている段階にまで戻って漢字ドリルなどに取組み，学習に対する意欲を育んでいく。

3）視覚的提示を中心とした生活空間の治療・教育的な構造化

　多くの入所少年たちに発達障害の問題があることを考慮して，その発達特性に沿って生活場面での物理的な環境を整えていく。そして，視覚的な情報提示を中心にして，そのこだわりや関心を活かした指導を行い，「学び方が違う」少年たちにとって安心感のある生活空間を保障するように努める。具体的には，ＴＥＡＣＣＨプログラムに基づき，少年たちが持つ視覚的な強みを生かし，日課やホームのルールなどを掲示して「視覚的な情報提供」を行い，朝や夜の点呼で日課をいちはやく示し，変更がある場合にはできるだけ早く通知して「見通し」を与えるよう努める。

　また，発達障害を抱える子どもには，聴覚過敏など，様々な感覚過敏がある。こうした「困り感」にも配慮し，周囲にも伝えながら，彼らの生きやすい生活

環境を保障するように努める。

さらに，共感関係を築くことが困難な発達障害の少年に対しては，"トークンエコノミー"を利用して毎日の生活におけるがんばりや成長，修正すべき行動を視覚的に提示し，その到達点と目標を明確化していく。

第2フェーズ

1) 自己の体験やそれに伴う感情の言語化

少年たちは親子分離や身近な家族からの激しい虐待を受けた経験を有している上に，帰るべき帰住先や家族統合の見通しもなく，周囲との絆を剥奪されたことによる「見捨てられ感」や「無力感」を抱えていることが少なくない。それだけに，ハーマンが指摘するように，安全感の保障された環境の中で外傷体験を物語として語っていくことは心的外傷からの回復にとってはきわめて重要である。

本ホームでは，周囲との絆を深め，真摯に耳を傾け，受けとめられる体験に支えられて，少年たち自らがその内面を語っていけるように援助を行っていく。このように自己の体験とそれに伴う怒りや悲しみなどの感情を言語化していくことが，少年たちにとって，自己の内面に自らの感情をコントロールできる力を育てていくことにつながっていくと考えている。

2) ホーム内の相互交流の促進

誕生会や成人式などのライフイベントをはじめ，学校の試験や資格試験などを通じて，少年同士が支えあい，励ましあう体験を重視する。このような取組みは，共感的な対人関係を築きにくい発達障害児にとっても重要な取組みであると考えられる。それと同時に，生活場面でのトラブルなどの際には，筆者らと少年だけでなく，少年同士の話し合いの機会を持ち，問題解決の力を育てる取組みを行っていく。

これまで周囲の仲間とも支配・被支配の関係しか持てなかった少年にとって，相互承認の上に立った「穏やかな人間関係」を学ぶことは極めて重要な課題である。従って，ホームで生活する大人との関係にとどまらず，少年同士の相互

交流を生かした様々な取組みを通じて、少年同士の絆をより深め、そこから様々な困難さを抱えたお互いの境遇への相互理解を深め、一緒に困難を乗り越えていく力を育む取組みを進めていく。

3）自治活動を通じての社会参加のスキルの向上

24時間の生活全体を共有できる本ホームの利点を最大限に生かして、生活全般での役割分担を行い、ソーシャルスキルのトレーニングに重点的に取組むと同時に、そのことを通じて自己肯定感を醸成していく。具体的には、少年たちに玄関掃除、皿洗い、風呂掃除、夜の点呼の司会などの仕事を分担すると同時に、知的障害のある子どもには飼い犬の散歩や高齢者に食後の薬を渡す仕事などを割り当て、こだわりの強い子どもには戸締りを担当してもらうなど、それぞれの強みや個性を生かした取組みを進める。

その際には、個々の少年の能力特性や関心を検討した上で、その役割分担や作業、レクレーション内容を決定していくが、その決定の役割を段階的に少年たちに移譲、委任する工夫を行っていく。そのために、週番を中心に朝夕の点呼や少年たち自身によるミーティングの開催を少年たちに委任し、自律的な運営を行っていくように方向づけていく。

このようにして、ホーム内で生じてくる様々な問題を自主的に解決していく取組みを進めることを通じて、少年たちの社会参加のスキルと自律的な生活力の涵養に取組む。

4）修復的司法による被害者性と加害者性の統一の取組み

本ホームで生活する少年たちにとって、生活場面での葛藤や対立が起こることは集団生活である以上避けがたいものであり、少年たち同士の葛藤や対立が他罰的な姿勢や暴力的な対応へと事態が進行してしまうことも少なくない。多くの少年達が暴力や支配に曝された養育環境で育ってきたという現実を踏まえ、敵対的な人間関係とは異なる相互承認の関係を学ばせるという意味からも、ただ単に罰を与えるという応報的な対応ではなく、対話による修復的な取組みとして個人面談や子ども会議を重ね、それらの問題を解決するように取組んでいく。具体的には、少年たち双方から行為の事実の確認と当時の感情を聴取した

後に，他害行為に及んだ少年に対しては過去の傷つきや悲しみに照らして被害少年への共感的理解を促す一方で，加害少年自身の内面の加害者性の自覚を深め，被害者性との統一を図るプロセスを進めていく。その上で真摯な反省の証として被害者への謝罪を求め，双方の少年と調停者としての筆者が一堂に会し，和解の場を持つ「修復的司法」の取組みを進める。

第3フェーズ

1）社会的自立に向けての継続的な拠り所・居場所の保障

　少年たちは概ね18歳という年齢で社会的な自立を目指すことになるが，多くの少年が様々なハンディキャップを抱えており，また，これまでの生育史を反映して自尊感情も低く，ただちに社会的な自立を果たすことができない場合も少なくない。とりわけ，本ホーム入所児には支援してくれる家族がない場合がほとんどであるだけに，児相等の措置解除後も継続的な支援は欠かせない。従って，本ホームでは少年の能力などを総合的に判断し，18歳の段階でホームから出て社会的に自立することが困難であると判断される場合には，ホームを生活の拠点にして社会的な就労に就かせる，あるいは，ホーム内で自立に向けてのトレーニングを継続するなどのかたちで，社会的自立に必要な時間と選択の機会を保障する。そして，少年が希望する場合にはホームでの生活を継続することを認め，ホームが少年たちの成人後も文字通り家庭として機能するようにしていく。

　また，残念ながら，少年たちの一部には逸脱行動が止まらず，矯正教育機関に入所する者もいるが，こうした場合にも通信や面会を継続的に行って支援を続けると同時に，本人の意志や本ホームの少年たちの意向を確認しつつ，ホームへの帰住の機会を保障し，少年たちの社会復帰を継続的に支援していく。

2）多様な社会参加の体験を通じた自己形成モデルの取り込みの機会の保障

　社会的自立の問題を考える上では，就労と結婚がこうした少年たちの安定した社会生活を営む上での基礎となるだけに，就労継続の支援と異性との交流へのサポートは必要不可欠である。

本ホームでは少年の社会的自立に向けて，ホーム外での積極的な研修参加やアルバイトの機会を保障し，このような社会参加の体験を通じて様々な社会的資源とのつながりの中で，青少年が自らの人生への希望を育む自己形成モデルと出会えるように援助していく。

　また，結婚によって芽生えた絆と責任感は少年の就労継続への力にもなるが，それと同時に少年たちが育った養育環境における虐待的な関係の再演を生まないための支援が重要である。また，両性の平等の原則に基づいたパートナーシップの関係を少年達がモデルとして取り込んでいける機会を保障していくことも必要不可欠な課題である。本ホームでは，筆者夫婦らがそのようなモデルとなるように努めていく。

3）発達障害の子どもに対する職業的自立支援

　発達障害は生涯を通じた支援が必要であり，様々な社会的資源や制度を活用し，少年を支える仕組み作りは欠かせない。従って，療育手帳や精神障害者保健福祉手帳の取得，知的障害者更生施設への通所とトレーニング，障害者職業センターでの職能判定やジョブコーチ派遣，ハローワークでの障害者窓口利用など，様々な制度や社会資源を活用し，切れ目のない支援に取組んでいく。

　また，関係機関や就労先に対しては少年たちの発達特性や感覚過敏などの情報を伝え，適切な理解と支援が得られるように働きかけていく。たとえば，職業選択や職種選択の判断材料として，日頃の行動観察を通じて得られた情報（たとえば，少年の常同性やこだわりが，逆にルーティンの仕事を飽きることなく継続する力にもなる）を伝え，その就労に向けての支援を要請していく。

　また，たとえ就職できたとしても，様々な困難に遭遇して挫折することも少なくないだけに，こうした少年たちにはホームへの帰所の途を開いておくことで，再チャレンジする機会を保障できるように努める。

　こうした処遇方針，実践方針のもと，治療的専門里親として，また，家庭裁判所補導受託者として，精神科医をはじめ16職種の専門家と連携し，それらの社会資源を活用し，困難事例に対する専門機関の支援も受けながら，少年たちの自立への援助を行っていく。

補　注

29　措置解除後も，里親宅に同居中のケースは，6ホームに8人が同居。内訳は，5ホームにそれぞれ1人ずつ，1ホームに3人が同居している。就学が2名で，就労が6名となっている。養育年数はいずれの場合でも，15年以上。最長のケースでは24年。データ数が少ないため考察は困難であるが，ホームの理念や経済的支援の状況などでの共通点は見当たらず，ホーム長の個人的な考えによるところが大きいと推測される。

第2章
本ホームの入所少年の類型別，入所理由別の処遇効果

本ホームにおける治療・教育実践の到達点と限界を明らかにし，今後の実践課題と関係機関との連携協同のあり方を検討するためには，リスク要因による入所青少年の類型化を行い，その処遇効果を検討していくことは必要不可欠な課題であると考えられる。

本章では，本ホームに2002年から2008年のあいだに入所した17人の青少年を対象にして，リスク要因と入所理由による分類を行い，その処遇効果についての検討を行った結果について報告する。

1．リスク要因による類型化

本ホームに入所した少年について，少年の抱えているリスク要因によって次のような分類を試みた。

　A群　虐待＋知的障害，発達障害なし
　B群　虐待＋知的障害・境界知能
　C群　虐待＋発達障害

2．入所理由

　① 家庭や児童養護施設から，「代替的家族的ケア」の場として入所
　② 家庭裁判所の「補導委託」による入所
　③ 少年院から社会に出ていくまでの「中間施設」として入所

3．処遇効果の基準

本ホームに入所した青少年の処遇効果の評価基準を保護観察所の成績評定の方法を用いて，以下のような基準で整理した。

　「処遇効果良好」（＋＋）
　　ホームの生活を通じて他害自傷行為が著しく減衰するか，もしくは消滅し，ホームを出所・就労するか，ホームの生活を継続しつつも安定した生活状態にあるもの。

「処遇効果普通」（＋－）

　他害自傷行為こそ見られないものの，ホームの規則を遵守しないなど若干の問題行動が観察され，今後も継続的な支援が必要な状態にあるもの。

「処遇効果不良」（－－）

　他害自傷行為が減衰することなく継続し，その結果少年院等に措置され，本ホームの生活を継続できなかったもの。

４．入所青少年の類型別および入所理由別の処遇効果

　まず，この７年間に在籍した入所青少年17名に関して，先に述べたように，被虐待体験，知的障害，ないしは発達障害（知的障害を伴わない）の有無に基づいた３群の類型化を行い，類型別の処遇効果を検討していきたい。

１）入所青少年の類型別の一覧

　先に述べた類型に基づいて，17名の青少年の事例を整理したものが表７である。

　　身は身体的虐待，ネはネグレクト，心は心理的虐待，性は性的虐待を示す。
　※　サスペはサスペクト（障害の疑い）を示す。
　※　入所理由の①は「代替的家族的ケア」としての入所。②は家裁による補導委託。
　　③は少年院から社会に自立していく際の「中間施設」としての入所。

表8　入所青少年の特徴（2002～2008年）（2008年11月段階でのまとめ）

番号	入所年齢	措置機関	通算在籍期間	虐待	発達障害	非行歴	入所理由と入所後の経緯
	家庭環境		生育史特記事項			行為障害程度	
A群（虐待＋知的障害，発達障害なし）							
1	14歳	児相	1年1カ月	ネ	―	窃盗未遂	①　家族と生活していたが，虞犯で入所。退所就労。
	母親は4回の結婚歴		家出・徘徊			青年期発症型中等症（＋＋）	
2	16歳	児相	2年0カ月	ネ	―	対福祉職員暴力	①　養護施設不適応で入所。退所就労。
	両親は行方不明		施設で児童間身体的被害体験			青年期発症型中等症（＋＋）	
3	19歳	家裁	1年1カ月	身・ネ	―	窃盗・住居侵入	②　補導委託で入所。委託終了後も入所継続し，1年後に退所就労。
	両親は離婚		暴力団加入歴あり。保護観察中			青年期発症型重症（＋＋）	
4・D男	16歳	児相	3年	ネ	―	窃盗未遂・施設内暴力	①　暴力行為で入所。入所後も暴力行為をみせたが，高校卒業後，退所就労。
	母親は精神科長期入院		施設で身体的・性的被害体験があり，他児に傷害。			小児期発症型重症（＋＋）	
5	19歳	家裁	3カ月	身・ネ	ADHD様症状	覚醒剤・傷害	②　補導委託で入所。無断外出・飲酒で少年院に送致，出院後就労。
	母親はASサスペクト		依存症（セックス・薬物・アルコール）			小児期発症型重症（－－）	

第2章　本ホームの入所少年の類型別，入所理由別の処遇効果　　115

B群（虐待＋知的障害・境界知能）							
6・A男	15歳	福祉事務所	7年6カ月	身・ネ	MR	万引き	①　虐待で入所。解離症状で精神科入院，良好転帰で3回目の退所後，現在まで就労継続中。
	両親とも知的障害		母親が包丁を持って追いかけるエピソード。療育手帳			小児期発症型軽症（＋＋）	
7・C男	17歳	児相	3年2カ月	身・ネ	MR	万引き	①　虐待で入所。精神科受診後，良好転帰で退所就労。
	母親はASサスペクト		不登校・引きこもり，気分障害，自傷行為，療育手帳			青年期発症型軽症（＋＋）	
8	16歳	児相	3カ月	ネ	MR	対福祉職員暴力	①　養護施設不適応で入所。退所就労。
	母親は行方不明		療育手帳			青年期発症型中等症（＋＋）	
9・J男	14歳	家裁	7カ月	身・ネ	MR	恐喝・窃盗	②　補導委託で入所。入所少年への暴力行為で少年院に措置。
	母親は3回の結婚歴		父親，養父，継父ともに暴力団員，療育手帳			小児期発症型重症（－－）	
C群（虐待＋発達障害）							
10・E男	14歳	児相	2年5カ月	ネ	PDD	放火・恐喝・窃盗・シンナー	①　養育者の養育放棄で入所。ホームに適応できず，児童自立支援施設，少年院措置後，入退所を繰り返し，4度目の入所就労中。
	両親は行方不明		保護観察中			小児期発症型重症（＋＋）	
11・H男	8歳	児相	4年3カ月	身・ネ	PDD MR	万引き・性化行動	①　施設から転籍入所。PDDと判定。入所中。
	母親は覚醒剤後遺症入院		養護施設で性的被害体験，療育手帳・精神障害者福祉手帳			小児期発症型中等症（＋＋）	

12・G男	14歳	児相	1年半	身・心	HFPDD	対福祉職員暴力	① 親や福祉職員への暴力行為で入所。高校に進学。退所後，ひきこもり状態
	母親は双極性障害		不登校・家庭内暴力，精神障害者福祉手帳			青年期発症型中等症（＋＋）	
13	14歳	児相	3カ月	性・ネ	PDDサス	強制わいせつ 住居侵入・窃盗	① 自立支援施設より転籍入所。逸脱行動を重ね，家庭に帰住。
	父親が暴力団員		兄弟全員に非行歴，療育手帳			小児期発症型重症（－－）	
14・F男	17歳	児相	3年2カ月	身・ネ	AS	窃盗・住居侵入	③ 少年院退院後兄の紹介で入所。高校に進学。現在入所中。
	母親はASサスペクト		No.3の弟。精神障害者福祉手帳，保護観察中			小児期発症型重症（＋＋）	
15・B男	15歳	児相	7年4カ月	身・ネ	ADHD	虚言・常習窃盗	① 虐待により入所。反社会性人格障害と診断され非行により少年院措置。退院後入退所，4度目の入所中。
	両親ともMR		No.7の弟。6回の交通事故歴あり，療育手帳			小児期発症型重症（＋－）	
16	19歳	少年院	8カ月	身	PDDサスペ	強制わいせつ・窃盗	③ 少年院の依頼で入所。非行が止まらず，再度少年院に措置。
	両親健在		強制わいせつと窃盗の常習累犯・てんかん			小児期発症型重症（－－）	
17	17歳	家裁	3カ月	身・ネ	PDDサスペ	強盗	② 補導委託で入所。暴力行為等で引致され，少年院に措置。
	父親は3回の結婚歴		トゥレット障害			小児期発症型重症（－－）	

※ 小児期発症型とは10歳までに基準の1つが発症したものをいう。軽症とは嘘をつく，怠学，深夜徘徊等の行為。中等症とは窃盗，破壊行為等の行為。重症とは性行為の強要，身体的残酷さ，武器の使用，強盗，破壊と侵入等の他害行為を基準とした。
※ ＡＳはアスペルガー障害の略

2）類型別の処遇効果

この17名の少年に関する，類型別の処遇効果についてまとめたものが表8である。

表9 入所青少年の類型別処遇効果

グループ	処遇効果良好	処遇効果普通	処遇効果不良
A群	No.1, 2, 3, 4		No.5
B群	No.6, 7, 8		No.9
C群	No.11, 12, 14	No.10, 15	No.13, 16, 17

ここでは，それぞれの類型別の処遇効果について検討していきたい。

(1) A群（虐待＋知的障害，発達障害なし）；良好4／5　普通0／5　不良1／5

A群の5名のうち4名はすでに退所して就労，もしくは現在入所中であっても極めて安定した生活を送っており，処遇効果良好と判断した。唯一処遇効果不良となったNo.5の少年は家裁からの補導委託の少年であり，過去に性や薬物，アルコールに依存をみせ，ホーム入所後も就労先の仕事場や仕事帰り，さらには夜間に抜け出しての飲酒を重ね，飲食店の女性従業員とトラブルを引き起こして家裁からの補導委託解除となり，少年院送致となった少年であり，深刻な人格障害を疑わせるケースであった。

(2) B群（虐待＋知的障害・境界知能）；良好3／4　不良1／4

B群の4名のうち3名は，ホームを退所後に就労を果たし，安定感のある生活ぶりであったので，処遇効果良好と判断した。それに対して，No.9の少年は養育環境が反社会的集団と関係が深く，親の養育も暴力的であり，同居少年へ

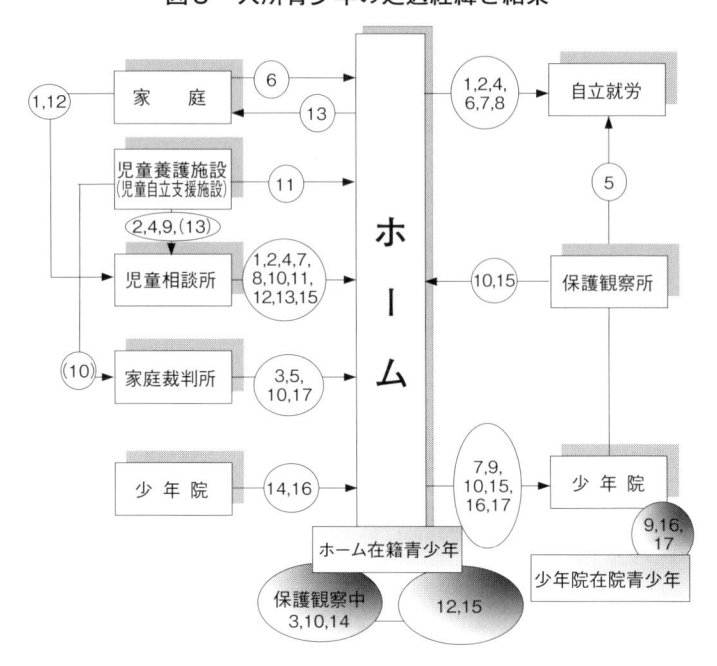

図3　入所青少年の処遇経緯と結果

```
(1,12) → 家　庭 ⇄ 6/13 → ホーム ← 1,2,4,6,7,8 → 自立就労
                                                    ↑ 5
        児童養護施設
        (児童自立支援施設) → 11 →
          ↓ 2,4,9,(13)                ← 10,15 ← 保護観察所
        児童相談所 → 1,2,4,7,8,10,11,12,13,15 →
    (10) ↓
        家庭裁判所 → 3,5,10,17 →
        少年院 → 14,16 →              → 7,9,10,15,16,17 → 少年院 ← 9,16,17 少年院在院青少年
                         ホーム在籍青少年
                         保護観察中
                         3,10,14        12,15
```

の刃物を使用した暴力行為によって少年院送致となったため，処遇効果不良と判断した．

(3) C群（虐待＋発達障害）；良好3／8　普通2／8　不良3／8

C群の8名に関しては，3名が処遇効果良好となったが，2名が普通，3名が不良という結果になった．

№10（E男）は恐喝の被害者に火をつけるなどの非行によって少年院送致に至ったが，帰住先がなく再入所した．

現在，ホームにおいて規則の遵守や対人関係に若干の問題行動はあるものの，他害行為は減衰しているので，処遇効果普通と判断した．

少年院に措置された№15（B男）は「早発重症型」であり，少年期から非行を繰り返し，「反社会性人格障害」と診断された常習累犯者であり，就労も再三破たんしてきた．しかし，他に行くところがなく，やむを得ず本ホームに在

籍する中で，次第に非行傾向が減衰してきたので処遇効果普通と判断した。
　No.13, 16, 17の少年3名に関しては処遇効果不良と判断した。
　ちなみに，このC群は，8名中7名が行為障害の「小児期発症型」であり，さらに8名全員が「中等症」（2名）もしくは「重症」（6名）に位置している。さらに，「処遇効果不良」とされた3名は，持続的な性非行＋窃盗（2名）および粗暴＋窃盗（1名）であり，その生育史を概観すると，非行行為の持続性，非行種類の多種方向性，非行程度の進行性といった要素を兼ね備えていた。

3）本ホームの入所理由別の処遇評価

　続いて，17名の少年を入所理由別に分類し，その処遇効果をまとめたものが表9である。以下，入所理由別に少年の処遇効果を検討していきたい。

表10　入所理由別の処遇効果

入所理由	グループ	処遇効果良好	処遇効果普通	処遇効果不良
代替的家族ケア	A群	No.1, 2, 4	No.10	
	B群	No.6, 7, 8		
	C群	No.11, 12	No.15	No.13
補導委託	A群	No.3		No.5
	B群			No.9
	C群			No.17
中間施設機能	A群			
	C群	No.14		No.16

(1) 代替的家族ケアとして入所した少年の処遇評価

　代替的家族ケアとして入所した少年11名のうち，8名は本ホーム内の処遇で良好な結果を得た。これに対して，No.10（E男・C群），No.15（B男・C群）の少年は本ホームでの処遇が困難となり，少年院に措置された。しかし，この2名については，少年院出院後帰住先がなく，再び本ホームに再入所しており，ホームにおける「代替的家族的ケア」を継続した事例である。

No.10（E男・C群）の少年は，ネグレクト環境で育ち，両親の不在中に2歳半で自宅を全焼させた後，祖父母に預けられたが，激しい行動化によって本ホームに措置された。入所後も様々な逸脱行動を重ね，家出中に恐喝の被害者11名のうち4名に火をつけて，その姿を見て笑い転げるという行動をとっており，衝動性と多動性，不注意傾向の強い少年であり，後になって広汎性発達障害あるいはADHDと診断されていたことが判明した（児相一時保護3回，児童自立支援施設1回，少年院1回）。

No.15（B男・C群）の少年は，虐待的な養育環境で育ち，幼少期から道路に飛び出して6回の交通事故にあうなど，No.10同様のADHD症状を見せ，やがて破壊的行動障害マーチの経過をみせ，最終的に反社会性人格障害と診断された。ホーム入所後も窃盗常習，暴言や暴行などの逸脱行動が止まらないために，2回目の審判で少年院に措置されたが，帰住先がなく再入所した少年である（補導歴多数，逮捕歴2回，少年院1回）。

こうした他害傾向の強い少年の場合，矯正教育という一定の物理的な壁を持つ環境にいったん置くことが非行の加速を止めるためにも必要であったと考えられる。実際，少年院出院後にホームに再入所した少年に関しては，生活態度に矯正教育の成果をみることができた。

本ホームでは，他害行為などによって本ホームでは受けとめきれずに少年院送致に至った少年に対しても，留置場，鑑別所，家裁審判，少年院といった全過程で少年への関わりを継続し，通信，面会，差し入れなど交流と支援を絶え間なく行ってきた。

この2名に関しては，現在，若干の逸脱行動はあるものの，問題行動は減衰傾向にあり，他害行動もみられなくなったので，現時点では「処遇効果普通」と判断している。この2名のように，帰住先がなく，少年たちの内面に親からの「見捨てられ感」や「無力感」がある少年の場合，ホームの「代替的家族ケア」が少年たちとの情緒的なつながりを築き，それによって少年たちの再犯をぎりぎりのところで阻止し，社会復帰へとつなげていったという点で評価できると考えている。

唯一，処遇効果不良としたNo.13（C群）の少年は，父親が元暴力団員で家族全員に犯罪歴がある家庭で育ち，兄による家庭内での異性交遊の場面に立ち会

わされたことをきっかけに学校内で性犯罪を起こし，児童自立支援施設に措置された少年である。本ホームへの入所後まもなく，学校および地域社会で性的事件を起こし，警察も捜査に乗り出す事態となった。証拠不十分で事件化はされなかったものの，ストーカー的に追いかけられた女生徒の家族から強い要求が学校に対して行われ，地域社会での処遇が困難と判断し，児相の委託措置解除に至った少年である。被害女生徒への奇異な接近行為を連続して起こしているところから，何らかの発達障害を有していたのではないかと推測されたケースであった。

ちなみに，処遇効果良好としたNo.12（G男・C群）は本ホーム在籍時の評価である。家庭復帰後に不適応を再発させたことに関する評価については，事例研究においてあらためて行いたい。

(2) 補導委託に関する処遇評価

家裁によって本ホームに補導委託された少年は4名である。処遇効果を評価すれば，1名は良好であったが，他の3名は不良であった。

No.3（A群）の少年は入所を継続して就労中であり，処遇効果良好と判断した。本少年は高校の運動部での挫折から非行へ走り，暴力団加入歴のある少年であるが，補導委託解除後も筆者の指導を受けたいと入所継続を希望し，今日に至っている。

その他の3名，No.5（A群），No.9（B群），No.17（C群）の少年は児相の一時保護や児童自立支援施設においても非行がとまらず，いったん本ホームに入所したものの，その激しい行動化をホーム内で枠づけできずに，結果的に少年院送致に至った少年であり，補導委託の是非をめぐって，家庭裁判所と保護観察所との間で意見の相違を惹起したケースでもあった。

No.5の少年は，薬物と性，アルコールなどの依存症を持ち，同棲している女性への暴行，傷害のほか，3人の女性と時期を重ねて交際し，いずれも妊娠させるなどの経歴を持ち，少年院送致後も薬物の後遺症ないし解離を思わせる症状をみせ，医療少年院に移された少年である（児相一時保護2回，児童自立支援施設1回，少年院2回）。

No.9の少年は恐喝，強盗，放火などの常習累犯で，7歳で同級生への暴行な

どを始め，12歳で鑑別所に送致され，児童自立支援施設を経て入所したが，刃物を使った暴力行為で少年院送致になった少年である（児相一時保護2回，児童自立支援施設1回，少年院1回）。

　本少年に関しては，14歳で少年院に入院し，母親の引き取りが可能かどうか，不明な状態が続いたため，継続的に面会を続け，再入所も検討したが，最終的に母親が引き取りを表明し帰住した。本少年とは現在でも本ホームとの交流は続いている。

　No.17の少年は，暴行，窃盗，強盗などの非行理由で2回の少年院送致を経験した後，本ホームに入所した。顔面のチック症状と構音障害を特徴とするトゥレット障害と診断され，高率の合併症とされる多動性障害あるいは広汎性発達障害を有していたと推測される。入所2日目から問題行動を起こし，本ホーム内で暴力行為を行い，その指導に対して無断退去し，少年院送致となった（児相一時保護2回，少年院3回）。

　No.5，No.17の少年は入所3カ月以内に深刻な事件を起こし，少年院に再措置された。それぞれが深刻な発達上の課題を抱え，少年院措置回数も2回以上経験した少年たちであり，ホームへの入所年齢も比較的高く，共感関係を築く以前に逸脱行動を重ね，そうした点で少年院送致は不可避であり，この2人についてはホームへの再入所も困難と考えている。

　これらの結果を踏まえて，本ホームでは家裁と協議を行った。その中で，他の補導受託者が労働現場を持っているのに対して，本ホームは家庭内での生活トレーニングが中心であることやホーム内に児相からの委託による年少児が生活していることから，今後は粗暴型の少年は受託せず，発達障害の二次障害によって非行に至った少年を主な措置対象とすることで合意した。

(3)　中間施設機能に関する処遇評価

　本ホームを経ずに少年院に措置された少年で，退院後帰住先がないために入所した少年は，No.14（F男・C群），No.16（C群）の少年2名である。処遇効果に関しては，1名が良好となったが，あとの1名は不良という結果に終わった。

　No.14の少年は，自閉症圏の障害を持ち，窃盗により少年院に措置され，出院後ホームに入所した少年である。本ホームで視覚的な提示を中心とした「構

造化された指導」の導入を行うことによってホームでの生活に急速に適応が進み、逸脱行動や問題行動はほとんど見られなくなった。このNo.14の少年に関しては、発達障害に対する周囲の無理解から起こる二次障害としての非行・行動化であり、入所以降、発達障害への適切な理解とそれに基づく支援を行うことにより、急速に安定したものと理解される。なお、本少年については、心身に障害のある少年を対象とする少年院に入院し、明示的なルールや日課といった構造化された少年院の生活を経験したことが、ホームにおける処遇に好影響を与えていたことも十分に考えられる。

　No.16の少年は、全般てんかんの欠神発作を持ち、強制わいせつと窃盗の累犯を63件起こし、入所後も同種の事件を4件起こした少年である。教誨師の紹介で入所したが、「場が読めない」「突然の出来事にパニックを起こしてしまう」「初対面の人に挨拶として相手のほほをつねる」などのエピソードを持ち、自閉症スペクトラムと推測された。

　脳神経内科における受診と治療、ホームでの環境療法的なアプローチ、生活保護による経済的安定に加え、大学病院精神科での心理検査予約と支援を重ねたが、心理検査実施の前日に同居入所少年と無断退去を行い、そこで窃盗を働いて逮捕され、3回目の少年院送致となった（児相一時保護2回、児童自立支援施設1回、少年院3回）。

　このNo.16の少年に関しては、父親に包丁で切られ、熱湯をかけられるなどの深刻な被虐待体験と自閉症サスペクト、てんかん発作などリスクファクターがいくつも重なっており、極めて指導が困難なケースであった。少年院送致後、同居少年から引き取ってほしいという声もあり、継続的な支援を重ねたが、最終的に父親が引き取りを表明した。現在も交流は継続しているものの、今後もその社会的自立に向けての支援は著しく困難なケースであると考えている。

まとめ

1．入所少年全体の処遇効果

　本稿での考察対象とした少年17名のうち12名は、そのうち3名は少年院への措置を経験しているが、最終的には良好な結果を得ている。非行という形での

行動化や精神症状も減少し，社会的自立を果たすか，もしくは安定した入所生活を送っている。残りの5名については処遇効果不良と判断した。

2．類型別の処遇効果

　入所少年の類型別の処遇効果を再度整理すると，処遇効果良好（＋普通）グループと不良グループの比率は，A群では4：1，B群では3：1であるのに対して，C群の場合，5：3となっている。人数が少ないので断定的なことは言えないが，単なる被虐待グループ，虐待と知的障害が重複したグループと比較して，虐待と発達障害の問題が重複したグループが最も処遇が困難であることが示唆された。

3．入所理由別の処遇評価

　本ホームの入所理由別の処遇評価では，良好と不良の比率が代替的家族ケアによる入所群においては10：1となっているのに対して，補導委託による入所群は1：3，中間施設としての入所群が1：1となっており，補導委託による成績の低さが際立っている。これは，補導委託少年たちがかかえる発達上の課題が深刻であったこと，入所年齢が高く，筆者らとの信頼関係を築いていくことが困難であったこと，そして，本ホームが生活訓練中心で労働現場を有していないことなどが影響したと考えられる。

　しかし，それと同時に，少年院措置をただちに「処遇効果不良」ととらえるのではなく，ホームにとって少年院を社会資源の1つと考え，施設内処遇と社会内処遇との連携の中で少年の更生と自立を図るかたちで少年の支援を考えていくことも重要であると考えている。

4．本ホームの処遇能力の現状と限界

　本ホームの処遇の質に関しては，この5年間に漸次向上が図られてきており，入所時期が早かったNo.10（E男）とNo.15（B男）の少年は，彼らが少年院に入院している期間に本ホームの処遇の質を向上させ，構造化を進めることによって，帰住後安定をはかることができたのではないかと考えている。

　ただし，現時点での限られた資源の中では，民間の施設である本ホームが果

たしうる機能には限界があり，このような司法福祉の谷間にある青少年の自立更生を支援する公的制度の充実なくしては，深刻な発達上の課題をかかえ，暴力的な傾向が極めて強い少年の受け入れに関しては抑制的にならざるを得ないであろう。

その意味で，現時点で本ホームが対応可能な少年は，被虐待体験や発達障害，知的障害の問題は抱えていても，本ホームでの実践構造によって行動化がある程度コントロール可能な少年，あるいは，児童自立支援施設や少年院で治療・教育を受けて，衝動統制の力を内面に育むことができた少年に限定せざるを得ないと考える。

それと同時に，少年たちの社会的自立の支援を行う中間施設として本ホームの存在には大きな意義はあると考えられる。なぜなら，すでに述べたように，日本ではそうした少年たちの自立支援のための受け皿はあまりにも乏しいからである。

ドイツでは26歳，英国では24歳，同様に米国では21歳までの青少年に対して，国家と養育者の支援が法的に義務づけられている。また，本ホームと同レベルの処遇を行う英国の専門里親の場合，病院勤務医程度の給与とレスパイトケアが保障されている。わが国でも，児童自立援助ホームの増設とともに，平成21年にファミリーホーム制度が国によって制度化されたが，このような制度の充実は，社会システムの上からも喫緊の課題であろう。

第3章
実践研究

1．実践研究の目的

　本章では本ホームでの6人の実践事例をさらに詳しく分析していくことを通じて，深刻な発達障害上の課題を持つ少年に対する治療・教育的援助の課題をより深く分析していきたい。
　なお，この6人の少年を取り上げた理由は以下の通りである。
① 長期にわたる虐待的環境による発達阻害の問題，また，発達障害に対する不適切な対応による二次障害の問題が大きく，深刻な発達上の課題を有していること。
② 本ホーム在籍期間が1年半以上と比較的長期にわたって関わっており，本研究での実践仮説を実証的に検証できるだけの資料が得られていること。
③ 本ホームでの治療教育実践に対する重要な示唆を与えた事例であり，本ホームの実践方針の改変を促す契機となった事例であること。

　本章ではこれらの実践事例の分析を通じて，深刻な発達上の課題を持つ少年たちへの具体的な指導・援助の課題と方法を検討すると同時に，実際の実践過程の中で浮かび上がってきた，深刻な発達上の課題を抱える少年への社会的自立支援の課題を整理していきたい。

2．考察対象ケース

　ここでは，本ホームに在籍した6人の少年（平均4年2カ月在籍）の事例について，少年への取組みが，本ホームの実践方針のどの時期に属するのかを整理した上で，本ホームでの治療教育実践の到達点と課題を検討していきたい。
　なお，第Ⅱ部の第1章でも述べたように，本ホームでは，少年を受け入れ，支援するにあたって，入所してくる少年の発達特性や行動特徴などに対応して本ホームでの実践方針と援助の枠組みを改変してきた歴史的経緯がある。そのために，ここで紹介する6事例の実践方針も異なっており，各時期によって事例のまとめ方が異なっている点をご理解いただきたい。

1）被虐待児の受け入れに伴って，治療的専門里親として実践を進めた事例
①A男（Ⅰ期～Ⅱ期，Ⅴ期の実践）
虐待的な養育環境に育ち，心的外傷から解離性障害をみせたケース

両親とも知的障害があり，父親からの身体的虐待，母親のネグレクトにより15歳で入所。統合失調症を疑わせる転換症状や解離症状（解離性遁走，失歩，健忘），偽てんかんなどの多様な症状を見せたが，精神科に入院し，退院した後は，ホームでの一貫とした応答と言語化への支援を通じて良好転帰となり，各種手帳を取得し，入所から6年半後に退所就労した。その後も週末は本ホームで過ごしている。

②D男（主要にはⅡ期の実践）
虐待的な養育環境の影響で激しい行動化と病的解離を示したケース

母親は精神疾患で長期入院，本児は措置された児童養護施設で身体的・性的被害を受けたが，やがて逆に他児への身体的・性的な暴行などの加害行為を行うようになり，そのために施設退所となり，本ホームに入所。入所後も警察官を呼ばざるをえないような暴力行為をみせ，また入所児への他害行為や夜間徘徊や窃盗未遂をみせたが，2年4カ月後に高校を卒業し，退所就労した。

2）司法・矯正教育機関との連携の中で，より深刻な行動化を伴う少年を受け入れた事例
③B男（Ⅰ期～Ⅲ期，及びⅤ期の実践）
虐待とADHDの重複による衝動統制の困難さから激しい非行を示したケース

A男の弟。6回の交通事故歴があり，15歳で入所したが，激しい攻撃性をみせ，周囲と激しい対立を繰り返し，同居のものや支援者から金品を盗んでは売り飛ばし，家出を繰り返した。精神科医によって反社会性人格障害と診断され，2回目の家裁審判で少年院に措置されたが，帰住先がなく再入所し，6年4カ月後に兄を頼って退所就労した。しかし，勤務態度不良で解雇となり，1年後に4度目の入所をした。

④E男（Ⅱ～Ⅴ期の実践）
広汎性発達障害を有し，深刻な他害行為に及んだケース

両親は行方不明，親族が養育に困難さを訴えて入所したが，恐喝の被害者に

火をつけるなどの激しい逸脱行動で少年院に措置された。しかし，出院後，帰住先がなく本ホームに再入所。その後も同居少年への暴力事件を起こすなど，問題行動をみせたが，やがて落ち着きを見せ，3年遅れで高校に進学し，本ホームでの支援のもとで自立の課題に取組んでいる。

3）発達障害を抱えた少年の受け入れに伴って，生活の構造化を進めた事例
⑤F男（Ⅲ～Ⅴ期の実践）
アスペルガー障害，虐待的な環境で触法行為を示したケース
　母親のネグレクトと身体的な虐待のもとに育つ。窃盗累犯で捕まり，措置された少年院を退院後に本ホームに入所。こだわりの強さや対人関係の回避が観察され，児相でアスペルガー障害と診断された。ホームの構造化を進める中で安定した毎日を送り，3年遅れで高校に進学。周囲の信頼を得るとともに，共感的な関係性を深める取組みを進めながら，児相措置解除後も本ホームでの生活を継続している。

⑥G男（Ⅴ期の実践）
高機能自閉症があり，家庭や学校，児童相談所で他害行為に及んだケース
　両親は離婚。家庭内では母親と包丁で対峙し，自殺企図を繰り返した。同様に学校でも同級生に突然暴力をふるい，他人の喧嘩に割り込んで殴るなどの行動が多発した。このため，児相が介入するようになったが，少年補導センターでも職員や他児に暴力をふるう行為が見られ，ホームに入所。ホームの構造化された環境で安定を取り戻し，学校生活にも復帰し，高校にも進学したが，親元に帰住後，対人トラブルが再発して高校を退学した。

3．考察対象の少年たちの在籍時期

　個々のケースを検討する前に，考察事例に取り上げた少年たちが在籍した時期をホームの実践方針の変遷時期と併せて見ておきたい。

第 3 章　実践研究　　131

図4　少年たちのホーム在籍期間と実践方針の変遷

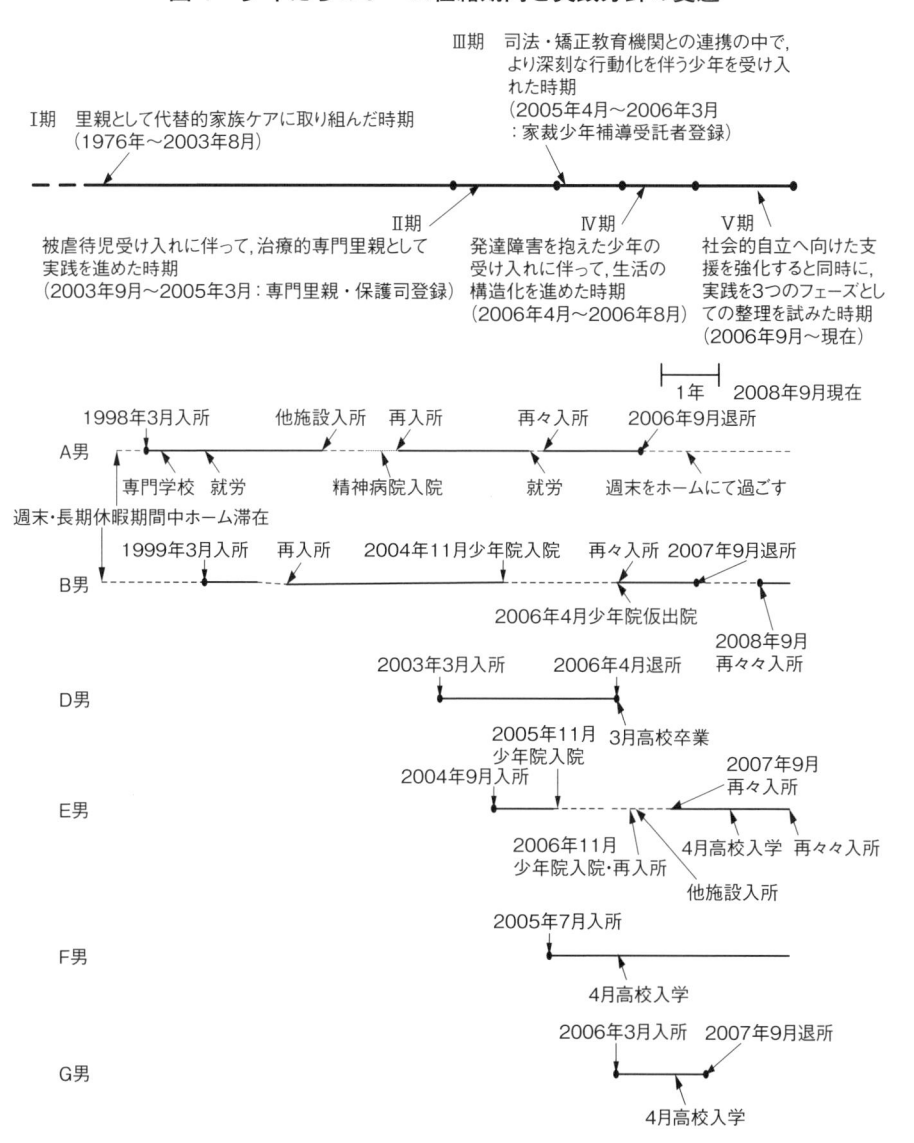

I期　里親として代替的家族ケアに取り組んだ時期
　　（1976年〜2003年8月）

II期　被虐待児受け入れに伴って，治療的専門里親として実践を進めた時期
　　（2003年9月〜2005年3月：専門里親・保護司登録）

III期　司法・矯正教育機関との連携の中で，より深刻な行動化を伴う少年を受け入れた時期
　　（2005年4月〜2006年3月：家裁少年補導受託者登録）

IV期　発達障害を抱えた少年の受け入れに伴って，生活の構造化を進めた時期
　　（2006年4月〜2006年8月）

V期　社会的自立へ向けた支援を強化すると同時に，実践を3つのフェーズとしての整理を試みた時期
　　（2006年9月〜現在）

1年　2008年9月現在

A男　1998年3月入所　他施設入所　再入所　再々入所　2006年9月退所
　　専門学校　就労　精神病院入院　就労　週末をホームにて過ごす
週末・長期休暇期間中ホーム滞在

B男　1999年3月入所　再入所　2004年11月少年院入院　再々入所　2007年9月退所
　　2006年4月少年院仮出院
　　2008年9月再々々入所

D男　2003年3月入所　2006年4月退所
　　3月高校卒業

E男　2004年9月入所　2005年11月少年院入院　2007年9月再々入所
　　2006年11月少年院入院・再入所　4月高校入学　再々々入所
　　他施設入所

F男　2005年7月入所
　　4月高校入学

G男　2006年3月入所　2007年9月退所
　　4月高校入学

第1節　A男
虐待的な養育環境に育ち，心的外傷から解離性障害をみせたケース
（入所時15歳・通算在籍年数7年6カ月・Ⅰ期～Ⅱ期，Ⅴ期の実践）

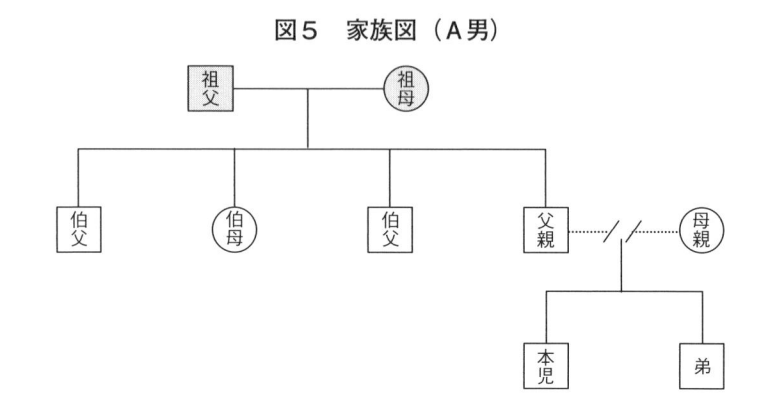

図5　家族図（A男）

```
        祖父───────祖母
          │
  ┌────┬────┬────┬────┐
  伯父  伯母  伯父  父親┄/┄母親
                    │
                 ┌──┴──┐
                 本児    弟
```

図6　A男の生育史

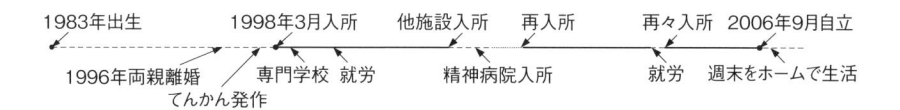

```
1983年出生  1998年3月入所  他施設入所  再入所     再々入所  2006年9月自立
   │           │            │         │           │          │
1996年両親離婚 専門学校 就労  精神病院入所         就労    週末をホームで生活
    てんかん発作
```

1．入所までの経緯

　A男は心理的・身体的虐待，ネグレクトの環境のなかで育った。父親には知的障害があり，母親にも同様の障害があると推測される。両親は共稼ぎで，家計を握る祖母が養育した。おしめ交換や風呂入浴などは父親が行い，母親は一切，子育てには関与しなかった。

　母親は購入した大量の菓子類を深夜に飲食し，これを食べた子どもを包丁を手に持って追いかけるなどの問題行動があった。また，母親は作業着のまま就寝し，汚れた衣類を洗わないまま放置し，家庭内も掃除をした形跡がなく，基

本的生活習慣はまったく確立できていなかった。家族は常に怒鳴りあい，冷静な話し合いが成立することはなかった。

その後，母親は町内会の集金を着服したのをはじめ，消費者金融で3回にわたって借り入れ，このためA男が13歳の時に両親は離婚した。母親の借金を父親が肩代わりを行い，以来借金が増えて，6年後には父親が自己破産した。

両親の結婚生活が事実上破たんして離婚問題が浮上し，家族内葛藤が頂点にまで高まった前後から兄弟の問題行動がみられるようになった。しかし，その際に父親は兄弟を殴打する対応をとり，祖母や伯母ら親族も大声で叱り，「そういう子はいらない」と見捨てられ不安を募らせる言動をたびたび浴びせるなど，虐待的な養育環境であった。

A男は保育園の遠足で意識不明の状態で発見されたことがあり，また，歩いている際に意識を失って側溝に落ち，「コンクリートが割れたのはぼくが石頭だから」と語っている。

その他にも，祖母に杖で叩かれて意識消失を起こすなど，生育史において後に明らかとなる解離症状の存在をうかがわせるエピソードが多く見られた。

両親の離婚後，父親は養育困難を理由に，長期休暇や週末には本ホームに兄弟を預けるようになった。14歳の時，コーラス部の合唱コンクールでA男は倒れ，以降緊張すると意識消失を起こすため，抗てんかん薬を服用しはじめた。

2．入所後の経緯

1）里親として代替的家族ケアを中心に取組んだ時期（15歳〜18歳）

中学卒業後，A男は本ホームに入所し，職業訓練校に通学したが，同級生とのトラブルが再三起きた。また夜間，菓子類を自室に持ち込み，それを押し入れや家具に隠すという，被虐待児によく観察される行動があり，それを筆者が注意すると意識が遠のく様子をしばしば見せ，解離症状の存在を疑った。このため筆者らとの関係でA男が十分な安心感を持てるように心を砕き，飲食物は許可をとりさえすれば自由に食べてもよいと話した。

また，A男は食事や入浴や洗顔，排せつといった基本的な生活習慣が身についていなかったので，頭髪の洗い方や排便の始末の仕方などを1つひとつ丁寧

に指導していった。

　A男が家族の再統合を強く希望するため，両親に復縁を働きかけたが，不調に終わった。父親は月に1度面会することを約束したが，実行されることはなかった。母親も「卒業式にはお祝いを持っていきます」と語ったが，姿を見せなかったばかりか，少年が駅前などで偶然会っても無視して立ち去り，A男の見捨てられ感を一層助長する結果に終わった。

　A男は16歳で職業訓練校卒業後，10数カ所の採用試験にことごとく失敗するが，最後にガソリンスタンドでの採用が決まった。しかし，大勢の客の前でパニックとなり，また売上金にも手をつけたことにより1カ月で解雇された。次に，型枠大工の仕事についたが，半年経っても要求された仕事ができないことと，てんかん発作のため高所での作業に雇用主が懸念を示したために退職した。

　18歳の折，他県の宗教関連の修養施設に入所したが，施設内では精神的負荷がかかるたびに意識消失を起こした。また，注意を受けると施設を飛び出し，「頭が真っ白となり，気がついたら知らないところにいる」（本人の弁）状態になった。このように，対人関係などで問題が起きるたびにパニック状態となるため，何度も筆者が電話で対応せざるを得ない状況であった。

2）被虐待児の受け入れに伴って，治療的専門里親として取組んだ時期
(1) 解離症状の深刻化（19歳3カ月～19歳5カ月）

　A男（19歳3カ月）は心理判定を受け，「ＩＱ：59　ＭＡ：10歳2カ月」の精神発達遅滞（Ｂ2）と診断され，療育手帳を取得した。この心理判定終了後，けいれん様発作が続き，脳神経内科に入院した。医師から筆者に電話があり，「重積けいれんを起こしており，治療しなければ脳にダメージを与える」という内容であった。病院に駆け付けたところ，A男はせん妄状態で車いすに拘束されていた。ところが，医師と面談を終えたころにはA男は快方に向かっていた。筆者の顔を見た瞬間に症状が減衰したことから，A男のてんかん発作は精神症状ではないかと初めて疑う出来事であった。主治医もこの事態に「脳神経科だけでなく，精神科の受診も視野に入れたらどうか」という所見を述べた。

　同月中旬，本ホームに戻り，落ち着くかと思われたが，やがててんかん様発作を見せた。下旬には，夕食直後，朦朧として傾眠から昏睡状態に入るという

状態が2日続き，やがて筋肉の硬直やけいれんが起きたので救急車の出動を要請し，S医科大学付属病院に搬送し，ただちに入院となった。病院で談笑中にせん妄状態となり，「おれは生きている価値がない」「死んでやる」「もう○○（A男の姓名）ではない」「親から見捨てられた」などと叫びながらの錯乱状態が6時間にわたって続いた。この間鎮静剤を3本投与しても効かず，興奮状態が続いた。これには入院直後に父親に連絡し，翌日見舞いに行くと父親が約束したにもかかわらず，実行されなかったという，A男に対する父親の不誠実な対応が原因の1つであると推測された。

入院中に，主治医である精神科医，区役所の保健師，筆者の3者でケース会議を開き，A男の状態をどう理解するのか，今後どのようにA男を支えていくのか，話し合いを行った。主治医はA男の現状を「統合失調様症状」であるとした。

しかし，これまでの行動観察や生育史を通じて得られたA男の情報に基づき，筆者は帰宅後に主治医に手紙を書いて，A男が見せている多様な症状は「解離症状」と理解できるのではないかと質したところ，主治医は「そのように理解してよい」と回答してきた。

そのため，これ以降，ハーマンの「心的外傷からの回復」やパトナムの「解離」を学習し，専門的な知見を取り込みながら，A男への支援の組み立てを進めた。

すなわち，筆者は，A男たちに対する従来からの方針である「代替的家族ケアの保障と生活スキルの向上」に加えて，「安全感と見通しのある環境の提供」「自己の体験とそれに伴う感情の言語化の促進」といった方針を立てて，精神科医や保健師などの連携のもとに支援を進めていくこととした。

筆者は入院中の2カ月の間，1日も休まずに病院にA男を訪ね，決して見捨てることはないという意志を示し，A男に対して一貫して受容的・支持的な対応をとり続けた。ただし，A男の解離症状の背後にある「見捨てられ感」は受けとめつつも，過度にかまうことはA男が症状を通じて周囲を操作するようになる危険性があると考え，A男の症状に振り回されないように，適度の距離を置いて見守ることに努めた。

この時期筆者らが観察したA男の解離症状の頻度は以下の通りであり，最も

深刻な状況にあった。

表11　時系列別症状頻度表(1)

2002年	9月	10月	11月	12月	1月	2月	3月
解離性遁走	0	1	0	0	0	1	0
解離性健忘	0	0	0	1	1	0	0
その他の解離症状	20	29	12	5	4	0	2
計	20	30	12	6	5	1	2

19歳3カ月～9カ月集計分　[注30]

(2)　解離症状の減衰と「行動化」の始まり（19歳6カ月～7カ月）

　2カ月弱の入院を経て，主治医より「医学的にはこれ以上することはない。いまのA男に必要なものは家庭である」として，「引き取る意思はあるか」と尋ねられた。筆者夫婦は，A男にはすでに帰住先もなく，また筆者たち以外に引き取り人もいないため，「もちろん，そのつもりである」と答えたところ，医師は「それはよかった。今後のA男を考えるとその点がもっとも気がかりであった」と述べた。

　A男の退院と帰宅にあたっては，原家族には乏しかった「普通の暮らし」と「普通の人間関係」がA男にとっての行動モデルの提示につながると同時に，安定した毎日の暮らしとそこでの応答的な人間関係がA男の自己と他者への基本的信頼感を醸成すると考え，恒常性を強く意識した取組みを進めた。

　しかし，A男は他の入所少年の正月帰省の話題に影響されたのか，「僕の母親はどこにいるのですか？」などと既知のことを尋ね，以後，2日に1回の割合で発作が起き，「昨日何をしたか覚えていない」と訴えた。

　ところが大晦日，A男の弟B男（後に反社会性人格障害の診断を受け，少年院に送致される）が家事を手伝わないことを注意され，「この家のものを全員，ぶっ殺してやる」と叫び，暴れるという事件が発生した。すると，制止している筆者の家族の後ろからA男がB男に跳びかかり，この後，部屋の隅で号泣した。

　A男は温和な性格であり，学校時代はいじめの対象となり，また弟には一方的に殴られるばかりであった。それゆえに，たとえ暴力的なかたちにしろ，「弟に向かって自分の気持ちを主張できた」ことは評価するとともに，「今後は自

らの思いを言葉で表現できるようになるともっといいな」とA男の課題を伝えた。

年があらたまり，年始に訪れた父親と共に帰省し，3人で一晩を過ごした。翌2日，母親に連絡して弟と2人で訪問したが，母親はまったくA男たちと言葉をかわさなかった。それでも，帰宅後，「5年ぶりに父親と正月を過ごし，一緒に寝た」と今までにない朗らかな顔を見せ，精神的に落ち着いたのか，この後は発作の回数が減っていった。このように原家族をなお「理想化」しているA男であったが，見守りを続けた。

しかし，A男と同室のC男が頭を机に打ちつける自傷行為を始めると，A男も同様の行為を始めるなど，わずかなストレスが誘因となった「行動化」は続いた。

(3) 内的葛藤の「行動化」の激化（19歳8カ月〜19歳11カ月）

A男の携帯電話をD男がさわるのをやめるように言うが，聞き入れないことからつかみあいの喧嘩になった。初めて他人への自己主張を行動で表現した出来事であった。この頃から発作が起きなくなり，A男は「そのことを主治医に伝えてよいか」と聞いてきた。

また，他児の就労に向けた話を耳にして，「自分も働きたい」と筆者らに訴えたので，知的障害者更生施設，K学園を見学したが，その際に，日ごろ親しいC男と喧嘩になり，出血させた。しかし，C男は「自分が侮蔑的な言葉を言ったので，殴られても仕方ありません」と語った。筆者はA男がこのような「行動化」を示すたびに，A男との丁寧な話し合いを持ち，「行動化」の背後にあるA男の感情や葛藤を受けとめると同時に，そのような思いを言葉で表現できるように援助することに努めた。

しかし，同居人の通夜・葬儀が行われた際には再び発作を起こし，傾眠状態になった。その後もせん妄状態を繰り返し，傾眠状態から気がつくと包丁を持って眺めている場面が見られた。また，胸痛を訴え，救急車でS医科大学に搬送されたが，診察の結果，心因性のものと判断された。

19歳11カ月時，朝寝坊をしている弟を起こそうとして，言うことを聞かないことに立腹して家出を図るが，他児に説得されて帰宅した。その後も，弟と他

児の喧嘩に介入して弟を殴り，弟と激しく口論するなど，一段とホーム内での「行動化」が激しさを増した。そのため，精神科医師，区役所関係者，筆者らでケース会議を行い，Ａ男の抱える問題についての医学的，福祉的な観点から検討を重ね，相互の役割に関する認識を共有するよう努めた。

表12　時系列別症状頻度表(2)

2003年	4月	5月	6月	7月	8月	9月	10月	11月
解離性遁走	0	0	0	0	0	0	0	0
解離性健忘	0	0	0	0	0	0	0	0
その他の解離症状	7	1	0	12	1	0	1	1
計	7	1	0	12	1	0	1	1

19歳10カ月～20歳5カ月集計分

(4) ストレスに伴う解離症状の一時的な増悪（20歳～20歳2カ月）

　Ａ男は20歳の誕生日を迎え，入所児とともに皆で祝った。Ａ男は「Ｃ男はつねに憂鬱そうにしていたが，最近笑顔がよい。Ｄ男はいつも暴力で解決を図ろうとしていたが，最近は言葉で解決しようとしている」と他の少年に対する自己の観察を述べるようになった。この頃からとみに言葉も増え，対人観察の鋭さを感じるようになった。

　このようなＡ男の成長を感じたので，他県で開催された研修会に参加させた。しかし，研修会会場では4回，失立，失歩，意識消失を起こして病院へ搬送され，精神科を受診した。このことから，安全感のあるホーム内では一定の安定を見せるが，新たな環境でストレスのかかる状況では解離症状が再発することが明らかになった。

　Ａ男の行動や意識に解離が広範に認められたことと，その当時Ａ男が示していた知的レベルから「子ども版解離評価表（ＣＤＣ）日本語版」による評価を行ったところ，Ａ男は25点と，入所している少年の中で最も高い得点を示した（パトナムは12点以上を「病的解離」としている）。

　Ａ男はホーム帰宅後も意識消失やけいれん発作を起こした。新入所児Ｈ男（知的障害児）に手を取られ，その世話でＡ男が疲れや見捨てられ感を感じたことが1つの原因と推測された。また，ある日の夕食前に「目が見えない」と訴

えるので就寝させたが，同居のＣ男の精神的な成長をＡ男の前で褒めたことが影響しているものと推測された。

(5) 内的葛藤の言語化による自己制御力の獲得（20歳3カ月～21歳1カ月）
　ホームでの生活に十分安全感を感じ始めたせいか，1カ月間Ａ男（20歳3カ月）には発作が起きなかった。この頃から自らの思いの言語化はさらに進んだ。逸脱行動を深めていた弟からの「一緒にホームを出よう」という誘いや，他県に長期出張中の父親から「一緒に働こう」という誘いを断った。そして，あれほどにまで家族の統合を希望し続けていたＡ男が「家族と行動を共にするのは自分の生活を不安定にし，人生にとってマイナスになる」と語るようになった。
　このように，Ａ男は自らの思いを語るようになりはじめ，一段と言語化が進んだことと年長の少年が入所し始めたことから，少年たちの話し合いによるホーム内の作業分担やレクレーション内容の決定，子ども会議や交換日記の実施など，自治活動を通じた自治能力・対人技術のスキルの向上をＡ男の新たな課題として取組むことにした。
　この頃から，同居少年が問題を起こすたびに，Ａ男は個別に話し合いを持つようになり，また子ども会議の開催を筆者に提案するようになった。さらに，他の少年の行動を観察し，それまでの知的限界から考えると驚くような鋭い批評をし始めた。筆者の妻の誕生日には，Ａ男が呼びかけて，少年たちが小遣いを出し合ってプレゼントを妻に贈った。
　年が改まり，Ａ男（20歳7カ月）は母親に年始の挨拶に行ったが，すぐに帰宅を促された。成人式の日に予告して訪ねたが，母親は玄関にさえ出てこなかった。父親も関東方面に長期出張に出かけ，盆も正月も帰省しなかった。このような両親の現実に直面して，Ａ男はようやく実像としての親を受け入れ始めた。Ａ男は親のいない荒れた留守宅を訪ね，「とても人の住むところではない」と帰宅後に語った。
　Ａ男は，「いたければいつまでもいてもよいのだよ。私たちを親と思っていいのだよ」と，5年間繰り返し語ってきた筆者夫婦の言葉に，「ありがとうございます。そうさせてください」とはじめて答えた。Ａ男は両親に対しても心理的な距離感をもって受けとめ，原家族の理想化から少しずつ離れていったよ

うに思われた。

(6) 社会的自立への模索（21歳2カ月〜22歳2カ月）

2004年5月，新入所少年がA男をからかったことからつかみあいとなった。筆者は出先から急遽帰宅したが，A男は3人の少年に抑えられて興奮状態であった。

A男は年長でありながら軽んじられていることに対する屈辱感や，親からの見捨てられ感，就労への焦燥感を言葉にした。A男の思いを少年達に説明し，内省を促したところ，少年たちはその夜，自主的に集まり，A男との謝罪と和解の場を持った。翌朝，A男や少年たちのあいだには笑顔と笑い声が戻っていた。

また，A男は高齢者の車椅子を押したり，飼い犬に餌を与える行為などに意欲を見せるようになった。このようにして，一方的に援助される受動的な立場ではなく，他者に対して能動的に働きかけ，手助けや援助を与える立場をとることができるようになっていった。

A男は2005年に1度自立を試み，3カ月で挫折してホームに帰ってきた。しかし，翌2006年に再度自立を試み，既に3年間就労を継続して，職場の信頼も得ている。

また，交際する女性もできて，結婚を前提に人生設計を立てていく上で，筆者夫婦を相談相手としている。それと同時に，自立を求める少年たちに部屋を提供して仕事を紹介するようになった。A男は週末や正月はホームで過ごしながら，ホーム内で生活している少年たちの相談相手になったり，カラオケに連れていくなど，良き先輩となっている。いつでも帰る自分の場所があるという居場所と拠り所をホームに見出した安心感を支えにして，A男の歩みは今日も続いている。

3．考察

1）A男の問題をどう考えるか

A男は人生早期から実父母などの身近な大人から深刻な虐待を受け続け，長

期にわたって劣悪な環境に置かれていた。それゆえに，解離による防衛は過酷な環境に置かれたＡ男が生きる術として手放すことができないものであった。とりわけ，理想化された家族像を追い求めていたＡ男にとっては，両親間の葛藤が高まり，家族離散の足音が聞こえる状況に身をおくことは耐え難く，解離に逃げ込まざるを得なかったのではないだろうか。

　慢性的に心的外傷に曝されてきたＡ男は，「これは自分に起こっている出来事ではない」「痛くない」と自己催眠をかけ，心身の苦痛から逃避することによって事態を乗り切ろうとしてきたのではないかと推測される。

　そして，このような解離による防衛は一層習慣化して青年期にまで持ち越された結果，Ａ男はわずかなストレスや葛藤状況の中でも偽てんかんなどの身体化症状，解離性健忘や解離性遁走，専門医に統合失調症を疑わせた解離性幻覚，解離性失立，視力低下などの，様々な解離症状，転換症状を表出するようになっていったと考えられる。

　ところで，虐待的な養育環境は子どもの心身の発達に大きな影響を与え，知的な遅れをもたらすこともあるとされる。Ａ男は19歳で「ＩＱ：59　ＭＡ：10歳２カ月」の精神発達遅滞（Ｂ２）と診断され，療育手帳を取得した。しかし，長期にわたってホームでの安定した生活を送るなかで，Ａ男が他の少年たちを観察し，それを表現する言葉はとてもＡ男に知的障害があるとは思えないほど鋭くかつ的確であった。Ａ男の知的な障害は生得的なものというよりも虐待的環境によって二次的に引き起こされたものであった可能性も十分に考えられるであろう。このことは次にあげるＢ男においても同様であり，適切な支援によって少年の潜在的な能力が引き出される場合が少なくないことには留意すべきと考える。

２）Ａ男に対する治療教育実践──Ⅰ期・Ⅱ・Ⅴ期の実践方針との関連で──

(1) Ⅰ期におけるＡ男に対するホームの実践

　この時期のＡ男に対する実践は，高まる家庭内葛藤とそれに続く両親の離婚などによって居場所を失ったＡ男を引き取り，週末や長期休暇をホームで生活させることを通じて代替的家族ケアを保障しつつ，生活スキルの向上を図るものであった。すなわち，Ａ男に筆者夫婦の行動をモデリングさせ，基本的生活

習慣の習得に全力を傾注していた時期であった。

　ちなみにＡ男は14歳時に意識喪失を見せたために専門医を受診し，てんかん発作と診断されたために抗てんかん剤の服用をしており，当時はその診断を疑うことはなかった。

(2)　Ⅱ期におけるＡ男に対するホームの実践

　この時期，統合失調様症状やけいれん発作を見せるＡ男が筆者の顔を見たとたんに症状が消失する経験を通じて，Ａ男に対する理解と支援を根本から組み立て直す必要を感じ始めた。すなわち，Ａ男の示す症状がかつて「ヒステリー」と言われた転換症状ではないかという疑いを深め，専門的知見を取り込みながら支援のあり方を再構築していった。

　この時期の本ホームでの実践方針は以下の通りであった。

　１．代替的な家族ケアの保障と生活スキルの向上

　２．安全で安心できる環境における明確なルールと首尾一貫性を持った枠付け

　３．自己の体験とそれに伴う感情の言語化の促進

　４．自治活動を通じた自治能力・対人技術のスキルの向上

安全感と恒常性のある生活世界の保障

　筆者はＡ男の解離症状をはじめとする問題事象には，Ａ男の外傷体験，とりわけ原家族との関係の中で体験した外傷体験が投影されていると考えた。それゆえにＡ男の示す問題事象を家族史や生育史を重ね合わせて理解を進めた結果，筆者はＡ男の強い家族再統合への希望の背後にある「見捨てられ感」を受けとめ，「決して見捨てない他者」としてＡ男に寄り添い続けることに努めた。

　それと同時に，解離症状に対しては，「信頼に足る大人」（パトナム）として，24時間の生活全体を通じて首尾一貫した基準で関わり続け，Ａ男が認知的・感情的・行動的な恒常性を内面に育んでいけるように取組んだ。こうした取組みの中で，Ａ男は次第に分裂していた「感情，思考，行動，記憶」などの間の正常な「結合」を果たし，「解離」という防衛を手放すに至ったと考えられる。

　このように，暴力と混乱に満ちた養育環境の中で育った青少年にとって，生

活全体を通じて「認知的・感情的・行動的な恒常性」を維持し,「安全感のある」環境を提供していくことは最優先課題であり,このような環境の保障こそホームにおける「環境療法」の中核的な課題であるといえよう。

ところで,筆者がA男の解離症状に気づき,その発症回数をはかり始めた18歳3カ月から19歳5カ月までの発症回数は以下の通りである。

図7 時系列別症状頻度(18歳3カ月から19歳5カ月集計分)

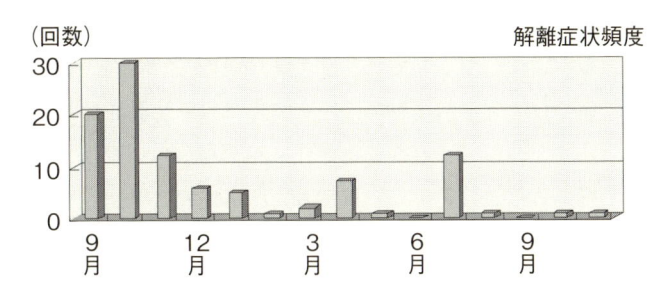

（回数）　　　　　　　　　　　　　　解離症状頻度

「行動化」(アクティングアウト)の持つ積極的意味と生活場面面接

A男の回復の過程をみると,ホームでの生活に慣れ,ホーム内で積極的に活動し始めた頃から解離症状は減少していったが,それにかわって弟や他の入所少年たちとのかなり激しいトラブルを頻繁に起こすようになっていった。もちろん,身体的なケンカや暴力などの「行動化」そのものは否定されなければならないであろう。しかし,虐待的環境のなかで自らの思いや感情を言葉で表現する力を育む機会を奪われてきたA男が他者に積極的に関わろうとし始めた時,適切に思いを伝えられずにこのような「行動化」に到ってしまうのはある意味では避けられないことであったと考えられる。

また,このような「行動化」の後,A男は自分自身の感情を激しく表出することがしばしばあり,そのような激しい感情の表出を受けとめられていくなかでA男は落ち着きを取り戻し,それ以前よりも一歩成長したように感じられることがあった。

虐待を受け続けてきた子どもの場合,治療の初期段階ではほとんど攻撃性を示さず,治療の展開にともなって次第に攻撃性や怒りを表してくる場合はしばしばみられる。

そして，心理治療においては，子どもに怒りの感情を表現してもいいという許可を与えたり，適切な感情の表現のモデルを提供することで抑圧の解除を促すことが必要となる場合もある。たとえば，エリアナ・ギル（Eliana Gil・1997）は「子どもが治療者を信頼するようになって，これまで隠したり抑圧してきた情緒の表現を促されることで，怒りや敵意などを外に向かって表すことができるようになるのだ」と述べている。

　ところで，富田は少年への働きかけがより効果的なのは問題行動の直後であり，その期を逃さずに，その行動が少年のもともと抱いていた問題性と密接に結びついていることに気づかせていく「生活場面面接」の有効性を指摘していることは既に述べた。A男の場合も，ホーム内での「行動化」があった際には直ちに面接して話を聞いていったことが，A男が自らの傷つきや葛藤を見つめ，自己の体験と感情を言語化していく契機となっていたと考えられる。このように考えていくと，A男の「行動化」は，A男の回復の過程における必然的なプロセスとして，肯定的に評価していく必要があるであろう。

自治活動の中での対人スキルの獲得

　やがてA男は，ホーム内で問題が発生した際には，A男自らが「子ども会議」の開催を提案し，ホーム内での問題の解決に活躍するようになったことは特筆に価するであろう。

　思春期の少年たちが多く生活している本ホームにおいて，少年たち自身による自治的な活動とそれに伴う自己効力感の回復は心的外傷の回復の上でも重要な課題である。実際，このような現実場面での葛藤の対処能力の向上がA男に解離という防衛を手放す大きな契機となったと推測される。また，知的な限界を有し，虐待的な家族関係の中で深く傷つけられてきたA男にとっては，自分の他者への働きかけが相手から肯定され，評価される体験，自分の行為が必要とされ，感謝されるという体験そのものがA男の自尊感情の回復につながったという意味で，何よりも治療的であったと考えられる。

(3) **今後の課題**

　A男は2度目の自立を果たして以来，2年にわたって就労を継続しているこ

とは評価できるであろう。A男のような様々な困難を抱えた青少年の職業的自立支援は重要な実践課題である。しかし，A男は現在でも職場において，時折意識消失が見られる。今後，A男がストレスのかかる状況の中でも解離による防衛に頼らずに問題に対処できるように，職場や生活場面を通じた問題解決の力を高めると同時に，自分の葛藤を言語化できる力をさらに育てていくこと，また，ホームの自治運営への積極的な参加の中で育んだ自己効力感をより確固としたものにすることが残された課題と言えよう。

　それと同時に，A男は本ホームで毎週末を過ごしており，社会における様々な葛藤をホームにおける交流を通じて解消していると考えられる。そうした点でも，困難を抱えた青少年の社会的自立を支援する際には，拠り所・居場所を継続的に保障していくことは社会全体が考えていくべき課題であろう。今後もA男自身にとってホームが変わらぬ安全基地であるように援助していきたいと考えている。

第2節　B男
虐待とADHDの重複による衝動統制の困難さから激しい非行を示したケース
（入所時15歳・通算在籍年数7年4カ月・Ⅰ期～Ⅲ期，及びⅤ期の実践）

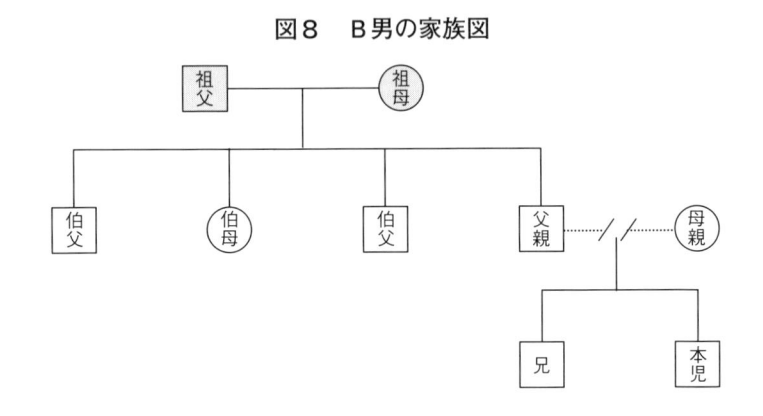

図8　B男の家族図

図9　B男の生育史

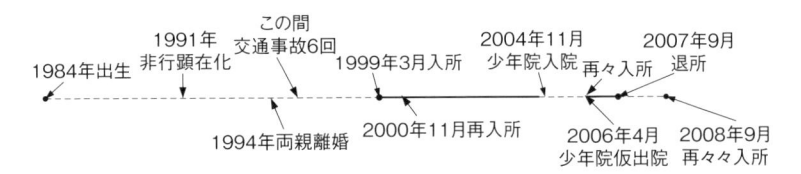

1984年出生　1991年非行顕在化　この間交通事故6回　1999年3月入所　2004年11月少年院入院　2007年9月再々入所　退所
1994年両親離婚　2000年11月再入所　2006年4月少年院仮出院　2008年9月再々々入所

1．入所前の経緯

　B男は2人兄弟の二男で，A男の弟である。中学卒業を機に兄弟は本ホームに入所したが，以後母親は駅前で偶然兄弟とあっても無視するなど，養育を完全に放棄し，父親もB男の2回目の審判の際，家庭裁判所の問い合わせに対して，「筆者にすべてを任せている」と回答し，その後行方不明となった。

　B男は幼少のころから突然道路に飛び出すなど，多動性，衝動性が目立つ子

どもであり，6回の交通事故に遭っている。7歳の頃から父親の煙草を盗んでは喫煙し，母親や祖母の財布などから金銭などを盗んでゲームセンターなどで費消した。学校では，女の子に「サル」と罵られ，殴って怪我をさせるなどの問題行動をＢ男は繰り返していたが，中学校の後半からは不登校気味となった。

2．入所後の経緯

1）里親として代替的家族ケア中心に取組んだ時期（11歳～16歳10カ月）

11歳の秋に両親の離婚を契機に，Ｂ男は本ホームで週末や長期休暇を過ごすようになった。Ｂ男の日常生活を観察すると，著しい生活スキルの欠如が明らかになった。そこで，代替的な家族ケアを保障しつつ，生活スキルの向上を目標に取組んだ。具体的には，排便の始末がわからず下着を汚すために，トイレでペーパーの使用方法を教えたり，身体の洗い方がわからず異臭がするために一緒に入浴して地肌から洗うように指導するなど，「手取り足取り」の指導を行い，筆者らの行動のモデリングによる学習に取組ませた。

Ｂ男は同年齢の子どもとは遊ばず，小学校低学年の子どもと遊ぶことが多かった。また，高齢者と一緒に散歩し，世話をする行為をみせる一方で，家の中を走り回ったり，目覚まし時計や電気製品を分解して壊すなど，多動で落ち着きを欠いた行動が観察された。

時折，母親の実家を訪ねるが，母親に上にあがることを拒絶された。Ｂ男の兄のＡ男は母方祖父から溺愛されたこともあり，年子ということもあって，兄弟は敵対的になることが多かった。その後，兄は解離症状をみせたのとは対照的に，Ｂ男は非行というかたちでの行動化が激しくなり，高齢者などの同居者の財布から金銭を盗む行為を繰り返すようになった。

学校内では非行グループにいじめにあっていたが，中2の時期に殴られた後に反撃し，相手が立ち上がられないほどに攻撃した。この後，Ｂ男の語るところでは「キレるようになった」という。

中学卒業後，Ｂ男はホームに正式に入所した。高等職業専門学校での職業訓練を勧めたが，Ｂ男は就職を希望し，以来とび職，植木職人，土木工などに就職を斡旋するも，要求された仕事ができないために短期間で解雇された。雇用

主からは，「筆者の紹介なので雇用したが，要求されたことができず，仕事にならない。仕事はボランティアではないですからね。B男は一生，一人前の自立した職人になることは困難で，テゴ（職人の補助的仕事）しかできないでしょう」と言われた。ホームでの作業も15分程度しか続かないために，持続力をつけようと働きかけたが，B男はこれを嫌い，実家に戻った。

2）被虐待児の受け入れに伴って，治療的専門里親として取組んだ時期
(1) 逸脱行動の一時的減衰（16歳11カ月～17歳10カ月）

この頃，B男の実家では経済的な困窮が増し，B男の収入を期待していたが，これがかなわないために家計を握る伯母や父親と対立し，「働かないなら出てゆけ」という父親の言葉にB男は家出した。日中は父親が仕事に出て行ったあとに鍵を壊して家に入って食事と睡眠をとり，夜は公園で野宿，ないし友人宅に泊った。

17歳の誕生日を迎えた数日後，B男は中学校時代の友人宅への住居侵入罪と窃盗罪で逮捕され，勾留された。その後少年鑑別所の心理判定および筆者の上申書に基づいて，知的能力に問題（TK式田中ビネーでIQ：60）があるとして，家庭裁判所は付添い人として弁護士をつけることを決定した。同年12月26日行われた審判では，「筆者を身元引受人として更生につとめること」を条件として保護観察処分となった。

B男は，審判で関与した家裁調査官や弁護士に再三手紙を出し，両者も返信を重ねた。B男は満たされぬ母親への思慕を2人との交流によって充足しようとしているように見受けられた。また，朝6時30分から15時までの日課を最後まで勤められるようになり，徐々にではあるが，対人スキルもあがってきた。また，それ以前は話を聞くときに解離を起こすこともみられたが，最後まで話を聞く力が向上してきた。

この間，父親に監督能力が欠如していることから，父親の同意のもとに筆者が監督養育することを児童相談所に申請し，7月1日にB男は里子として認定された。このようにしてB男に対する支援を児童相談所と連携して進める態勢を整えた。

(2) 逸脱行動の激化（17歳11カ月～18歳11カ月）

　このようにしてＢ男は安定を増したかのように見受けられたが，やがてＢ男は同室の者とたびたび対立し，部屋の壁を殴って穴をあけ，部屋の掃除をしないために異臭がするようになった。また，顔を洗わない，歯を磨かない，洗濯しない，風呂に入らない，といった状態で，周囲の声かけにも反発をみせて固まる様子が観察された。

　その後，Ｂ男の生活はさらに乱れ始め，逸脱行動が頻繁に観察されるようになった。夜間の無断外出やホームの内外で窃盗（被害額約50万円）を働いたことが露見した。

　また，起床時間に起きずに昼まで寝るなど生活が乱れ，筆者らの指導に対して激しく反抗する，隠し持っていた現金で衣類や装身具など様々な物品の購入を繰り返す，家出して行方不明になるなどの問題行動を頻発させた。

　Ｂ男はその後わかっているだけでもホームの内外で6回の窃盗をくり返した。また，奉仕活動の参加中にスタッフに殴りかかり，山中で行方不明になった。発見後も帰宅を拒否して暴れ，7人がかりで帰宅させたが，説諭する人と話しているうちに包丁を持ち出した。

　本人は，「気がついたら皆から止められていた」「日ごろから気に食わなかった。一度タイマンを張って，その上で少年院に入ろうと思った」「傷つける気持ちはなかった。自分がいやになったから自殺しようと思った」などと語った。

　この間，キレて年少児を殴ったり，同年代の者に暴力を振るうことが報告された。筆者の指導に対しても憤怒で顔色が変わり，からだが固まることも観察された。

　こうしたことから，この時期2回にわたってＳ医科大学精神科外来を受診した。

　1回目の受診では衝動性を抑制する，向精神作用性てんかん治療剤・躁状態治療剤　テグレトール錠100mg（朝夕1錠ずつ）と不穏時服用のフェノチアジン系（プロピル側鎖）の定型抗精神病薬・ヒルナミン錠（25mg）を処方された。

　2回目の受診では，改善が見られないために薬量を増やし，テグレトール200mg（昼夕食後眠前1日3回1錠ずつ），ヒルナミン50mg（朝夕2錠ずつ）が処方された。

やがて区役所の精神保健福祉相談係の保健師がＢ男兄弟の面接を始めたが，年末には，「この家のものみんなぶっ殺してやる」と暴言を吐き，暴れた。
　筆者はこうした問題行動のたびに子ども会議や個人面接を行い，Ｂ男の内面の葛藤や思いを表出させて受けとめるように努めた。このような働きかけの中で，Ｂ男は筆者の誕生日に同居少年に声をかけてプレゼントをしたり，夕食後には筆者の肩をマッサージするなど共感的な行為をみせる場面もみせはじめた。
　しかし，深刻な発達上の課題を抱える同居少年との間ではたびたび激しく対立し，他児を挑発して警察官の出動を要請する事態を惹起するなど，Ｂ男の攻撃性，易怒性は苛烈を極め，また他人の下着や洋服を勝手に着用したり，その他の所持品を無断で使用，または持ち出して売り払い，たびたび金銭を盗む行為を重ねた。
　この間，保護司，児童福祉司，精神科医などの社会資源を活用し，Ｂ男を取り巻く６人の司法・福祉・医療関係者と協働しながらＢ男の更生を図った。Ｂ男は兄のＡ男が大学病院の精神科退院後，区役所の精神保健係の保健師と面接をする際にも同行し，兄を差し置いて自分の内面の葛藤や対人トラブルについて語る場面も見られた。
　筆者は個人面接と並行して少年たちによるグループ討議を重ねながら，Ｂ男の内面の葛藤を言語化させ，またホーム内の少年たちや同居者との絆を深めるなかで，その更生を支援しようと試み続けた。Ｂ男も筆者に対する個人面談の希望を自ら申し出，子ども会議の開催を呼びかける場面もみられた。
　こうしたことから，福祉的就労に向け，本人の同意のもと療育訓練を申し込んだが，Ｂ男は最終的にこれを嫌い，友人と一緒に面接を受け，アルバイトに採用された。筆者の妻は，「Ｂ男の行動は激しいが，一面，私たちをほだすようなところがあるから，彼女ができるのはＢ男が一番早いかもしれない」と述べたが，はたして就労の頃には彼女もでき，Ｂ男の顔にも達成感と余裕が生まれはじめた。
　しかし，同時にデート代，飲み会，旅行と１カ月の小遣いを４～５日で使い果たし，前借りも回数が増えてできなくなると，同居少年や筆者，職場，その他の関係先での窃盗行為を重ね，その度も激しさを加えた。家族や同居する少年たちも安心感のない緊張の毎日を強いられ，風呂に入る時にはお互いに財布

を預かり,寝るときも肌身離さず持つことを余儀なくされるなど,ホーム内の空気が著しく刺々しくなり,憤懣の声に満ちてきた。

　職場でも上司の指導に反発して職場を放棄し,70キロの道のりを歩いて帰ろうとし,歩けなくなると救急車を呼んで病院に搬送させ,夜間に筆者に迎えさせるなどのエピソードの後に解雇された。

3) 矯正教育機関との連携の中で実践を進めた時期（19歳～20歳5カ月）

　その後,B男は継続していた精神科の受診を拒否し,処方薬を服用せず,また予定の保護司面接を勝手にキャンセルし,保護観察所の出頭指示書を無視するなどの行為が続いた。

　また,いったんは,「今後盗みをしません」という誓約書を書きながら,1週間後にはホーム訪問者の財布を盗み,その2日後には筆者の外出を待っていたかのように,施錠した書斎に再度盗みに入るなど,非行性が著しく深刻化（2週間に3人から7回,計20万円弱,その他未遂2回）するにおよび,筆者は被害者に被害届を出すよう依頼した。

　これと前後して,B男は家出して友人宅や不在の父親宅に寝泊まりをする生活を送るようになった。捜し出したB男と話したが,盗みについては「勝手に手が動く」と自己制御力をまったく失っていることを吐露した。長期出張で不在の父親宅を管理する伯母は貸家の契約を近々に解約する予定であり,行き場を失い,収入のないB男は今後ますます再犯の可能性が高まることが予想されたため,W警察署少年係と協議し,遠隔地に出奔寸前のB男の身柄を確保した。

　付添い人に選任された弁護士は,筆者に対してB男の家族史や生育史などの記録を求める一方,受診歴のあるS大学病院に照会した。精神科医はB男を反社会性人格障害である旨の意見書を出し,弁護士はこれを家裁に提出した。これを受けて開かれた家裁審判では,B男を隣県の心身に故障のある少年を対象とする少年院に措置する旨が決定された。

　B男は入院当初こそ,筆者やその家族に対する恨みの気持ちを少年院の法務教官にぶつけていたものの,面会や通信を繰り返すうちに気持ちは落ち着いてきた。しかし,B男が面会中に謝罪や反省の言葉を述べても上滑りの感じはぬぐえず,心を打つものではなかった。

また，B男の要保護性の高さから予定の1年では更生に十分とは考えられなかったので，家裁に半年間の措置延長を願い出て，その後，帰住先が見つからない場合には引き取ることを伝えた。家裁では審判官が少年院に赴いて審判を行い，半年間の措置延長を行った。

　筆者らはB男の1年半の入院期間中，保護者会出席や面会を4回，通信の交換を59回行い，絆を深めつつB男の内省が深まるように，その更生を支援した。当初，B男から送られてくる手紙は引き取りをひたすら懇願するものであり，内容は乏しかった。しかし，入院1年目を過ぎたころ，B男から次のような手紙が届いた。

　「前略，このたびは面会に来ていただいて，本当にありがとうございました。とてもうれしかったです。自分が先生たちを傷つけてきたのに，このように自分をかわいがってくれるのが本当にうれしいです。

　先生が面会で言ってくれたことを手紙に書きます。先生が言うとおり，小さいころは環境が厳しく家庭もまとまってなくて，自分は非行の道に進みました。最初はタバコだけにしようかと思っていたけど，段々とエスカレートして，酒や無免許運転や人の物を盗むようになりました。それでみんなを傷つけてきたんだなぁって思います。みんなも自分が帰ってきたら，『再非行するのじゃないか』と思っていると思うけど，絶対にしません。

　先生から言われた，『帰ってどのように謝罪をしていくのか』という点について，自分の謝罪の仕方は，自分が盗んだものは，仕事をして働いたお金でみなから盗んだものを返していこうと思っています。二度と非行をしないとみんなに誓います。みんなを深く傷つけて誠に申し訳ございませんでした。

　自分は同居のC君やD君やE君，先生や多くの人からお金を盗んできました。なぜ自分が盗んだというと，遊びの金欲しさにやってしまいました。今になって，自分には遊びなどいらないことに気づきました。これからは，自分は仕事とみんなと楽しく暮らせるようにしていきたいと思います。この決意を十分にわかってもらいたいと思います。そして自分は一からやり直していきたいと思います。だから最後のチャンスをぼくにもう一回くれませんか？　本当にお願いします。兄弟でみんなに迷惑をかけて本当にすみません。この手紙で自分の今の気持ちが伝わるかはわからないけど，どうかよろしくお願いします。また

手紙を出します」

　この間，少年院では5カ所の更生保護施設にB男の入所を求めたが，その要保護性や非行性を理由にすべての施設から断られ，また，両親も引き取りを拒否した。B男の現状は更生の道半ばと考えたが，引き受け手がない現状では20歳を前に退院しても再犯の可能性が高まることが十分予想された。そこで，半年間の措置延長と同時に，実践方針を組み立てる取組みを進め，B男の受け入れ準備を行った上で本ホームに引き取った。

(3) 再々入所（20歳5カ月～22歳8カ月）
　B男は20歳5カ月で出院し，ホームに再々入所した。再々入所後1年間は，入所少年と軽微なトラブルを起こしたものの，以前のように連日問題行動を起こしていた面影はなく，暴言や暴行，窃盗などの逸脱行動は観察されなかった。この間，別に少年院送致となった少年がやはり帰住先がないために，B男がその引き取りを筆者に訴えるなど，共感性を見せる場面もあった。1年4カ月して，B男はみずから就労先を探し，退所していった。その後1年間は就労を継続したが，職場でのトラブルと勤務態度不良のため解雇となった。

(4) 再々々入所（22歳9カ月～）
　会社の寮を退去する必要に迫られたB男は住まいもなく，貯金もなかったために，4度目の入所を希望した。このままではホームレスとなり，あるいは再び犯罪を犯しかねないことを心配する兄のA男からも，ぜひ引き受けてほしいという希望があった。B男に対しては，犯罪行為は警察にただちに通告し，ホーム内での暴行や暴言は退去の対象となることを伝えて限界設定をあらかじめ行い，給与はできるだけ貯蓄に回して再度の自立に向けて努力をするなどの約束をさせた上でその入所を許可した。

3．考察

1） B男の問題をどうとらえるか

　B男は道路に飛び出し，14歳までに6回の交通事故を起こしている。また，小学校，中学校を通じて繰り返し対人トラブルを起こしている。こうした不注意傾向や，衝動統制に欠け，多動性の強い幼少時からのエピソードをみていくと，B男はADHDの問題を有していたことは十分に考えられるであろう。

　こうした生得的な器質に加え，母親は包丁を持って追いまわし，父親はB男らの問題行動に対して殴打するなど暴力で応じている。また，常に金銭トラブルが発生する，安定感が欠如した養育環境で育ち，非行文化に支配された地域社会でいじめや暴力を受けるなど，様々なリスク要因が重複するなかで，B男は着実に問題行動の階段を上っていった。

　7歳で喫煙を始め，家からの金品の持ち出し，万引き，無免許運転，虚言，暴行，やがて住居侵入，窃盗などの常習累犯へと進んでいった。こうしてみると，B男は，斉藤の指摘する破壊的行動障害（DBD）マーチそのままに非行へと進み，反社会性人格障害へと診断されるに至ったと考えられる。

　ところで，すべての犯罪のリスク要因の中でも初発年齢が最も重要な要因であるという多くの指摘がある。小学校時代に反社会的「経歴」が始まる少年は，成人になってからも反社会的な問題を起こす可能性がもっとも大きいとエディ（2002）も指摘している。

　B男のように反社会的行動の初発年齢が7歳というのは，上記の早期初発仮説を支持する根拠としては十分なものがある。B男は行為障害の発症年齢では「小児期発症型」，重症度では「重症」であるということができよう。

　ホーム入所後の生活では，B男は居住者の下着や衣類をかまわず着てしまうほか，その金品を盗み，ホームの備品を売り飛ばすなど次々と問題行動をくり返した。

　このような問題行動は，B男が体験した虐待的な関係を，今度はB男自身が周囲への激しい攻撃性，侵入的な関係性として再演したものであったと考えられる。兄のA男が自らの内的葛藤を統合失調症様症状や解離症状などの身体症状として表出したのとは対照的である。その意味で，兄弟は方向がまったく正

反対のベクトルであるが，2人共に虐待による心的外傷を表現したものであったと言えよう。

入所当初15歳だったB男は，知能テストではIQ60と判定されており，軽度の知的障害と認定された。実際，排便や入浴の指導を必要とした。しかし，入所から4年後の19歳時の知能テストではIQが91と判定されており，B男の知的能力や基本的生活習慣の未獲得の問題が虐待的な養育環境の影響によるものであった可能性が高いと推測される。

ちなみに，B男たち兄弟には見捨てられ感が極めて強く感じられた。両親と同居している際のネグレクト状況，さらには両親の離婚後，駅前で会っても無視する，実家を訪ねても家にあげない，入院しても訪ねてこないといった両親の対応が見捨てられ感を一段と募らせたことは容易に予想されるであろう。そのことが，B男の「むやみに人なつっこく，しかも皮相的な人間関係しか形成できず，決して人を信頼することがない」という「情愛のない性格(affectionless)」(J.Bowlby) を形成していき，生得的な器質とあいまって反社会性人格障害へと診断されるまでに至ったのであろう。

2) B男に対する実践の評価
明確な限界設定と司法機関との連携の必然性

B男の少年院送致に関してであるが，B男自身が周囲の援助の環をことごとく破壊していたことを考えると，新たな援助の枠（司法的な枠組み）の中で強制力を伴った「枠付け」を行うことは不可避であったと考える。B男のように常習累犯者であり，しかも非行が止まらない状態にあるものは，物理的な壁によって非行という行動化を制止し，然る後に内省へと進めていくこと，そして，その過程を継続的に支援していくことが有効であると考える。

ちなみに，少年院に措置された後，B男は「筆者家族や関係者から盗んだのは，筆者たちへの行為であれば警察に突き出されないと思っていた」と告白している。やはり，このような激しい逸脱行動を繰り返し続ける少年には，虐待被害者の相に焦点を当てた「受容と共感」だけでは決してうまくいかず，毅然とした態度で少年たちの「壁」となって対峙していくことが求められているのであろう。その点では，藤岡 (2001) が指摘するように，「加害者の相」にま

ず焦点を当てて他害行為の抑止，謝罪と被害者との和解といったプロセスを経たのちに「被害者としての相」に光を当て，言語化へと進むのが妥当と考える。

さらに言えば，B男のように要保護性の高い少年の更生に関しては，少年院をホームにとっても社会資源の1つと位置付け，その有効活用を図ることが必要であろう。従って，少年院措置をただちに処遇不良ととらえず，施設内処遇と社会内処遇との連携という観点に立って少年の更生・支援を図ることが重要であると考えている。

少年の非行には，警察の少年係，少年鑑別所職員，家裁調査官，弁護士，少年院法務教官，保護観察官，保護司などが関与する。非行少年は非行という行為によって，上記のような社会資源に出会い，その支援がなされていくのである。その意味では少年たちの「非行」という行動化は逸脱行動，他害行為という意味にとどまらず，少年たちの，司法福祉的な関与と支援の手を求める行為であったとも理解されよう。事実，B男には，逸脱行動から離脱すると，事件の際に関わった警察官や弁護士などに面会を求める行動が観察されたのである。

なお，B男の実践は本ホームの実践方針の変遷過程では，主要にⅡ期（被虐待児の受け入れに伴って，治療的専門里親としての実践）からⅢ期（司法・矯正教育機関との連携の中で，より深刻な行動化を伴う少年への実践）への移行を促したケースであった。

社会的自立を支援する「中間施設」機能の重要性

B男は最終的には少年院に措置されたわけであるが，両親や更生保護施設からことごとく出院後の受け入れを拒否されるなか，筆者らとは継続的に通信と面会を重ね，本ホームが再入所を受け入れたことによって，B男は反社会的フィールドから帰る場所と人を見出したと言えるのではないか。B男の更生には，このような内面の無力感と見捨てられ感を乗り越えていくプロセスが不可欠であり，本ホームがB男にとって，繰り返し帰住が許され，再チャレンジが可能である中間施設としての役割を果たしたと考えている。

そして，あらためて1年4カ月の間，本ホームに在籍して保護観察を終了し，退所した。しかし，1年後に本ホームに再々入所している。

B男のような帰住先のない少年にとっては，社会的に自立していくための生

活スキルや対人スキルなどを学ぶリハビリテーションの場としての「中間施設」は必要不可欠であると考えている。ちなみに，Ｂ男は退所後も１年間に２度の問題を起こしたが，以前と比較すると明らかに回数は減少しており，しかもＢ男はそれらの問題を筆者の支援を通じて無事に解決している。再々々入所もその一環として捉えて良いと考えている。

　これからのＢ男にとって必要なことは１人で人生を歩んでいくことでなく，人生で直面する困難さを上手く処理するためにどこに援助を求めればよいか，誰に聞けば良いかを知っていて，そのことができること（「依存的自立」）であろう。Ｂ男が逸脱行動から完全に離れることはなかなか困難であるが，人生のそれぞれの局面で困難にさしかかった時には筆者らを社会的な資源としてその支援を仰ぎ，困難を打開することができればいいのである。

　そして，このようにしてＢ男の人生に寄り添いながら，Ｂ男が社会で自立していくための援助を継続していくこともきわめて重要な課題であり，大きな社会的意義があると考えている。

第3節　D男
虐待的養育環境の影響で激しい行動化と病的解離を示したケース
（入所時15歳・通算在籍年数3年・Ⅱ期の実践）

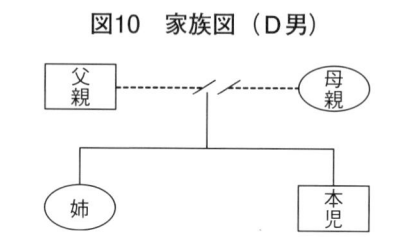

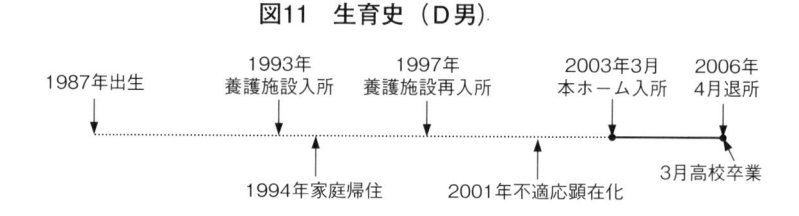

図10　家族図（D男）

図11　生育史（D男）

1987年出生　1993年養護施設入所　1997年養護施設再入所　2003年3月本ホーム入所　2006年4月退所
1994年家庭帰住　2001年不適応顕在化　3月高校卒業

1．入所までの経緯

　両親は再三にわたって離婚と再婚を繰り返した。離婚後もたびたび父親は家に出入りしては母親に暴力をふるい、電話で干渉するなど、家庭不和が続いた。
　父親には定職がなく、女、酒、ギャンブルと遊び好きで、D男が5歳になって以降はその消息は不明である。母親は精神医学的な問題から精神病院の入退院を繰り返し、D男が9歳の時に他の患者の首を絞めて大学病院を強制退院させられる事件を起こし、現在も他院で入院生活を送っている。その後も、筆者に「病院がわたしと子どもを殺そうとしている」と被害的な妄想を述べるなど、決して経過はよくない。
　D男の姉によれば、D男は幼児の頃から手がかかり、母親は虐待しているという誤解を受けることを恐れて迎合的な養育態度であったという。

D男が5歳のころ，母親がD男に手を焼いて児童相談所に相談し，児童相談所は「本児の性格にも問題がある」と判定してD男を児童養護施設に入所させた。しかし，4カ月後には母親の希望により，家庭引き取りが行われた。姉によれば，母親はD男と一緒に寝，風呂でからだを洗うなど密着的，侵入的な養育であったと言う。

　D男が小学校5年生になったころ，母親が精神科に再入院となり，関係機関職員が面接を行った。母親は「ここ1，2年，症状が悪く，全く動けないこともある。自分でご飯を食べるのも面倒な時がある。洗濯や風呂は2週間に1回」と語り，D男については，「A学園入所時，精神的にも不安定であった。学校では優等生だが，家の中ではわがままばかり言う。深夜2～3時まで起きていてしつけに手を焼いている」と語った。

　母親の入院決定に伴い，D男は児童養護施設に措置された。心理検査（ＴＫ式田中ビネー知能検査）では，ＣＡ：10歳0カ月　ＭＡ：10歳8カ月　ＩＱ：107　精神発達は正常域。描画テストでは「心理・生理的外傷体験と環境からの刺激に動かされ易く，衝動的でコントロールが難しい」と評価された。

　D男は中学に入学後に不登校状態が続いていたため，臨床心理士のＱ大のＴ教授の面接を数回受け，まもなく登校できるようになった。その後，しばらくは状態が安定していたが，中学3年生になると，精神状態が再び不安定になり，夜中に徘徊し，暗闇に立って突然叫ぶなどの行為が観察された。このため，D男には個室が与えられ，1名の職員が常につく指導体制がとられた。また，Ｑ大の臨床心理チームがD男に関与するようになった。

　またこの当時，D男の奇行が目立つために児相職員の面接が行われた。施設職員は「D男が，①同室の中1の男子に『お前には魅力がある』と言い，同じ布団に入って抱きついたり，キスしたりする。②小さい子どもを階段から突き落としたり，壁にうちつけたりする。③指導すると急に笑ったり踊ったりする。D男より年上の子どもがいなくなった3カ月ほど前から問題行動が激化している。また，ずっとため息をついて憂鬱そうな時もある。なお，学校では友だちとそれなりにやっている」と報告した。児相は一時保護を行い，行動観察，心理判定，精神科医診察が行われた。D男の高校進学を理由として児相は一時保護の措置を解除し，D男は施設に戻った。

4月，D男は高校に進学したが，問題行動が噴出するために，児相職員が施設を訪問した。施設より「一時保護解除の日に早速小さい子を殴り，ふすまを破った」「本児には暴力や嫌がらせをしているという認識がなく，周囲に嫌われていることがわかっていない」という意見が述べられた。

その半年後に入所施設より児相に連絡が入り，「本児が同室の子どもの顔や上半身50カ所以上に，ライターで熱した針金を押しつけ，2人の子どもがやけどを負った」「暴れて手がつけられないので一時保護してほしい」という内容であった。他にも，「年下の男の子を殴る，パンツに手を入れる，一緒に風呂に入るぞと言い，言うことを聞かなければ殴るぞと脅迫する」「男性指導員に殴りかかる」などの問題行動があり，「今までの本児の生活態度を考えると，他児の安全が確保できないので退所させたい」旨の報告がなされた。

そのため，同日付で一時保護が開始され，D男は「もう戻れないと思う」「施設に帰ったらイライラして殴るかもしれない」「してはいけないと自分に言い聞かせているが，抑えられない」「中学生の頃，年上の子から殴られていたのに，その時は職員が加害者をあまり叱らず，何故いまになって強く叱られるのかわからない」と語っている。

1カ月後にD男を担当していたQ大臨床心理チームの2名が児相を訪問したが，施設は「入所継続は認めない」と正式決定した。これと前後して児童相談所は，施設で不適応を起こし，入所先がない少年3人の引き受けを本ホームに打診してきた。D男は本ホームの見学と面接の後に，本ホームへの入所が決定した。

2．入所後の経過

1）里親として代替的家族ケアを中心に取組んだ時期（15歳4カ月～15歳7カ月）

(1) 問題行動の顕在化

2003年3月，D男をはじめ3人が本ホームに入所した。さっそく子ども会議を開催し，子ども権利ノート「土井家の憲法」を読み合わせ，解説した。

D男は食後の団らん時にも眼を下に落としたままであり，身体を前後に揺ら

すロッキングをしながら聞き取れないような声でボソボソと語ることがしばしば見受けられた。

　また，筆者の帰宅の際，他児は出迎えて今日の出来事を報告するが，D男だけは出迎えず，少年たちの間でも孤立している様子が観察された。

　第2回子ども会議を開催したところ，「昨夜，D男が『洗濯をしてほしい』と言ってきたので断ったらD男が罵声を浴びせてきた」とC男から報告があるなど，その時不在であったD男の問題が噴出した。

　第3回子ども会議の席では，D男が「人が見ていなければ悪いことをしてもかまわない」と公言した。また，D男がB男に「ぶっ殺すぞ」と言った理由を聞くと，D男は「B男がいらつかせる。いらつかせないようにしてくれ」と語った。

　本ホームの生活では，D男にストーブの給油の際には目を離さないように指導しても，何度もその場を離れてこぼす，朝の掃除の時間にひとり入浴をし，何度注意しても改まらない，深夜までTVを視聴し，そのまま他児の部屋で就寝することを注意するが，行動を修正できないなど，問題が噴出した。また，入浴中に湯を流しっぱなしにして水道局から漏水を指摘されるほどの使用量となるなどの問題が続き，D男の極端な生活能力不足が露呈した。筆者はこうした問題が発達障害による不注意によるものなのか，解離を起こした結果なのか，D男の日常の生活場面での行動観察を慎重に行っていった。

　また，3人の少年が「D男はおかしい」と言うので，理由を尋ねると，「廊下で通りすがりに抱きついてきて，耳許で理解不能なことを言う」という返事であった。このように，性化行動が頻繁に観察されるため，D男の生育記録と併せて，施設での性的な外傷体験も存在するのではないかと推測した。

(2)　**逸脱行動の顕在化**

　D男は，「友人宅に遊びに行き，深夜に泥酔して帰宅する」「携帯電話を所有する他児が携帯電話をさわるD男に注意しても聞き入れないため，つかみあいの喧嘩になる」「深夜，自販機荒らしを目的にI男と外出して補導される」など問題行動を頻発させた。この補導に関しては午前5時半に取り調べが終了し，ホームに連れ帰った。その日の午後，心境を聞くと，「金がほしかったからした」

と答え，反省をその表情から伺うことはできなかった。刑事に冷笑するような態度が取り調べを長引かせたことを指摘すると，D男は「まじめにしなければならないときにかぎって笑ってしまう」と述べ，「学校に知れたら退学や停学の可能性もある」と指摘すると，はじめてひどく動揺の色を見せた。児童養護施設在園時にも，職員が指導すると急に笑ったり踊ったりする行動が見られたことから，被虐待体験のある子どもにしばしば観察される解離症状の疑いを深めた。

このように，ホーム在籍の少年たちの行動や意識に解離の問題が広範に観察されたことから，子ども版解離評価表（CDC，Version 3.0　Frank W. Putnam　日本語版　富田，富永，森訳）による評価を行った。評価の結果，A男（25点）とD男（24点）は他の少年と比較して極めて高い得点を示し，A男とD男は，パトナムの言う「病的解離」の水準にあると考えられた。

D男は学校でも毎月のように問題を起こすようになり，ホームでも，定期券購入代や研修会受講費を使い込む，配達の現金書留をI男と盗むなどの問題行動を重ね，注意すると食堂の床につばを吐き，暴言を述べて立ち去るなど反省が見られなかった。

また，深夜に騒いでいるので就寝を促すと激高するなどの反応を見せ，そのために，同居している少年たちからも様々な苦情が出るようになった。

こうしたことから，少年たち同士の関係改善のためにD男を連れて焼肉店に行った。B男を含め3人も同行し，事件以来疎遠であったが，会話が段々と生まれ，一定程度関係は改善されたように思われた。

(3)　逸脱行動の増悪化

ところがある日，B男がD男のいない食堂で，「このままではD男は退学になるに違いない」と発言したところ，ドアの陰で聞いていたD男が食堂に乱入し，B男に殴りかかってきた。もみ合う2人を引き離そうと努めたが，D男が暴れ続け，そこにいた者5人で30分間にわたって抑え続けなければならなかった。D男は制止する筆者に対して，「偽善者め」と罵りながら抵抗した。筆者は「静まりなさい」と声をかけたが，D男がおさまる様子を見せないために，「警察を呼ぶぞ」と声をかけた。するとD男は「呼ぶなら呼んでみろ」と叫びなが

らさらに暴れるので，筆者は意を決して警察に通報した。駆けつけた警察官の姿を見たD男は驚いた表情をみせ，暴力行為はとまった。

　筆者は児相に通知し，またQ大学のT教授に連絡を入れて事態を説明した。数時間後に児相関係者や区役所の保健師，夜にはT教授が駆けつけ，筆者やD男と面接した。筆者は児相に一時保護を要請したが，児相は同意しつつも，「その後はどうなるのか。今後も養育を継続するつもりはあるのか」と問いかけてきた。そこで筆者は，行き先のないD男が，このままでは見捨てられ感を募らせるばかりであると考えて，「もう少しこのまま養育を継続したい」と回答した。

　数日後，D男が「豪雨のために駅まで車で迎えに来てほしい」と電話してきた。筆者は関係修復の機会と考えて迎えに行った。車中で「B男との喧嘩を覚えているか」と問いかけたところ，「忘れるほどキレませんよ」とD男は冷静な口調で答えた。しかし，指導のために訪ねてきた児相職員や保健師などの関係者のことを聞くと，何も覚えていなかった。

2）被虐待児の受け入れに伴って，治療的専門里親として取組んだ時期
(1) 専門家との連携による強固な限界設定を中心とした取組み（15歳8カ月〜17歳）

　こうしたD男に対して，従来からの代替的家族ケアだけでは指導が困難であると感じ，強固な限界設定を行う必要を感じ始めた。また，D男が解離という心理的な防衛を使わずに問題に対処できるように，パトナムなどの知見を取り込んで実践方針の組み立てに取組んだ。具体的には，D男のホーム内での人権侵害行為に対しては，ホームの安全を守るために絶対に人権侵害行為を許さないという姿勢で臨み，その限界設定を越える場合にはホームでの生活の継続は不可能であることを明確に指摘した。

　それと同時に，聴覚的な言語での指示が通りにくいために，"トークンエコノミー"を利用して毎日の生活におけるがんばりや成長，修正すべき行動を視覚的に提示し，その到達点と目標を明確化するように試みた。

　それと前後して，D男の高校2年への進学を前に，児童福祉司，児童心理司が来訪し，意見及び情報交換を行った。児相は月2回のカウンセリングを方針として提案をしたが，D男が月1回，午後9時以降の面接を主張し，児相側も

これを了承した。こうした絶対受容という方針で臨みたいという児相の方針に対して，筆者はT教授と共に「D男には受容だけでは効果がなく，枠付けが必要である。まず限界設定を先行させ，その後受容という流れが必要であり，暴力行為の再発にはただちに児相に移送し，その環境で振り返らせるという仕掛けが必要である」と提案し，これを対応の基準とすることで合意した。

その後，T教授から，「暴力事件の再発防止」を第一にし，生活上の身近な目標をスモールステップで達成させ，その達成感による自己肯定感をD男の内部に育んでいったらどうかという提案があった。そこで目標として「起床・就寝時間の徹底」を設定し，その達成感をテコに改善を図るという方針を決めた。

これを受けて，T教授と児童福祉司の来訪を待って，D男の処遇方針に関する会議を開いた。「夜，ハイテンションになる点については精神科を受診し，安定剤を服用させてはどうか。ただし，この場での話し合いを前提に，D男の同意のもと受診させねば医師の力にも限界がある」というT教授からの指摘があった。

D男との面談では，まず，暴力事件についての振り返りを行った。重要な部分を「忘れた」と言うので，加害行為の場面を説明しながら1つずつ確認した。「暴力を振るわないと子どもの前で話すよう」に促すと，「ほかの子も自分をイラつかせないように約束させてくれ」と抗弁し，就寝時間が11時という約束も12時だとD男は主張した。筆者の妻だけ入室し，消灯時間と起床時間，暴力や暴言の禁止という3点の約束を3者で確認した。

しかし，現場を見られているにも関わらず，「飲食物を自室に持ち込んだのは自分ではない」と解離を有する子どもに特徴的な主張を述べ，その後も飲食物の持ち出しを繰り返した。D男は毎朝，5～10回起こしても起床せず，また，筆者の家族が心肺停止状態になって家全体が大騒ぎしている最中にもD男はひとり朝食をとるなどの行為が見られた。

D男が同居少年から借用した自転車が再三盗難にあうが，3台目である今回もD男が駅前に自転車を放置していたためであった。また，水道料金が昨年に比較して2倍半になっていたが，これもD男の常軌を逸した使用法が招いた結果であった。

こうした問題行動が頻発するなかでも，筆者の長男がD男をカラオケや焼肉

などに連れて行き，同居の妹が言葉をかけるなど，筆者の家族の協力も増えてきた。

筆者はこのようなD男の頻発する問題行動にもかかわらず，D男が葛藤の場面で解離に逃げ込まず，D男の記憶や認知，行動の一貫性や連続性を生むように，恒常性や連続性を強く意識した取組みを進めていった。具体的には，ホーム内のルールを明示的に示し，それをD男自身に約束させ，その原則を揺らぐことなく保持し続けながら，順守を促した。

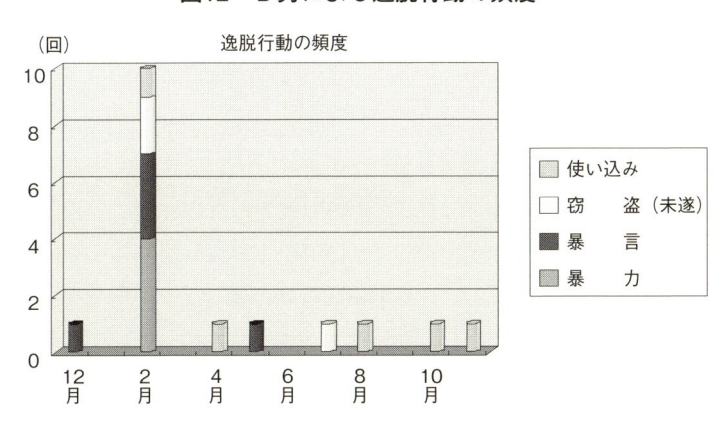

図12　D男による逸脱行動の頻度

高校2年生の初夏，成績不良，校則違反のため，学校から呼び出しがあり，以後毎月呼び出されるようになった。担任教諭がこのままでは進級も困難という指摘をしたことで，はじめて事態の深刻さが理解できるようになったのか，D男は不安な表情を浮かべた。

「授業中に起きていたら平常点で救済を考える」という担任教諭の言葉に，「よかったな」と声をかけると，D男ははじめて安堵の表情を見せた。そこで，D男の希望に沿って学習指導をすることを学校とD男に約束し，以後連日，D男に対する学習指導を行った。

児相職員が来訪した際に，筆者は「相変わらずD男はルールが守れない。また，自己中心的な主張や行動で子どもの中で孤立する場面がある。ただ以前に比べて食堂で皆と談笑の輪に入り，交流の場面は確実に増えてきた。指導の場

でも以前に比べ話が入るようになった。筆者の家族のなかで，受容や枠づけなどD男に対する役割分担ができ始め，こうしたことを通じてD男に対する治療的な見通しができてきた」と報告した。

　子ども会議でも「D男に変化があり，これまでは暴力で解決を図っていたが，最近は言葉で解決しようとする」とA男やC男たちから報告があった。

　T教授と面談した際に，「D男が入所していた児童養護施設で，入浴中に児童間の性的悪戯が恒常的に行われていたことがわかり，現在その根絶の取組みを進めている」という話があった。在園時に，「いじめられていると何度も園に訴えたが，何もしてくれなかった。今回の件で自分が処罰されることには納得がいかない」というD男の発言とその前後の激しい他児への暴力や性化行動などは，施設での恒常的な暴力がD男の症状を増悪させた結果であると推測された。

　ある日，渡していた講習会の受講費を落としたと，D男が主張した。同様の行動を何度か繰り返していたので，「一時保護所に行き，生活のルールを守るかどうか考えなさい」とD男に話すと，後刻，「お金を使い込んでしまい，すいませんでした」と謝罪してきた。明示的なルールを示し，明確な限界設定を行うことによって，D男の言動に明確な変化が表れた初めての出来事であった。

　1カ月後にT教授が来訪し，D男と面談した。T教授は筆者に対して，「D男が暴力を振るわなくなったことと言語の発達が進んできた」ことを評価した。筆者も「本児がキレルことなく，視線が交差するようになった点で前進がある」とD男を評価し，「共同生活のルールを守り，生活技術や対人技術の向上」が現在の目標であることをT教授に説明した。T教授は，面接したD男に対して，「ここしかD男の行くところはない。D男の頑張りで，将来入院している母親を引き取り，家族で生活ができる」と，限界設定をしながらもD男が将来に向かって希望を持つように話した。再度，三者で3つの約束を確認して面接を終了した。筆者も入院中の母親のもとにD男を毎月面会に連れていき，面会した母親には「これからもD男を支えますよ」と伝えると同時に，D男との電話での交流を促し，安心感を与えるように努めた。

　これ以降，D男は毎日自発的に起床するようになった。筆者が外出先から帰るとD男がはじめて迎えに出てきてカバンを受け取って運ぶ姿が見られ，周囲

の子どもからもD男の生活態度の変化を指摘する声が上がった。

　翌月の夕食の席では，D男が前日の筆者の話に言及し，同居少年たちの間に笑いが広がった。以前のD男は眼を下に落としたまま，身体を前後に揺らすロッキングをしながら，聞き取れないような声でボソボソと語っていたが，この頃になると視線も絡み始め，声も朗々とし始めてきた。夕食の際には焼けた肉や野菜を年少児に配り，「人の世話する姿を初めて見た」と家中の話題になった。また，同居少年がいじめられたことを知ると，加害児を叱責し，被害児に菓子を買い与えるような行為も見られた。

　妻が「1つひとつの問題のたびに，少しずつ心が近くなってくるね」と語り，同居少年からも同様の評価があった。筆者が「1年かかったな」と語ると，妻や家族，年長児との間に笑いが広がった。D男が3つの約束を遵守していることを評価して，8カ月間継続された児相関係者の面接終了を要請した。

　D男は17歳の誕生日を迎えた。希望する鮨をとり，筆者の家族や同居少年からケーキ，洋服，携帯電話のストラップをプレゼントされて，面映い顔ながら喜色満面にロウソクを吹き消すD男に大きな拍手が起こった。食堂での団らんの輪にD男が積極的に加わり，明るい笑いも広がった。

　あらためて解離評価表で評価を行うと，D男は当初は24を数えていたが，この時点では4とホームの限られた空間内ではあるが，解離症状も減衰していた。

(2) 暴力の再発と心的外傷体験の言語化（17歳6カ月〜18歳6カ月）
新たな葛藤に伴う問題行動の再噴出

　高校3年生になったD男は，新学期に入って急に精神的な不安定さをきたすようになり，起床を促すと暴れるなどの問題行動が目立ち，憂愁に閉ざされた表情が続いた。

　ある日の午後9時ごろ，E男（14歳）をD男が自室に連れて行こうとするのを発見して問いただした。E男の表情がこわばっていたため，D男から引き離して応接室に呼び入れて話を聞くと，「加害少年の身体的・性的暴力が続き，耐え難い」という訴えがあった。

　E男は発達障害の問題もあって即座の返答ができず，年長少年からは「おれをシカトしている」と見なされがちで，周囲から攻撃の対象にされることが多

かった。しかし，本件以前に同居の別の少年から暴力を振るわれ，それを筆者らが解決した経緯があり，E男もこのことを通じて筆者らに対する信頼感を覚えていたことから，今回の件については躊躇なく話し始めた。

翌日の夜，D男がE男を便所に引き入れようとするところを発見した。E男を自室に戻らせ，D男に行為の理由を聞くと，「E男と内緒の話があった」「話の内容は言えない」と反抗的な態度でしきりに抗弁してきた。すでにD男が便所などでE男らを殴る行為を行っていたことは確認していたので，D男に対して30分間の一時的権利停止（タイムアウト）を宣言し，行為の反省がない場合には断固とした処置をすることをD男に厳しい態度で通告した。

この間，妻に事態を説明し，妻は少年に対して，筆者の態度と異なる支持的受容的な姿勢で話すよう促した。妻は10分後にD男がいる部屋に入室し，最近少年の態度がおかしいが，「母親から再三電話があり，しきりに君を心配するのは母親の本能ではないか」と話したところ，少年は号泣しだした。

今回の事案に関して，筆者は以下の4点を指導の方針とすることとした。
① 「再演」としての行動化に対する「強い枠付け」
② 自分自身の行った行為に対する事実とそれに対する感情の徹底的な言語化
③ 「行動化」の背後にあるこれまでの心的外傷体験の語り
④ 加害少年と被害少年との修復的司法の取組み

具体的には，
① 性的暴力は身体暴力と同様，あるいはそれ以上の暴力であることをD男に認識させ，こうした行動化を2度ととらないように枠付けをする。
② 昨年の暴力事件後の再発なので，D男を児童相談所の一時保護所に移すなど，断固とした対応をみせることで再発に対する強い抑止とする。
③ 反省の前提としてD男に加害行為の事実を洗いざらい話させ，その内容が被害者側の話と一致しているかどうかを確認する。
④ 被害者側を含めた話し合いを行い，謝罪と和解の場を持つ。

それに対して，筆者の妻は「高3の大事な時期なので，児相の一時保護は慎重に考え，D男に再度のチャンスを与えてほしい」という意見であった。このために筆者およびT教授は断固とした対応，妻が受容的な対応という方針の違

いを際立たせながら，D男に選択を迫る方針で臨むことを決定した。

事実の確認

翌日，被害少年2名に対して再度の事情聴取を行い，D男の身体的・性的暴力行為と器物破損行為の内容を確認した。両名の聴取を終え，その後，D男と面接を行った。D男は断片的ではあるが，身体的暴力については，被害者側から聴取した事実と照合して，加害行為のほぼ全容を話した。

心的外傷体験とそれに伴う感情の言語化

次に筆者は，ペットボトルの小便を飲むように強要したことを皮切りに性的暴力についても話すように促した。D男は「冗談半分でやった。折々に謝ったが，繰り返してしまった」と語った。そこで筆者は，「ひとが苦痛を覚えることを力で強要するのは最大の暴力だ。やってきたことはおまえ自身が施設でされてきたことではないか」と施設での体験を話すように促すと，D男は激しい葛藤の表情を見せ，話すことへの強い躊躇を示した。

しかし，さらに筆者が「つらく傷つくような体験をいっぱいしてきたと思う」「そうした体験をじっと心に隠しているといつまでもそのことに囚われてこころが晴れない」「言葉にすることで自由になれる」と筆者が話すとD男はようやく以下のような体験を話し始めた。

D男：「養護施設では，小学生の間はまだ良かったが，中学生になったころからいじめが酷くなり，態度が悪い，言葉使いが悪いと殴られたり蹴られたりした。子どもたちが囲んだ中で年長児とのタイマンを強要され，ボコボコにされた」「首を絞められ喉から血が出た」

筆者：「施設の卒業生によれば，風呂場が一番苦痛だったとT教授から聞いたが」

D男：「熱湯や洗面器に入れた小便をかけられた」「気を失うまでお湯にからだを沈められ，浴槽のお湯を飲め，飲まないと殴るぞと強要された」「先輩はおれたちもこうされた。おれたちのときはもっと酷かった，と言っていた」

筆者：「どんなことか」

D男：「ベルトで柱に縛られてみんなから殴られたそうだ」

筆者：「部屋ではどうだったか」
D男：「中学生になると高校生と一緒に寝ていた」
筆者：「誰かがふとんに入ってくるようなことはなかったか」
D男：「気がついたらズボンを脱がされていたことがあった」「毎晩来るようになったので，別室に逃げたりしていた」
筆者：「深夜2，3時のことか」
D男：「そうだ。3人来ていた」「それぞれから肛門に陰部を入れられていた」
筆者：「年長児か」
D男：「そう，施設内ではホモとして有名であった。自分が中学3年になるといなくなった」
筆者：「児相による措置か」
D男：「卒業していなくなった」「でもそうした行為はおかしなこととは思わなかった」
筆者：「どうしてか」
D男：「その行為を受け入れている間は殴られなかったし，優しかったから」
筆者：「施設の対応はどうだったか」
D男：「一度勇気を出して指導員に話し，加害者は叱られたようだが，卒業までいた。また，秘密にしてほしいと言ったが，ほかの指導員が話しているのを聞いて不信感を持った」
筆者：「施設はおまえ専任の職員をつけていたのでないか」
D男：「覚えていない」（筆者注　この事実は施設および児相の記録に残されており，D男の奇異で不可解な行動が目立った時期に，少年のために専用室を設け，職員1名が配置されていた。おそらく解離性障害が深刻化していたものと思われる）
筆者：「それから」
D男：「自分が中学3年生になったら，いままでやられたことをしてやろうと思った。下級生を殴り，1人の下級生には性行為を強要し，高校1年生まで続けた」
筆者：「ここにきてからはどうか」
D男：「本ホームで自分はホモではないかとみんなが噂しているのが耳に入

り，ホモとはこういうことなのだと見せるために，被害少年に行為に及んでいた」
筆者：「しばらく落ち着いていたように思うが，何かあったのか」
D男：「今春，性行為を強要していた下級生が同じ高校に入学してきた。当時の行為を下級生が校内で話し，噂が広がって自分がホモと見られるのではないかと思うと激しい不安が襲ってきた。養護施設がある駅を通過するたびに，過去の出来事が蘇ってきて不安になり，冷静でいられなくなった」

筆者は「そうか，辛かったな。施設での出来事をよく勇気をもって話してくれたな」とD男を評価した。そして，本ホームの多くの少年が家族愛に恵まれない中で，母親や姉のいるD男の境遇に言及し，D男を受容的に処遇したいという妻の言葉を紹介するとD男は号泣し出した。そこで，「明日からがんばるな」と握手をし，「ただし再発した場合は即座に断固とした処置をとる」ことを告げ，D男の了解をとって午後11時15分に面接を終了した。

謝罪と和解

翌日，D男に「明日，被害児2人に謝罪し，二度としないことを誓い，和解する会合を持つ」と話した。D男は「すでに被害児には謝った」と話すが，「明日，あらためて行う」という私の発言には抗弁せずに肯いた。翌朝，T教授から問い合わせの電話があった際に経過を説明し，教授と今回の事件とそれへの対応の評価，および今後の課題について話し合った。

その日の夜，D男と被害少年とのあいだで謝罪と和解の場を持った。D男が被害少年の2人に，「殴ったり，変なことをして悪かった。二度としないので許してください」と謝罪した。被害少年たちは，「パソコンや友人から借りたCDを壊されたとき，謝りに来たので，口では『いいよ』と言ったが，心では許せなかった。殴られたりして苦痛だった。だが，二度としないというなら許してもいい」と話し，D男の謝罪を受け入れた。

その後，D男に対して，「今回，誠実に加害事実を認め，謝罪したので，これをもって今回は終結する。ただし，もう一度このようなことが起きたらただ

ちに一時保護所に移す。また，今回のことは児相，T先生，お姉さんには私のコメントをつけて知らせる。それはおまえの立ち直りを支え，応援してもらうためである」と約束の再度の確認を終えて，この会を終了した。

この後，スーパーバイザーと今回の取組みの到達点と課題について確認した。その後はD男の暴力の再発はまったくなく，周囲からも「D男は変わった」「以前は暴力で解決しようとしていたが，今は言葉で解決しようとするようになった」という評価の声が上がった。

D男はこの後，トラブルを起こすことはなかった。そして，コンビニエンスストアで放課後アルバイをするようになった。D男は希望した企業の入社試験にこそ落ちたが，地場の企業に合格した。卒業を前に免許取得のために自動車学校に通い始めたが，卒業式にいたっても取得にいたらなかった。そのため児相の措置は3月1日に解除されたが，その後2カ月間，本ホームから自動車学校に通い，免許取得後，本ホームから会社の社員寮に入寮して自立していった。

3．考察

1）D男のかかえる病理をどう理解するのか

D男は両親の繰り返される結婚と離婚，DVなどの激しい家族内葛藤，母親の溺愛による侵入的な関わり，さらに母親の精神疾患による母子分離などによって「心身の安全感」を奪われ続け，また，自分の感情やニーズに適切に応答してもらえず，むしろ心理的な支配下に置かれていくことによって自己肯定感を育むことができなかった。

このような虐待的な養育環境と矛盾に満ちた養育態度がD男に心理的な混乱をもたらした結果，解離という心理的な防衛で問題に対処する方法を身につけさせ，また，周囲への根深い不信感と被害感情をもたらしたことは容易に推測されるであろう。

このように，D男は精神疾患を持つ母親による密着的，侵入的な養育，さらに，複数回の親子分離による心理的な打撃をかかえて児童養護施設に入所したが，そこでもすさまじい身体的，性的被害にあっている。このように，侵入的でかつ混乱した養育環境の問題に加えて，措置された児童養護施設でも年長児

からの威嚇と暴力，陰湿な性的虐待が続いたことがD男の「病的解離」をさらに増悪させたものと推測される。

D男は年長児がいなくなり，施設のパワーピラミッドの頂点に立つ年齢になったとき，被害少年から加害少年へと転化し，入所前に措置されていた児童養護施設のなかで，さらに，本ホームにおいても激しい逸脱行動や暴力的言動を示した。

ちなみに，本ホーム入所後，いくら注意されても給油中にその場を離れて灯油をこぼす，水道局から漏水を指摘されるほど水道を流しっぱなしにする，また，警察の取調べの場面で笑ってしまう，などのエピソードは解離症状[注31]によるものであったと考えられる。

しかし，それと同時に，幼少期のD男の養育の困難さのエピソード，後年の対人関係における困難さなどを考えると，D男にも発達障害，とりわけ高機能広汎性発達障害の傾向があった可能性もあながち否定はできないのではないかと考えている。

2）本実践の到達点と課題
(1) 強固な限界設定の必然性

すでに述べたように，被害者だった少年が今度は加害者となり，他者の人権を蹂躙する「行動化」をしてしまうことは決して珍しいことではない。とりわけ，多くの少年が被虐待体験，心的外傷体験を有している養護施設やグループホームのなかで，過去の被虐待体験や心的外傷体験の「再演」としての「行動化」の問題が生じてくること自体は避けられないであろう。

しかし，そのようにして施設内で「再演」が生じてくることは，そこで生活を営む子どもたちの「安全である権利」を根底から脅かし，さらなる心的外傷を，そして，新たな加害者，被害者を生み出してしまうものであるだけに，早急に克服していかなければならないものである。

ところが，D男が以前措置された児童養護施設では，被害にあったD男が施設職員に訴えても加害行為を抑止するための適切な対応がとれず，D男の被害は数年にわたって続くことになった。さらには加害行為に転化した段階でのD男に対しても，その加害行為を止めることができずに周囲の子どもに被害を与

え続けるという事態が続いた。

　また，D男が本ホームに委託された当時，本ホームでもD男だけでなく，過去の心的外傷体験を非行や他者への人権侵害行為として「再演」してしまった結果，保護観察・試験観察の処遇を受けたり，養護施設を退所させられた少年が複数，在籍していた。それだけに，ホーム内で心的外傷体験の「再演」としての「行動化」（暴力行為）に対する明確な歯止めをかける取組みを最優先課題とすることは必要不可欠であったと考えられる。

　D男は本ホームに委託された当初こそ平穏であり，逸脱行動を見せなかったが，委託3カ月目に入ってからのD男の行動は，同居少年への暴力行為，深夜徘徊，窃盗，一切のルールを守らない逸脱行動，注意する筆者夫婦への反抗と激高など，苛烈を極めた。それらはいつ果てるとも思えないほど激しく，筆者らの感情的な対応を引き出すかのように挑発的であった。こうしたD男に対しては，代替的家族ケア，「受容と共感」という支持的な関わりだけでは到底本ホームが持ちこたえることができなかったことは明らかであろう。

　筆者はD男が次々と起こす問題行動や他害行為に対しては「ホーム内での人権のルール」を明確に示すと同時に，この人権のルールに基づいた「適切なパワーの行使」を通して抑止し，その加害行為の抑止と直面化による内省，被害者への謝罪と和解という首尾一貫性を持った枠付けを行った。すなわち，家庭や養護施設内での深刻な被虐待体験を「再演」するかたちで激しい行動化を示したD男に対して，ホームの安全を守り，共同生活をする者への人権侵害は絶対に許さないという強固な限界設定を行った。

　実際，D男が16歳3カ月の時，同居少年への暴力を働き，これを抑制しようとする筆者たち5人の制止を30分以上にわたって受け入れなかった件では警察官の出動を要請し，「他児の心身の安全を守る」とともに，「D男の他害行為からD男自身を守る」という「パワーの行使」を行ったところ，それ以降，D男の激しい暴力・攻撃行動は沈静化し，このような激しい暴行行為は二度と起こることはなかった。

　このような首尾一貫性をもった対処と行動への限界設定を行っていくなかで，ようやくD男もホーム内では次第に落ち着きを見せるようになり，次第に背中も伸び，視線を合わせて明瞭な声で話しかけてくるなど，言語的なコミュニ

ケーションも豊かになった。また、日常生活の面でも起床時間を守るようになり、夜の狂騒状態がなくなるなど、前進を見せた。

　このようにして、D男は2年間にわたる安全でかつ首尾一貫した態度と支持的な関わりによって、僅かずつではあるが、認知や行動、記憶の一貫性と連続性を回復し、周囲の人々や少年達とも穏やかな関係を築けるようになっていった。ただし、それはもちろん単純な右肩上がりの直線ではなく、行きつ戻りつしながらのゆっくりとした、しかし確実な上昇線であった。このような過程を通じて、D男は心的外傷体験の「再演」を乗り越えていく力を育んでいったと考えている。

　そして、そのことが次の段階において、D男が再び起こした暴力事件をきっかけにして自分の過去の心的外傷体験を語るという、ハーマンのいう「想起と服喪追悼」のプロセスをたどることを可能にしたと言えよう。

(2) 体験の言語化と修復的司法の取組み──被害者性と加害者性の統一──

　入所当初、D男の日常生活における行動観察から深刻な外傷体験の存在が窺われたが、それらの体験を言語化させることは時期尚早であると考えて、D男に安心できる生活環境を保障しつつ、しかし、少年が次々と起こす逸脱行動に対しては毅然たる態度で臨んだ。

　このような1年半にわたる取組みのなかで、D男はかなりの落ち着きを示すようになったが、D男がこれまで繰り返し受けてきた外傷体験そのものについては秘匿されてきた。

　しかし、D男は17歳の春に急激に精神状態が不安定になっていった。これはD男が施設において加害行為に及んだ被害少年が同じ高校に入学してきたことが原因であった。

　かなり安定したかに思えたD男が再度起こした身体的、性的な暴力事件に対して、筆者は次のような一連の取組みを行った。

　① 事実関係の確認と強固な限界設定
　　事件を起こしたD男が自らの加害行為に直面化し、謝罪を行っていくための前提として事実関係の確認を行い、それと同時に加害行為の再発防止

への強い枠付けを行う。

② 自己の体験と感情の言語化

D男の過去の被害体験とそれに付随する感情の言語化を促進することによって，D男の内面に自分の感情をコントロールできる主体性を育てていく。

③ 被害児への真摯な謝罪の場の設定

自己の行動が被害児に与えた損害をD男に認識させ，被害児に謝罪し，償うための場を設け，D男に真摯な謝罪を行わせる。

④ D男の立ち直りに対する周囲のサポート体制の組織

D男の謝罪を受け，被害児との和解を成立させ，真摯な謝罪によって人間関係は修復可能であることをD男に学ばせ，その立ち直りをホーム全体で支援していく。

この事件への指導のなかで，D男ははじめて自らの外傷体験の全貌を語ることができた。

筆者は以前からD男が自らの心的外傷体験を物語として語る段階（ハーマンのいう「想起と服喪追悼の段階」）に進む機会をうかがってきたが，今回の事件を契機にして，D男はようやく自らの外傷体験を言語化することができたと考えられる。

その意味では，ハーマンの言う「安全の確立」を基盤にしつつ「外傷物語の再構築」へ至ったのがこの取組みであったとも言えよう。言い換えれば，ここで話しても傷つけられることはないという安全感をD男自身が獲得していたことが，自らの傷つきの感情の直視，自らの加害行為の背後にある被害体験の言語化を可能にしたと考えている。

ちなみに，この体験の言語化の糸口となったのは，「今回の暴力事件を施設時代の辛さや悲しさに照らして表現しなさい」という反省文の導入を行い，これまで体験してきた辛さや悲しみ，傷つきの感情を表現することを筆者が強く求めたことであった。筆者は自らの被害体験とそれに伴う悲しみや傷つきの感情への気づきを梃子にして，少年自らが他者を傷つけた加害行為に対する罪障感に結び付けようとしたが，D男が自らの被害体験と加害体験を語ったことに

よって，この課題はある程度は達成されたと考えている。

　もちろん，その過程では，被害を受けた少年の「外傷体験の言語化」と「エンパワメント」の取組みもあわせて行う必要があることは言うまでもないことであろう。

　このようにして，被害少年には，「ここでは自分たちの人権が守られている」という安心感と被害事実を言葉にして訴える力を養うと同時に，D男に対しては行動化の背後にあった外傷体験や内的葛藤を自覚させ，謝罪の場の設定による被害少年との修復的な取組みを行うことを通じて，「被害者性と加害者性の統一」を促し，D男の立ち直りを周囲で支えることができたのではないかと考えている。

　筆者は，その後もD男と他の少年たちとの生活場面での共同を進め，D男の本ホームでの自治活動への参加を周囲が温かく支援するように心がけた。こうした取組みこそが，高校を卒業してホームを退所した後も，D男の社会的自立を支える力になると考えたからである。

　改めてこの2年間を振り返ると，D男の暴言や暴力などは影を潜め，D男が自らの主張を言葉で表現するようになったことは大きな前進であった。ただし，もちろん，このような回復過程はけっして直線的なものではなく，その回復のプロセスの進行は螺旋的なものであろう。前の段階で見られた問題行動は，1つ高い統合が求められる段階でもう一度繰り返されることがあることはパトナムやハーマンも指摘しているところである。

　D男は高校を卒業した後に自動車免許の取得に手間取り，2カ月遅れでホームを出て社会へと巣立っていったが，今でも多くの他者から見守られ，役所への手続きなどで困ったら筆者を尋ねてくるなど，周囲の支援を得ながら，社会的自立に向けての道を歩いている。

第4節　E男
広汎性発達障害の二次障害で，深刻な他害行為に及んだケース
（入所時14歳・通算在籍年数2年5カ月・Ⅱ～Ⅴ期の実践）

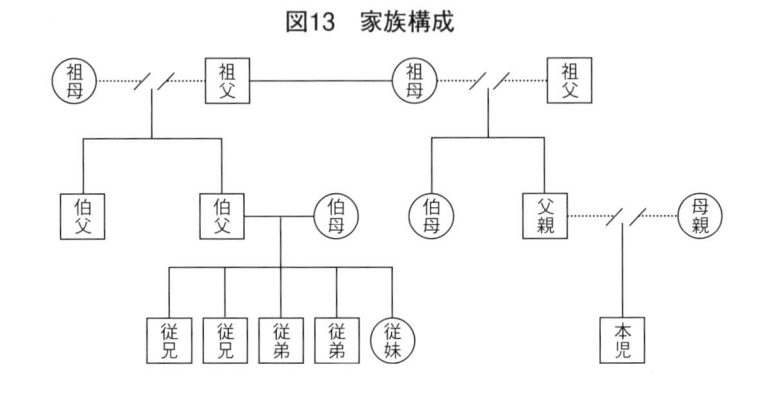

図13　家族構成

図14　E男の生育史

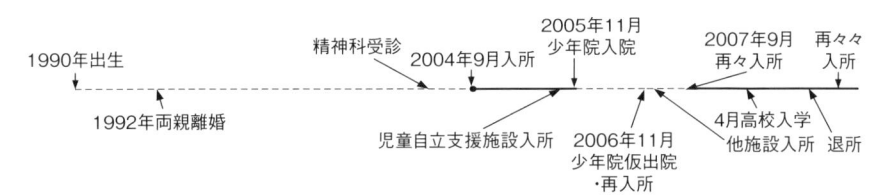

1990年出生
1992年両親離婚
精神科受診
2004年9月入所
児童自立支援施設入所
2005年11月少年院入院
2006年11月少年院仮出院・再入所
2007年9月再々入所
4月高校入学
他施設入所　退所
再々々入所

1．入所前の経緯

　E男の祖母は40年前に義祖父（3回目の結婚）と再婚したが，親族の語るところによれば，「祖母はE男と『一卵性双生児』のような性格」で衝動性が強かった。祖母は化粧品や衣類を衝動的に購入しては父親や伯母に援助するなど，100万円単位で浪費したため，後に祖父が金銭の管理をするようになった。父親は結婚を2回，伯母（父親の姉）は結婚を3回繰り返したことにみられるように，祖母の衝動的な性格傾向は父親，伯母，従兄たちにも共通しており，それぞれに金銭の問題が絶えなかったという。

父親は，13歳離れた当時10代の母親と再婚し，東京の郊外で生活を始めたが，E男が2歳半当時，自宅が全焼した。両親が不在中に起きた火事のため，親族間ではE男の火遊びが原因と信じられている。この後，両親の離婚に伴い，E男は祖母宅に預けられた。

　以来，E男は祖母宅で生活し，同敷地内で生活する祖父方伯父宅に出入りし，親族によれば，祖母は猫かわいがりの密着した養育を続けた。E男の問題行動が地域社会で騒ぎになっても，祖母は「E男がまさか」「大袈裟な」といなし，客観的に事態を受け止めることはなかったためにE男の養育をめぐって，祖母は祖父や親族との対立を深めた。

　やがて祖母のE男に対する「異常な執着」が家族内で問題となり，祖母は老人性認知症治療を専門とするM精神科病院を受診した。祖母はその後，脳梗塞によって生活全般にわたって能力低下をきたし，E男の問題に意思表示することはなくなった。

　E男は幼少期より視線が合わず，多動傾向があった。会話は3歳ごろまで成り立たなかった。E男は禁止されてもカギを開けてたびたび戸外にひとりで出ていた。また，飼っていた軍鶏をE男はいくら叱られても棒でつついたり，石を投げる行為をやめなかった。

　E男が5歳の頃，幼稚園児の保護者から，「休日の早朝からやってくるので『だめ』と言ってもまた来る」「勝手に家に上がってかくれんぼを続ける」「帰りなさいと言っても庭にいる」「1人で一方的におしゃべりをする」といった苦情が寄せられ，また聞き返しが多いためにK市の療育センターを受診した。当時の記録によれば，「1対1では聞き取れるが，集団では聞き取れない」などの発達の遅れを指摘され，「伝音性難聴（軽度），情緒障害」と診断された。この当時，周囲から叱られるとワーンと泣くが，何で叱られているのか理解できていない様子が観察された。

　E男は小学校に入学したが，学習にはついていけない上に教室にいることができず，衝動的に女の子の顔をたたくことがあった。家庭内でもE男が9歳のころから祖父の財布からの抜き取りが始まった。10歳頃から問題行動が頻発し，同級生の顔面を殴ったり，授業中に教師に物を投げつけ，教室を飛び出すこともあった。そのために，祖母が少年補導センターを2回訪問し，「E男が情緒

不安定で落ち着きがない。鉛筆を投げて同級生を怪我させたりして、もう育てていく自信がないので施設に預けたい」と相談している。

　中学入学後、理科の実験で他児に火傷を負わせたことがあった。幼少の頃からの小動物・昆虫への虐待行為はＥ男が中学生になる頃には多発し、セミを焼き、トカゲを生き埋めにして翌日に葬式ごっこをしたり、名札の安全ピンを伸ばして机の中に置いておき、カエルの頭と手足を５カ所刺して張り付けるなどの行為が続いた。「カエルを刺すと白い液が出るというのでそれが見たかった」とＥ男はのちに当時の行為を話している。他にも、ヘビがかわいいと言ったり、カラスや猫の死体を動かしたりする行為が見られた。

　Ｅ男は逸脱行動のたびにＥ男を保護する私服警察官を警察官と認識できなかった。また、伯父、伯母の関係がわからず、先おととい、おとといなどの概念も理解できなかった。

　中学２年に進級後、金銭のトラブルで従兄に殴られてＫ病院外科を受診し、10針縫合した。しかし２日後には自分で抜糸したことから精神科を受診したが、受診を待っている間に生爪を抜く行為があった。２日後にＷＩＳＣ－Ⅲが実施され、「広汎性発達障害、ＡＤＨＤ、行為障害」と診断された。「ＩＱは88であるが、言語性が74で動作性が107とその差が極端に大きく、発達障害と考えられる。精神科ではこれ以上対応できることはないので児童相談所を紹介した」と同科医師より児相に電話連絡がなされた。

　受診後まもなくＥ男は家出し、近所の家の軒下や家の前の道路で寝て過ごしていた。この後、Ｅ男の窃盗による補導を契機に児相が一時保護を行い、心理検査が実施された。その結果は、言語性ＩＱ76、動作性ＩＱ113、全検査ＩＱ93であった。

　一時保護されたＥ男は児相の一時保護所（４階）の窓からシーツを結んでロープ代わりにして脱走し、警察に保護された。一時保護所に戻った後も、食堂に忍び込んで食料を盗ったほか、カギのかかった事務所に侵入し、現金を窃取した。

　こうした問題行動を重ねたＥ男に関して、児相は筆者に里親委託を打診してきた。

2．入所後の経緯

1）被虐待児の受け入れに伴って，治療的専門里親としての実践を進めた時期
(1) 第1回目の入所後の経緯（14歳5カ月〜15歳3カ月）

　E男は本ホームに試験外泊をした後，本ホームへの委託措置となった。児相はE男に関してADHDやLDの傾向があるという情報提供を筆者に行った。

　E男は入所当初から同居少年の携帯電話を無断使用するなどの行動が見られ，言語的指示が入りにくい，こみいった会話にはついていけない，錯綜した会話の中では聞き取れない，また後先を考えずに行動するなどの問題が観察された。登校し始めたT中学校では授業中はボーッとしているとE男は述べた。ちなみに，S中学（入所前）における成績は最下位，T中学（入所後）における成績も下位に位置し，低学力であった。

　ホーム内でも寝ている間も電飾を点滅させ，音楽をかけっぱなしにしていた。また，入所前の非行や逸脱行動をとがめる親族の電話に対して，E男は叔母や祖父に向かって「殺すぞ」「死ね」といった言葉を交えて激しく罵った。

　こうした行動観察を通じて，土井ホームの実践方針に基づき，E男に対して以下のような方針を立てた。

- 安全の保障とモデルの提示による自己コントロール力の回復
  ① 「安全の保障」：安全で安心感のある環境を保障する。
  ② 「モデルの提示」：筆者夫婦をモデリングさせ，具体的な行動や生活のスキルを学習させる。
  ③ 「行動の修正」：評価を目に見える形で示し，行動の修正をはかる。
- ホーム内の相互交流の促進による社会性の向上
  ① 「相互交流の促進」：ホーム内で役割を与え，自己肯定感と社会性を醸成する。
  ② 「疎通性の向上」：双方向の会話を通じて疎通性を高める。

　筆者らはE男のためにおやつや果物を決められたテーブルに用意して一定程度の受容を行い，ホーム内でのE男の居場所を保障するように図った。同様の観点から，部屋のレイアウトをE男にまかせ，自由な空間を保障するように努

めた。

　E男は基本的な生活習慣を学ぶ機会を剥奪されてきたため，生活スキルなどを学ぶ機会を保障し，生活場面で筆者夫婦が規範を示してE男にモデリングさせるように心がけた。

　また，E男は注意集中が困難であり，ともすれば人との会話についていけない場面が目立つことから，随時会話に介入し，意志疎通の向上に努めた。

　しかし，こうした取組みにもかかわらず，E男は3カ月を過ぎた頃から熱心にしていた体育系クラブも辞め，問題行動が頻発し始めた。泊まりに来ていた友人2人と夜間自販機荒らしに出かけて警察で取調べを受けた。また，E男は同居の高齢者に対して暴言をはき，飼い犬の首に針金をかけて引きまわし，夜中じゅう輪ゴムで年少児の肌をはじいたり，蹴ったりする暴力行為がみられた。さらに，年少児をU字ロック（自転車の鍵）で柱に縛りつけたり，火遊びやステレオの音量を注意されたことをきっかけに家出し，この後，E男は再三家出を繰り返すようになった。

　この当時，E男はADHDやLDであるという児相の情報に基づいて，行動療法の観点から**トークン・システム**（注32）や**タイムアウト**（注33）の活用によってE男の行動修正を図った。しかし，E男は"ノーブレーキ・フルアクセル"状態であり，逸脱行動は全くとまらなかった。こうしたことから，E男の理解を深め，支援に生かそうと考えて，筆者は親族を訪ね，E男の早幼児期からの生育史を聞き取りした。併せてR病院精神科のG医師と面談し，受診当時の状況を聞いたところ，「会話が深まらないために当初知的障害を疑った」「発達障害と思われる」と医師は回答した。

　家族旅行の際，高速道路のSAに入ったところ，E男が店内を走り回る行為が観察された。理由を尋ねると，「天井に仕かけられた防犯カメラが自分を追いかけているので逃げていた」という返答であった。

　この後，E男が本ホームの食堂でスプレーから炎を噴射させ，注意した同居人に対して物を投げ，暴言を吐いた。このため児相に連絡し，一時保護とすることで合意した。

　それと同時に，子ども会議で，年長児たちがE男の立ち直りを応援しようと決めた。

しかし、一時保護解除後、登校し始めた中学校にE男はジャックナイフを持参して取り上げられた。また、禁止されている自転車で登校しようとするので、本ホームではE男に自転車の使用を禁止したが、E男は近所の自転車を盗んで登校し、教師に発見されるなど、問題行動が続いた。こうした問題行動が起きるたびに、子ども会議を開き、年長児を中心にE男に対して粘り強く支援に取組むことを確認した。

S医科大学に再受診したところ、「特段の身体的な問題はない。くも膜下にのう胞(注34)があるが、手足の痺れなどがないならば問題ない」という結果であった。薬物療法に関して尋ねると、「リタリン（methylphenidate）の投与は年齢が高くなりすぎており、困難である」との所見であった。

2) 司法機関、矯正教育機関との連携の中で、E男への取組みを進めた時期

(1) 深刻な発達上の課題の浮上と少年院入所（15歳4カ月～16歳3カ月）

E男は再三の無断外出、外泊を繰り返した。E男は筆者の指導に対しては反省文を書き、その時には殊勝な態度を取るが、翌日には無断外泊を行うなど、まったく行動の修正ができなかった。また、喫煙、万引き、無免許運転、火遊びなどの逸脱行動が止まらないため、筆者は再び児相に一時保護を依頼した。一時保護解除後、E男は登校しないと主張し、家出をした。この後もE男は室内でスプレーに火をつけて2メーター近い炎を飛ばし、事態に気づいて注意した家人に暴言を吐き、物を投げるなどの問題行動を再び起こした。

こうした問題行動のたびに児相（3人）、学校（3人）と筆者でケース会議を持ち、E男に関する認識を共有し、協議を重ねた。

また、年長の少年3人と一緒に児相に赴き、一時保護中のE男と面会した。これは子ども会議で年長少年がE男を支えていきたいという意思表示をしたことによるものであった。

しかし、一時保護解除後もE男の逸脱行動がとまらず、シンナー吸引などで知られる女生徒宅への出入りを続け、夜間徘徊も続くことから、児相と協議して児童自立支援施設に措置することとなった。しかし、そこも3日で無断退去し、電車やタクシーなどを無賃で乗り継いで地元に戻り、窃盗、恐喝を繰り返して逮捕された。さらに、恐喝被害者11人のうち4人にライターオイルをかけ

火をつけるといった傷害の容疑でE男は再逮捕された。

　筆者は家裁に対して，筆者のもとでE男の試験観察を行うよう申告書を提出していたが，火をつけたあとにE男が笑い転げていたという話を聞くに及び，矯正教育も不可避と判断した。家裁審判ではE男の初等少年院送致が決定した。この間，留置場，鑑別所，家庭裁判所でE男と面会し，励まし続けた。

　E男は「鑑別所に入所しました。M警察署の留置場にいるときに面会に来てくれてうれしかったです。がんばるという気持ちもあふれるし，ぜったい非行の道に進まないということです」「審判に来てくれてありがとうございました。F少年院に入院しました。今の気持ちは心がとても不安です。さみしいです。最初入った日は涙が出ました。今，土井さんに会いたいと思っています」と揺れる心を綴った手紙を寄せてきた。

　少年院在院中の1年間，往復4時間かけて，筆者夫婦は毎月E男のもとに通って面会を重ねた。また，この間，48通の手紙を交換してE男の支援を続けていった。E男は繰り返し反省の言葉を述べ，それと同時に丁寧な挨拶や機敏な動作などみせて，少年院の枠のある生活が教育効果をあげているように見受けられた。

　保護観察所からは，E男の要保護性の高さから本当に引き取るのかと問われた。しかし，帰住先のないE男にとって，引き取り人がいないことは20歳までの5年間を少年院で生活しなければならないことを意味するためにE男の見捨てられ感を募らせかねず，今後の更生にも影響しかねないことから，引き取ることを伝えた。

(2)　ホーム再入所（16歳5カ月〜17歳1カ月）

　E男は少年院出院後，ホームに再入所した。E男は当初こそ少年院で学んだ生活習慣を反映したまじめな生活態度であったが，2週間経った頃から生活態度が乱れ始め，深夜に同居少年を継続的に殴って鼻骨を骨折させるなどの問題行動を繰り返し，当時同居していた補導委託少年3人と無断退去・家出を行った。しかしその間も不思議とE男は毎日筆者に電話連絡をしてきた。そのうち，他の少年が次々逮捕されるに及んで不安を覚えたのか，筆者の説得に応じてE男はホームに帰住した。

そこで警察，児相，保護観察所などの関係機関と協議し，E男を大阪の福祉施設預かりとした。この間，毎日電話連絡を入れ，月に1度の訪問を行った。また，大阪の保護司の指導を受けたが，女性でもあり，面接に関しては比較的穏やかな会話が行われていた。

しかし，やがてここでも施設関係者への暴言や深夜逆転の生活が始まり，施設から再三引き取りを求められるようになったため，8カ月後に引き取りを行った。

3）発達障害を抱えた少年の受け入れに伴って生活の構造化を進めた時期（17歳2カ月〜）ホーム再々入所

E男の再々入所にあたっては，土井ホームの実践方針およびE男の障害特性に基づき，以下のような方針を立ててE男への指導にあたることにした。

(1) 強固な限界設定とモデルの提示による自己コントロール力の回復
① 「強固な限界設定」：安全な場の保障と強固な境界の設定をする。
② 「モデルの提示」：筆者夫婦をモデリングさせ，具体的な行動や生活のスキルを学習させる。
③ 「視覚的提示」：明示的なルールと日課を視覚的に提示し見通しを与える。
④ 「強みの利用」：強みと興味を利用してホーム内での仕事役割を与える。
⑤ 「行動の修正」：評価を目に見えるかたちで示し，行動の修正をはかる。

(2) ホーム内の相互交流の促進による社会性の向上
① 「相互交流の促進」：ホーム内で役割を与え，自己肯定感と社会性を醸成する。
② 「疎通性の向上」：双方向の会話を通じて疎通性を高める。

(3) 社会参加による自立支援
① 「社会的自立支援」：外部世界との交流を通じて自立への支援を進める。
② 「社会参加の体験保障」：多様な社会参加の体験を通じて自己形成モデルの取り込みの機会を保障する。
③ 「職業的自立支援」：障害特性に沿った職業的な自立支援の準備を進める。

そして，ホームに再々入所するにあたり，E男と話し合いを持ち，以下のよ

うな約束を行った。
　・ルールを守った場合には小遣いを与え，外出などを許可する。
　・ルールを守らない場合には，携帯電話やゲーム機を使用禁止にする。
　・Ｅ男に年少児の世話と指導をさせる。

　Ｅ男はその問題行動のために幼少期から叱責されることが多く，そのために被害的な認知が強まっており，筆者の指導にも内容を吟味せずに大声をあげることが多かった。
　そこで，接近して小声で穏やかに指導を行う**「ＣＣＱの原則」**や反論に巻き込まれないように指示を淡々と繰り返す**「壊れたレコードのテクニック」**といった，行動療法の様々な技法を取り入れながら支援を行った。こうしたホームの取組みについて，Ｅ男は「前は家庭みたいだったが，いまは施設みたいになっている」という印象を述べた。
　ちなみに，Ｅ男の再々入所にあたっては，被害を受けたＦ男からは「肉食動物と草食動物が１つのオリで一緒に生活できますか」という反対の声があがった。しかし，Ｅ男には帰住先もなく，また自立もただちには困難であり，Ｆ男には「麻酔銃を撃っているから心配ない」と話し，問題行動の再発には厳しく対処すると説得し，Ｅ男にも暴力行為は絶対に許さないという枠付けを行った。
　入所後，一時は年長少年と対立する場面もあったが，年少児とは比較的問題を起こさず，また年少児に指導するように指示すると前向きな態度をみせた。
　また，筆者らとの関係もだんだんと改善が進み，「非行したから（筆者と）出会えたのですね」と述べた。特に同居する高齢者の介助にはすばらしい働きを見せ，そのことを称賛すると被害的な感情が薄らぎ，行動にも変化の兆しが見え始めた。

社会参加と自立支援

　その後，高校生を対象とする参加型のセミナーに参加させたところ，「涙が出るほど感激した」と述べて，その後も参加者との交流を持ち，共感的な対人関係を持ち始めた。
　Ｅ男が祖母との面会を望んだことから，児相にその仲介を依頼し，併せて両

親の現状を調べてもらうように要望した。E男は祖母の自宅を訪ねて半日を過ごし，認知症の祖母も別れ際には表まで見送り，E男の顔にも喜色がうかがえた。しかし，母親に関しては4年前に病没していることがわかった。「更生できたら会いにいこう」と約束していただけに，「辛いなぁ」と声をかけたが，E男はまったく表情をかえなかった。

しかし，E男は1カ月後，正月に外出したまま無断外泊を続けた。筆者たちの説得に応じて10日後に帰宅したが，その際に，E男は「母親の病没をどのように受けとめたらよいかわからなかった」と当時の心理的な混乱を語った。筆者は，E男は杉山の指摘する"タイムスリップ現象"によって随分と時間を経過してから母親の死による情緒的混乱を起こしたのか，あるいはそのPDD傾向のためにその場では理解できずに，時間が経った後に自分の感情に気づいて混乱を起こしたのではないかと考えた。

今後の進路について，就職を希望するE男に対して，筆者は自尊感情の低さから高校進学を逡巡していると考えて，「大丈夫，心配するな。これまでも進学を希望する者はみんな高校に通した」と話すと，E男は入試までの期間，短時間とはいえ毎日学習に取組むようになった。

また，それまではジッとしていることができずに外出を求めることが多かったが，この頃からホーム内で過ごすことが多くなった。E男が「このごろうつ状態ですよね」と言うので，以前の多動な状態と比較し，筆者は「うつ状態ぐらいでちょうどいい」と答えた。

この頃から逸脱行動も見えなくなり，一段と落ち着きを見せ始めた。E男も「最近は朝も起床するし，まじめにやっているでしょう」と自己評価を述べた。「あまりにもまじめにするから保護観察官が驚いて毎月面接に来るのだ。実際，このごろはトラブルも減ったし，まじめなものだ」と筆者の評価を伝えた。E男も逸脱行動の激しいときを振り返り，「あの頃の自分の頭はどうかしていた」「周囲の忠告も耳に入らなかった」「いったん非行を始めるとハマってしまって止まらなくなった」と語るようになった。

高校入学, そして就職へ

　E男は18歳直前に高校を受験して合格した。E男はすぐにバイトを行い, 併せて自動車学校への入校を希望した。筆者はスモールステップで達成感と自己肯定感を増していくことが大切であると考えて, E男に「学校生活に慣れたら自動車学校に入校し, 免許を取得したらバイトを始めるというように, 段階的に進める」ように話したところ, いったんはすべてのことを同時に始めると主張したが, 最終的には筆者のアドバイスを受け入れた。

　E男は中学では低学力であったが, 入学した定時制高校の最初の試験では2週間前から深夜まで勉強を行い, 中学生レベルの試験とはいえ, 5科目で合計401点, 平均で80点という好成績を収めた。また, 同時に通っていた自動車学校では免許を取得した。E男は高校と自動車学校で成果を上げたことに自信を見せた。

　この間, 朝は起床できず, 日課もこなさないことから, 同居の少年達からは不満の声があがったが, 筆者は「非行をせずに勉強しているから大目に見なさい」と擁護しつつ, 同時にE男には起床時間を守ることと日課をこなすことを淡々と促した。

　E男は現在, 午前7時から塗装の仕事, 午後5時半から高校に通学するという生活を送っている。この間, 仕事に午前5時には出なければならないこともあって会社の寮に一時移ったため, 定着すれば児相への委託措置解除の通知も検討したが, 学校への通学が困難な現場への配置換えになったため, E男は就労と通学の重みを検討した結果, 高校卒業を優先したいと3カ月後に本ホームに戻ってきた。

　E男は4度目の入所にあたって,「会社の寮にいる間に皆さんの温かさやホームのありがたさを感じました」と述べた。このようにして, いちだんと落ち着きを見せたE男は,「非行は卒業しました」と語っている。

3. 考察

1) E男の問題をどうみるか

　「教室にいることができず, 衝動的に女の子の顔をたたくことがあった」「同

級生の顔面を殴り，授業中に教師に物を投げつけ，教室を飛び出すこともあった」といった小学校時代のエピソードをみると，E男は，ADHDの少年にみられるような多動性，不注意，衝動性の特徴を顕著に示していた。しかし，それと同時に，「早朝からやってくるために『だめ』と言ってもまた来る」「ひとりで一方的におしゃべりをしている」「周囲から叱られるとワーンと泣くが，何で叱られているのかが理解できていない」などのエピソードを概観するとPDDの障害特性も看取された。

　筆者は，E男には対人関係の障害や，視覚空間能力は良好であるのに対して言語の意味理解に問題がある点などから，PDDと判断したほうがよいのではないかと考えた。

　ちなみに，祖母も非常に衝動性が高く，また，E男の問題行動が地域で騒ぎになっても，「E男がまさか」「大袈裟な」といなし，客観的に事態を受けとめられなかったことなどを考えると，祖母にも同様の発達障害の問題があると推測される。さらに，祖母のこうした傾向は父親，伯母，従兄たちにも共通しており，E男の家族には発達障害の集積性が認められた。

　また，E男は幼少期から飼っている小動物を棒でつついたり，石を投げたり，解剖を繰り返したといったエピソードから，E男は藤川の指摘したPDDの非行の4類型のうちの実験型のPDDであることが示唆されているといえよう。

　しかし，こうしたE男の発達特性は家庭でも学校でも理解されず，E男の不適応はやがて頻発する問題行動，激しい逸脱行動へと発展していった。

　こうした中で，さしもの祖母も養育困難と感じ，児童相談所に養育相談を行っている。しかし，その相談は「E男をどのように養育したらよいか」という内容ではなく，「どこかの施設に入れてほしい」というものであった。

　こうした経緯からE男の家族への不信感には根強いものがあり，本ホーム入所後に入所以前の非行事実を確認しようとする祖父や伯母と電話口で罵り合い，「殺してやる」「生き埋めにしてやる」と公言し，諍いが絶えなかった。しかし，それが「見捨てられ感」とそれに対する怒りや苛立ちなどから来るのか，それとも共感的な対人関係をつくることの困難さによるものか，筆者はその判断に困難さを感じたため，祖母宅や伯母宅を訪問したり，受診した精神科医を訪ねたりしてE男に関する情報収集に努めた。

ちなみに，精神科でのＥ男の障害名は，「広汎性発達障害，ＡＤＨＤ，行為障害」であった。しかし，委託措置の際に筆者に提出された児相のＥ男に関する情報は，「ＬＤ（言語性），ＡＤＨＤ傾向」であった。発達障害の概念が様々に変遷しているとはいえ，今日の観点からすると，Ｅ男についてはＰＤＤとＡＤＨＤの合併か，ＰＤＤと判断するのが妥当であったと考えられる。Ｅ男の場合，精神科医と児相による２回のＷＩＳＣ－Ⅲの検査によって動作性ＩＱと言語性ＩＱの差が33，37と２回とも30以上もあり，発達上のアンバランスが極端に大きく，そのこともＥ男自身の不適応状況の深刻化には大きく影響していたと推測される。

　それと同時に，「生得的＋環境の結果として逸脱行動が認められる」とした児相の判断は妥当なものであると考えられる。すなわち，広汎性発達障害（もしくはＡＤＨＤの合併）による生得的な障害特性とそれを理解できずに不適切な対応を重ねた環境要因によって，Ｅ男は深刻な行為障害へと発展したというのが，最も妥当な判断であると考えられる。

2）少年院における矯正教育の評価

　筆者はこうしたＥ男の示す逸脱行動について，入所当初は児相の情報提供に基づき，ＬＤ，ＡＤＨＤ傾向，ないしは虐待環境によるＡＤＨＤ様症状と推測して取組んだが，非行の加速度的な進行をほとんど止めることができず，Ｅ男は児相の一時保護から，児童自立支援施設，そして少年院への措置に至らざるを得なかった。

　少年院を出院後，Ｅ男は一見すると少年院の枠のある生活に順応したように見受けられた。しかし，仮退院後２週間で早くも暴行事件を起こしたことを考えると，Ｅ男の抱える問題の克服に十分な効果を発揮していたとは言えず，Ｅ男に対する矯正教育実践の到達点と課題に関しては再評価が必要であると考えられる。すなわち，第Ⅰ部で紹介したような宇治少年院での実践が全国の少年院に波及するまでに至っていないことを考えると，Ｅ男の少年院での矯正教育は，Ｅ男のような発達障害を有する少年の特性に十分に配慮したものにはなっていなかったと言わざるを得ないのではないだろうか。

3）ホームの実践の評価と課題
保護観察制度と信頼関係を支えにした限界設定

　Ｅ男はじつに酷い行為をするのであるが、Ｅ男自身のＡＤＨＤ傾向によるものなのか、どこか憎めない部分があり、そのこともあって、筆者らが今日まで関わり続けることが可能であった。筆者とＥ男とのこうした共感関係が続いたことで、Ｅ男は家出中も筆者には必ず毎日連絡を取ってきていた。
　ちなみに、現在の保護観察制度は、遵守事項違反をくり返す少年に対しては、指導の強制力に欠けるきらいがあるが、筆者は、少年院出院後のＥ男に対しては、同制度を利用してＥ男の逸脱を抑止してきた。しかし、それと同時に、Ｅ男を長期にわたって見捨てることなく支え続け、筆者と結ばれた信頼関係があったことも出院後のＥ男の逸脱行動への強い抑止力になったと考えている。すなわち、Ｅ男に対して、少年院在院中も含めた４年間の支持的な関わりを続けたことによってＥ男との共感的な人間関係が育ってきたことも、その安定した関係を基盤としてＥ男の問題行動を抑止し、最終的にはＥ男の変化を導くことにつながったのではないかと考えている。

広汎性発達障害に対する指導

　それと同時に、筆者はＥ男の再入所、再々入所の機会を通じてホームでのＥ男に対する支援の在り方を再検討し、自閉症児・者に対する「視覚的構造化」の環境づくりを行うと同時に、「ＣＣＱの原則」や「壊れたレコードのテクニック」といった行動療法の手法を導入した。このような生活環境や指導方法の改善もＥ男に日常生活の中での安全感と見通しを生み出すことにつながったと考えている。
　Ｅ男の多動傾向は18歳を前にして減衰してきた。加齢がそのような結果を生むことは少なくないとされているが、それと同時に本ホームでの安定した生活と一貫した基準での指導がそうした効果をもたらした面も大きいと考えられる。
　もちろん、Ｅ男の不注意と衝動性はいまなお残っており、注意する家人に対して吟味することなく暴言を吐くことがあり、筆者に対しては従順とはいえ、今後の課題は残されている。しかし、かつてＥ男の反社会的行為の激しさを考えれば、大きな逸脱行動が観察されなくなったことは大きな進展であると考え

ている。

　E男は３年遅れで高校に進学したが，現在，ほとんど休むことなく通学している。その後始めた仕事も当初は寝過ごすこともあったが，ほぼ定着したと考えている。

　現在，E男は４度目の入所後，ホームでの生活を基盤にして，社会的自立の課題に取組んでいる。

第5節　F男
アスペルガー障害と虐待的な環境のもと触法行為に至ったケース
（入所時17歳10カ月・通算在籍年数3年7カ月・Ⅲ～Ⅴ期の実践）

図15　家族図（F男）

図16　F男の生育史

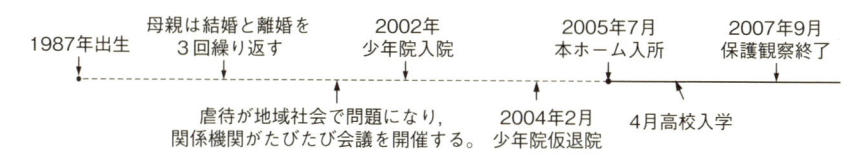

1987年出生 — 母親は結婚と離婚を3回繰り返す — 2002年少年院入院 — 2005年7月本ホーム入所 — 2007年9月保護観察終了

虐待が地域社会で問題になり、関係機関がたびたび会議を開催する。　2004年2月少年院仮退院　4月高校入学

1．入所までの経緯

　母親は中学卒業後，頻回に転職し，2年ごとに結婚と離婚を3回くり返している。22歳当時，C男とF男の兄弟の父親と再々婚したが，母親が29歳のとき父親が失踪し，母親のギャンブルによる自己破産，生活保護廃止を契機に困窮化の一途をたどり，「スーパーの賞味期限切れ直前の弁当を万引きしていたが，店員が目をつぶっていたらしい」（中学担任），「三男がコンビニのゴミ箱から食べ物をあさっていたと連絡を受けたことがある」（中学校長）という生活であった。F男の兄のC男は，「電気，水道，ガス，電話が止められ，近所の公園で水を汲んで自室まで運び，飢えをしのいでいた」と当時の状況を語っている。実際，この頃，「子どもたちだけでロウソクの生活をしている」などの近

所からの通報が関係機関に相ついだ。

　後に家裁に係属したＦ男は,「帰宅時間が遅くなったことで母親に叱られ,棒で頭を打たれてぱっくりと割れたことがあった。出血がひどくタオルで押さえて止血し,病院には行かなかった」と当時のことを調査官に述べている。しかし,母親は「げんこつで殴ったところ頭が割れた」としか認めなかった。

　この後,家賃滞納で市営住宅を強制退去させられ,行き場を失った家族は,母親はパチンコ店の寮,長男・Ｃ男は児童自立支援ホーム,次男・Ｆ男は窃盗により少年院,三男と四男は児童養護施設での生活を始めることになった。

　兄・Ｃ男によれば,幼児の頃よりＦ男は親の手を離して勝手に走っていき,迷子になることがたびたびあった。また「自分の世界」を持っており,中学校の記録によれば,「学校では親しい友人がおらず,孤立しがちで,うまく人間関係が作れない。急に怒り出して周囲が戸惑うことがあり,友人への見方が否定的である」と記されている。児相の記録でも,Ｆ男は母親と対立しがちで,兄弟の中でも孤立していたと書かれている。

　13歳の折,同級生宅への住居侵入,窃盗未遂で児童相談所に一時保護されたのを皮切りに,以後4回,計300万円を窃取した。このため家裁に送致され,観護措置がとられた。家裁調査官に対して,Ｆ男は「実母から金をもってこいと言われ,盗みで得た金の一部（20～30万円）を渡したことがある」と述べているが,母親は「そうした事実はない」と否定,真相は不明であると記録されている。また,「たびたび現金を要求されることからの思いつきなのかもしれないが,『自宅に戻れば保険金をかけられて殺されるのではないか』（少年）という言葉も出る始末で,少年鑑別所における2度の実母との面会は,2度とも少年が頑なに拒否して実現できなかった」と記録されている。

　家庭裁判所の審判では「比較的長期」（分類級　ＡＨ２－初等少年院で特殊教育課程）の処遇勧告が付され,少年院に入院した。16歳で少年院を仮退院し,更生保護施設に入所したが,3カ月後に母親のもとに転居した。「母親の監護能力に問題があることや本人の定着が危惧された」ため,複数の保護司をつけて保護観察が実施された。

　自宅に転居して以降,Ｆ男は求職活動を行っていたが,喘息があり,身体が強健でないことや,社会性に乏しいために仕事に就けず,自宅でテレビを見る

などして過ごしていた。

　後になって，F男は，「母親が見せる放縦な暮らしぶりを隣室で息をひそめて暮らす毎日で，（葛藤の解消のために）片道10キロの幹線道路の道のりをただただまっすぐ歩いて往復するという生活を送っていた」と当時の様子を振り返って語っている。

2．入所後の経緯

　17歳の折，先に入所していたF男の兄のC男の勧めで本ホームに入所した。入所時，一緒に来訪した母親は多弁であったが，話の内容は乏しかった。F男は表情が硬く，大仰な挨拶やぎこちない動作が目についた。F男について，母親や兄は，「この子は考え方がおかしい」「変わっている」と発言した。

1）入所当初のF男の行動
　筆者がF男の行動観察を5日間行った結果，以下のような行動が観察された。
(1) 社会性
　① 大仰で馬鹿丁寧な挨拶をし，世間話の最中に手を上げて発言を求める。
　② 規則に強いこだわりを持ち，逸脱傾向のある同居児や知的障害児に対して苛立ちや反感を表明し，多人数になると落ち着きを失う。
(2) コミュニケーション
　① 独特の抑揚で話し，言葉を字義通りに解釈し，会話が空回りし，視線が合わない。
　② やたらと難しい熟語や単語を使い，同居児に「博士」「雑学王」と呼ばれる。
(3) 空間認知・協調運動
　① 買い物にやると迷子になる。
　② 自転車に乗ると蛇行し，歩行の際に右手と右足が一緒に出る。
(4) 感覚過敏
　① 粉薬が飲めず，のど越しのよい食べ物を好み，衣類にも着られないものがある。

② 肩を抱かれるなどの身体接触をいやがり，外出すると日光がまぶしいと訴える。

　また，過去の非行に触れようとするとＦ男の表情が凍りつき，身体が強張るなどの反応を見せたことから，アスペルガー障害の特徴の１つである「かさぶたの張らない記憶」（藤川　2007）がそうさせていることが推測された。
　また，この当時，Ｆ男は「日本人の名前と顔は覚えられない」と語り，相貌失認があることも明らかになった。これはＦ男と数度会って小遣いをくれた人が声をかけてもキョトンとしていることから，挨拶するように促したときの返事であった。
　また，「入所して何日経つか」と尋ねると，「○カ月○日と○時間」と必要以上に細かく答え，誰もが忘れたようなエピソードについても詳細に出来事を語るなど，カレンダー的な記憶力を見せた。
　筆者は，こうしたＦ男の行動観察を通じてアスペルガー障害の疑いを深め，児相に心理判定と精神科医の診察の依頼[注35]を行った。知能検査（ＷＡＩＳ－Ｒ）の結果は以下の通りであった。言語性ＩＱ97，動作性ＩＱ65，全体ＩＱ83。
　精神科医師の所見は「アスペルガーないし高機能の自閉症であろう。これまでの生育史を考えると精神症状をよくぞ出さなかったと思う。現在の対応は適切である。就労はなかなか容易ではないが，将来は対人関係にストレスのない自分のペースでやれる仕事についたらよいのではないか」との意見であった。
　医師の意見書が出され，アスペルガー障害と診断されたのに続いて，自閉症・発達障害支援センターでＡＱテスト[注36]を実施した。32点以上がアスペルガー障害の可能性が高いとされるテストで，本人によるチェックは30点，里親によるチェックは37点という結果であった。

２）Ｆ男への指導方針

　こうしたＦ男に対して，筆者は以下のような方針に基づいて取組みを行った。

(1) **安全の保障とモデルの提示による自己コントロール力の回復**
　① 「安全の保障」：安全で安心感のある環境を保障する。
　② 「モデルの提示」：筆者夫婦をモデリングさせ，具体的な行動や生活のス

キルを学習させる。
③ 「視覚的提示」：明示的なルールと日課を視覚的に提示し見通しを与える。
④ 「強みの利用」：強みと興味を利用してホーム内での仕事役割を与える。
⑤ 「行動の修正」：評価を目に見えるかたちで示し，行動の修正をはかる。
(2) ホーム内の相互交流の促進による社会性の向上
① 「相互交流の促進」：ホーム内で役割を与え，自己肯定感と社会性を醸成する。
② 「疎通性の向上」：双方向の会話を通じて疎通性を高める。

3）実践の展開
(1) 安全で恒常性のある生活の保障とモデルの提示 (17歳10カ月〜18歳6カ月)
　安全で恒常性のある生活の保障

　これまで生存を脅かされるような虐待的な養育環境にあったF男に，食事や睡眠はもちろん，安全で安心感のある毎日を提供し，併せて24時間の生活全体を通じて一貫した基準で関わり続け，対象恒常性のある暮らしを保障することに努めた。

　また，F男は協応運動が苦手で極端に不器用なことから，野球などのレクリエーションの際にもスコアラーとして関わることを周囲の少年たちに理解させ，F男が安心して暮らせるように配慮を行った。

　視覚的提示と発達特性を踏まえた指導

　F男は場の空気を読みとったり，他者の言葉の背後にある意図やニュアンスを理解することは困難であり，言葉を字義通りに解釈しがちであることから，筆者が適宜介入して周囲の人々のことばを通訳してみせ，そのために以下のような配慮を行った。
① 曖昧な表現は避け，具体的な表現による会話を心がける。
② 前提条件を共有する中で会話を行う（なぜこのような質問をするのか等を具体的に話した後で会話を行う）。
③ 抽象的な質問は避け，具体的，限定的な質問を行う（例：「何がしたい？」→「○○と××はどちらがいい？」等）。

④　巧みな言葉遣いは時として誤用もあるが，その言葉遊びを周囲が楽しめるような接し方をする。

　F男は言語的な指示が通りやすく，聴覚的認知は良好ではあった[注37]が，明示的なルールと日課を目に見える形で提示し，たとえ作業が予定時間より早く済んでも新たな作業の追加はせず，また，スケジュールの変更が起きた際には朝礼や点呼でできるだけ早くそのことを知らせ，F男に生活での見通しを与える工夫を行った。また，F男のこだわりの強さに配慮して個室を与え，秩序だった空間の保持を保障するように努めた。

　F男は，昼夜逆転の生活を送っていたが，入所以降は決められた日課を厳格に順守した。起床を告げる音楽テープは5秒と違わずにスイッチを入れ，そのために30分前に起床して待機していた。また，消灯時間には見回りを行い，筆者がたとえシャワーを使用していてもボイラーのスイッチを消すなど，規則に関しては例外を認めない態度に終始した。

　F男は逸脱傾向の強い同居少年や知的障害を持つ少年に対してパニックを起こし，ルール違反を強く非難して暴言を吐くため，周囲との軋轢が目立つようになった。そこで，筆者はこのようなパニックの際には個室でクールダウンするまで一定時間静かに見守り，落ち着いてから，F男の規則厳守の態度は評価すると同時に，感情的な言動は周囲との摩擦になることを具体的に教えていった。

　本ホームでは，軽微な逸脱行為には小遣いを減額し，推奨すべき行為には努力賞を出して行動の修正を図っているが，F男は同居少年の違反行為を筆者に伝え，自己の評価を上げようとして，周囲の反発を招くことがあった。このため，周囲の逸脱行為だけでなく，F男自身の暴言に対してもトークンエコノミーを利用して，暴言を吐いたら改善表（アカ丸），1日暴言を吐かなかったら善行表（シロ丸）にそれぞれマーキングを行い，その結果を小遣いの査定に反映させたところ，F男はまたたくまに行動の修正を行った。

　F男はホームの中で積極的に役割を果たし，生活係としてホームの規則遵守を徹底して行った。そのようなF男を評して，周囲の少年が「誰にでも分け隔てなく意地が悪い」と語って周囲の爆笑を呼ぶ場面があり，他の少年たちにも

F男のこだわりが一定程度受容され始めた。このような取組みの中でF男は落ち着きを見せるようになった。

　3年遅れではあったが，F男に高校進学を提案するとF男は意欲をみせた。そこで毎日筆者夫婦が受験指導を行い，中学1年の数学と英語から教えはじめたが，学習面での著しい困難さを抱えていることがわかった。たとえば，「b」と「d」，「p」と「q」の区別ができず，また，数学の例題を解くことができるようになっても，それを応用して一般問題を解くことはできずに，あらためて1題ずつ問題に取組まなければならなかった。また，いくつかの公式を応用することにも困難さがあり，F男は「般化」と「概念の統合」に問題を抱えていることがわかった。しかし，F男は受験勉強の間はTVゲームもやめ，与えられた課題には真面目に取組んだため，高校入試には無事に合格した。

　入学後，F男は毎日始業3時間前には登校し，「もう少しゆっくりすれば」という筆者のことばに対しては，「30分前には学校に着いておかねば」と語り，図書館やコンビニエンスストアで本を読み終えてから校門をくぐるといった毎日の決まったスケジュールに「こだわりの強さ」を見せているものの，無遅刻無欠席で通学した。

(2)　ホーム内の相互交流の促進と自らの体験の言語化（18歳7カ月〜19歳2カ月）

　F男は同世代との交流が苦手であるため，1人でもできる日課から取組ませ，やがて周囲の世話などを行わせた。具体的には，ホーム内の高齢者に毎日服用する薬を渡したり，知的障害児の登校準備を手伝わせることで，お礼を言われる応答関係も生まれ，次第にギクシャクとした人間関係も薄れてきた。

　この頃になると，F男自身も早朝から深夜までホームの運営に関与し，筆者夫婦の期待と評価に自信を深め，入所当初の被害的な思考や自己防衛的な態度は減衰していった。

　F男は少年院在院中は，「1度も笑顔を見せることもなく無表情で淡々と語るところがこの歳にしては不気味に感じる。愛情から派生する種々の人間らしい感情を失ったかのよう」と評されていたが，この頃になると自分の知識と諧謔に満ちた会話に周囲がどう反応するかを窺っては，驚くほど豊かで悪戯っぽい表情をみせるようになった。そしてF男の期待した反応が得られたときの得

意げな様子は，時に周囲の少年を小バカにしたような態度を差し引いても，じつに面白く興味は尽きなかった。

　筆者らは毎日偉人の伝記の読みあわせをし，そのエピソードの意味するところを問いかけ，解説していった。F男は最初の頃はエピソードの背後にある教訓やメタファーをまったく理解できなかったが，3年間毎日継続していくうちに次第に理解を示すようになっていった。

　また，日課の間の休み時間には筆者がユーモアを交えた会話を行い，その会話をF男にも目の当たりにさせながら，人との交流のありかたをモデリングさせるようこころがけた。妻も子どもへの指導の際に，茶目気溢れた叱り方をしてみせながら，人間関係の「間」を教えていった。すると，やがてF男自身，周囲との会話をだんだん楽しむようになってきた。たとえば，筆者が「いまの＜ぼけ＞にはこんなふうな＜つっこみ＞がほしかったナァー」と語りかけると，写楽の役者絵のように天井を見上げて大仰に白目をむいて悔しがるという，いささか奇怪な反応は見せるものの，会話の歯車は確実に嚙み合っていった。

　何より特筆に値することは，筆者らと会話している際に，「いまの目はこう言いたいのでしょう」だとか，「表情が語っていますよ」といった言葉が出始めたことであった。

　このようにして，F男は相手の表情や仕草から感情や意思を次第に読み取ることができるようになった。写楽風の大仰な反応に関しても，「唇の両端をあげてごらん。笑顔のように見えて，見ている人が安心するよ。そんな表情の方がもっと素敵！」と妻がアドバイスをすると，今まで決して取ることのなかった眼鏡を外して，大真面目に表情を修正する努力をするようになった。このようにしてF男は自分の思いを言葉や動作で表現しながら，筆者夫婦との応答によって自らの言動の修正をはかるようになっていった。

外傷体験とライフヒストリーの言語化

　この時期，東京から新聞記者が来訪して1週間生活を共にした。記者はF男の半生を取材した。筆者はF男がともすれば過去の出来事を忌避してきたので，この機会に取材を通じて自己の歩んだ道を語り，ライフヒストリーに統合できればと考え，積極的に自己の歩みを語ることをF男に推めた。F男は時々苦痛

の表情を見せながらも，自分の家族や学校生活，非行などのことを記者に語り，「ぼくは犬ぞりの一番後ろの犬。たたかれるためだけに存在する。なんで世界はこんなふうに回るのだろうと恨みながら走る犬だったんです」と自分の思いを独特な表現を用いて語った。

同時期，保護観察所から保護観察解除の打診を受け，筆者はＦ男の毎日の生活態度と更生の意欲を評価して，保護観察の解除に同意した。

(3) 社会参加による自立支援（19歳３カ月〜20歳）
障害の受容への援助

19歳になったＦ男は，高校卒業後の社会的自立を目標に，パソコンの入力作業に取組みはじめた。筆者はＦ男に自らの能力の強みと弱みの両面に気づかせ，自己理解を深めさせることを目的として，発達障害のテキストを入力作業の題材にした。Ｆ男は「これってぼくのことですよね」と語り，Ｆ男はこの作業を通じて自らの障害を次第に受容していった。

これを受けて，筆者が精神保健福祉手帳の取得を提案したところ，Ｆ男は提案を受け入れ，６カ月間の精神科医と臨床心理士の診察と面接に通った。受診の待ち時間に「（筆者宅に）来て何日になるか」と尋ねると，Ｆ男は「９カ月ぐらい」と返答した。「これまで何カ月と何日と何時間と正確に答えていたのに」と指摘すると，「世間の人はそこまでの正確さを要求していないことがわかったので，そう答えました」と返してきた。

筆者は精神科医に受診開始時と終了時に面会し，Ｆ男への理解と支援に関する意見を求め，また，複数の大学教員から定期的にスーパーバイズを受け，Ｆ男への実践に反映していった。

この頃からＦ男は感覚過敏のために忌避していた注射もアレルギー体質改善のために毎週通院するようになった。Ｆ男に障害者枠での図書館司書の補助職を提案したところ，Ｆ男は「本に囲まれた図書館で仕事ができるのなら最高です」と語って一層意欲を高めていった。

多様な社会参加の体験の保障

また，Ｆ男が最も苦手とする同世代の高校生を対象とするワークショップに

も2年連続で参加した。1年目は周囲との交流もほとんどないままに終わったが、2年目の修了後には、「正直言ってかなり疲れましたが、それと同時にかなり楽しい行事でもありました」「協調と優しさを学びました」と感想を述べ、F男自身の対人関係にも変化が見えてきた。

顔を隠すように伸ばしていた髪もこのころには短髪になり、黒一色の服装も小奇麗なトラッドスタイルに変化していった。入所当初、猫背で独特の歩き方をしていたF男であったが、毎日の筋力トレーニングの成果もあって向上した体格に自信をみせ、姿勢もはるかに良くなってきた。高校入学時には低学力であったが、この頃には好成績を収めるようになった。帰宅時間が再び遅れ始めた理由を尋ねると、アスペルガー障害の女生徒から「最近一緒に下校してくれないから寂しい」と言われ、「話しながら、相手の歩き方に合わせているので帰りが遅くなっています」と語った。

ホームでの生活が長くなるにつれて、F男の「こだわり」の強さや周囲への攻撃的な言動も次第に薄れてきた。粗暴なB男やE男のホームへの再入所が決定した際には、「草食動物と肉食動物がどうして1つの檻で生活ができますか！」と反発したが、F男同様に帰住先がなく、また「麻酔銃を撃っているから心配ない」という筆者の話を受け入れ、同居に同意した。

F男は20歳を迎え、児童相談所の委託措置の期間は終了したが、F男の「一生ここで生活したい」という希望により現在も入所は継続されている。F男は、「ぼくがいないと困るでしょ」と語り、ホームの運営に役割を果たしていることに自信と誇りをみせている。

3. 考察

1) F男の問題をどうみるか

F男の障害特性を整理すると、F男は会話こそ可能であるが、相手の意図の理解、表情の読み取り、雰囲気の察知、文脈からの判断、前提を共有しないと会話の意図理解がすれ違う等、コミュニケーション能力の質的な問題が顕著であった。また感覚過敏、協応運動が極度に苦手であること、般化・概念の統合の困難さなど、様々な問題を抱えており、特に秩序だった空間の維持や厳格な

規則の遵守など，行動や興味の限局性・強迫性・常同性が顕著に認められた。

　幼少期から「自分の世界」を持ち，「変わった子」と家族から見られ続けていたF男は，その発達特性をまったく理解されなかったため，人生早期から実母などの身近な大人から虐待を受け続けたばかりか，家族内で孤立し，長期にわたって劣悪な環境に置かれていた。

　その意味では，「これまでの生育史を考えると精神症状をよくぞ出さなかったと思う」という精神科医の所見は，F男の生育史を理解するものが等しく抱く感想であろう。

　すさまじい虐待的な養育環境の中で，F男の兄のC男は「解離」を起こし，「僕を生んでくれてありがとうと言いたい」と母親を「理想化」し，親子の情愛にあふれた毎日を過ごしたという「ファンタジー」に逃避することで対処していた。それに対してF男は「母親は所詮，同居している他人」という人間観で苛酷な養育環境を凌いでいこうとした。

　しかし，その母親の教唆によってF男は犯罪を重ねた。この当時の窃盗の累犯ぶりは，家裁に送致された後も犯行を重ねるなど，まさしく「強迫的」なものであった。

　そして，F男は家裁の審判廷で窃盗教唆を平然と否認する母親の証言を，「歯がすり潰れそうなほど歯ぎしりしながら」聞いていた。そして，審判の結果，F男は少年院送致になった。

　F男は母親に対しては「自宅に戻れば保険金をかけられて殺されるのではないか」という被害妄想[注38]をいだき，母親との通信や面会を拒絶した。しかし，F男は，全般にF男の障害特性を十分理解をしていたとは思えない少年院の「指導」によって，非応答的な母親に通信を重ねた。

　また，少年院在院中の「ここで母と仲直りしないと損をする」というF男の発言や，仮退院のための保護観察官を目の前にした，「この準備面接を辛抱して受けないと早く出られない」という発言は，社会的な文脈の中で自分の発言の是非をモニターする力の弱さ，状況判断の困難さをよく示している。その意味では，自分にとって不利なこともそのまま口にしてしまうという，アスペルガー障害の特徴をよく示しているともいえよう。

　ところで，F男の場合，言語性IQと動作性IQの差が30以上あり，極端な

発達上の不均衡が見られた。そのような発達上の不均衡の問題と虐待的な養育環境が重複したことによって，より深刻な不適応状況に追いつめられたと言えるのではないか。

入所以来のＦ男を観察すると，逸脱行動どころか，そうした行為への強い嫌悪感を示し，ホームのルールを厳格なまでに遵守していた。従って，Ｆ男のアスペルガー障害の特性がただちに不適応を引き起こして非行や犯罪へと結びついたのではなく，いじめや虐待，障害特性への無理解や不適切な対応，応答性の欠如した養育環境や窃盗の教唆等の様々な要因が重なった結果，Ｆ男は犯罪へと追い詰められていったのであろう。

また，前節で検討したＥ男の場合，動作性ＩＱが高く，言語性ＩＱが低かったのに対して，Ｆ男は逆に言語性は高く動作性が低いという点で２人はまったく対照的である。

２人は同じように犯罪行為によって少年院に措置されているが，２人の抱えている発達上の課題は大きく異なっており，Ｅ男が言語的なハンディキャップもあり，出院後もすぐには問題行動のコントロールが困難であったのに対して，Ｆ男の場合，土井ホームの構造化された，安定した生活環境が保障されるとすぐに問題行動が消失したのは，そのような発達特性の違いも関わっていたのではないかと推測される。

２）Ｆ男の処遇に関する司法福祉の課題

事件発生からの一連の少年司法の過程（家庭裁判所の審判，少年院での矯正教育，保護観察）を概観すると，Ｆ男の障害に気づき，その特性に沿った適切な支援がなされた形跡はみられない。実際，Ｆ男の障害特性が理解できていない限り，保護司をいくら２名，特別体制で配置しても決して有効な援助とはなりえないであろう。その意味では，学校教育や矯正教育の場において，アスペルガー障害を有していたＦ男に対して，的確な診断とその障害特性に配慮した適切な援助がなされていれば，Ｆ男の自立はもう少し早く進んでいたのではないかと考えられる。

しかし，それと同時に，Ｆ男が本ホームに比較的早期に適応したのは，少年院における「構造化」された生活を経験していたためであると考えられる。す

なわち，少年院における明示的な規則や日課に基づいた生活によって，F男の「強迫的」な触法行為は抑止されたと言えよう。当時の少年院での指導が必ずしもF男の障害特性に関する十分な理解を持っていたとはいえないが，少年院における「構造化」された生活がF男に一定程度，安定をもたらしたことは十分に考えられるであろう。

F男は後に，「肉食動物の群れに置かれた草食動物の気持ちがわかりますか」と語ったように，少年院の生活はF男にとってはおよそ安全感が保障される生活ではなかった。当時のことを筆者は訊ねたが，F男は法務教官のことさえまったく覚えていなかった。通常の場合，矯正教育では在院少年は法務教官との1対1の親密な応答関係の中で内省，そして更生へとつながっていくのであるが，F男においては，そのような課題は少年院では解決されず，ホーム入所後に持ち越されたと言えよう。

こうした点からも，適切に障害を理解したうえで，施設内処遇と社会内処遇の連携を深め，少年に対する一連の処遇の一貫性と継続性を担保する，系統的な処遇システムの構築が求められていると言えよう。

3) F男への治療教育的実践への評価

F男の実践は本ホームの第Ⅲ～V期の実践であるが，本ホームの実践の第Ⅴ期に確立した3つの実践のフェーズに沿って，F男に対する実践の展開過程を整理してみたい。

〔第1フェーズ〕
安全の保障

筆者はF男の持つアスペルガー障害の発達特性に配慮し，「慎重かつ継続的なアセスメント」を重ね，「強みと興味」，すなわちデジタル的な思考と抜群の記憶力などを生かした取組みにまず着手した。F男のこだわりの強さ，「固着性」を利用して「構造化されたスケジュール」をまず保持させることでF男は安定を増していったと考えている。

ちなみに，筆者がシャワー使用中でも午後11時にF男がボイラーを切ることを規制しなかったのは，F男の常同性を利用した日課の定着を通じて，F男の

安定を図ることを当初の指導目標としていたからである。このようにして，F男はホームの「構造化された」スケジュールに安定を見出した。もちろん，こうした取組みを可能にしたのは，F男にとってホームでの生活が心身の安全を脅かされないものであり，かつ，安全感に満ちた今日の生活が明日以降も続くという見通しを持てるものであったためであろう。

視覚的提示による行動修正

F男はメタ認知（自己モニタリングと自己コントロール力）や実行機能に脆弱さを有していたので，生活そのものを治療的に働くよう統合し，秩序だてられた環境に再構成することは，F男のメタ認知能力の発達を保障し，行動の自己制御力の獲得に有効であったと考えている。

F男は「明示化された」ルールを守ることで評価のステージがあがり，毎月の小遣いの査定に反映されるトークンエコノミーシステムにより，自らの行動の修正を図っていた。このように，F男にとってそのがんばりや努力が視覚的に理解しやすいように提示し，目標と到達点を明確化したことがF男には極めて有効であった。

モデルの取り込みによる生活スキルの学習

F男は入所当初は必要以上に用心深く，同居する人々との関わりは常に回避気味で，筆者夫婦にも馬鹿丁寧な言葉とへりくだった態度で接していたが，ホームの生活に安心を覚えるにつれ，F男の方から筆者夫婦に話しかけてくるようになった。

しかし，それは自分にとって関心の深い話題を一方的に語るものであり，決して相互的な会話が成立していたわけではなかった。また，F男は会話の内容よりも言葉の語呂や韻をふむことに注意が向かう傾向もみられた。そこで，筆者夫婦が24時間の生活を通じて，このような場面ではどのような態度や言葉が適切であるか身をもって示し，F男が行動のモデルとして取り込めるように援助していった。

〔第2フェーズ〕
自治活動を通じた社会的スキルの向上
　F男が24時間のホームの生活全体のなかで受容され，承認されるようになるにつれて，F男のなかに自己肯定感が醸成され，そのなかでF男は自らの認知や行動をホームでの他者，特に筆者夫婦との対話によって修正する力を育んでいった。
　たとえば，ボイラーの件では，入所後1年を経過した時期から，「ひとが使用中は消さない」という，原則に対する例外規定を教えたところ，F男は11時に「ボイラーを消してよいか」と尋ねてくるようになった。2年後にこの話題に及んだ時に，「11時に消せと言われていたから，11時以降に使用されることなど当時は考えもしませんでした」とF男は語っていた。
　このようにしてF男は，次第にルールや原則を周囲の状況に合わせて修正することができるようになっていった。
　同様に，F男は筆者がズル休みをしがちな青年に，「体温が38度くらいまでなら仕事に行きなさい」と話しているのを聞いて，F男は発熱などでどんなに体調が悪くても高校に登校していたが，2年目になると，「熱があるので早退してよいか」と尋ねるなど，自分の健康状態をモニターしながら従来の行動を修正できるようになるなど，状況に応じて柔軟に対応する力を獲得し始めた。
　また以前であれば，予定の変更があるとパニックを起こし，顔をゆがめるなどの不快な表情をみせていたが，これもやがて軽減していった。こうした点で，F男のメタ認知能力や実行機能にも一定の向上があったと評価できよう。

相互交流の促進
　F男はホーム内で自己の役割を見出し，そのことが周囲からも高く評価されるにつれて，髪形や服装にも変化が現れ，F男自身の関心も会話の内容に移行するようになっていった。
　また，筆者夫婦との関係を基盤として安全感と見通しが広がった結果，F男の「こだわり」もいちだんと薄れ，周囲の人々への関わりも広がっていった。また，当初は嫌がっていた知的障害児や高齢者の世話もできるようになり，そのことを通じて，相手からお礼を言われる中で自己の評価を高め，さらに安定

感を深めていった。

　このようにして、F男は自分の行動を周囲の状況に合わせてかなり柔軟に修正できるようになったが、これは筆者らがすべての「例外」をパターン化して教えたからではない。むしろ、24時間のホームの安定した生活を通じてF男の内面に安全感が生まれ、F男自身がエンパワーされた結果、彼の「こだわり」が弱まり、場面に合わせて自分自身の行動様式を変化させられるようになってきたと言えるのではないか。言い換えれば、メタ認知能力の脆弱性を環境調整によって補うということを越えて、ホームでの生活を通じて彼自身のメタ認知能力が発達し、環境との相互的調整が次第に可能になっていったと考えてよいのではないか。

　このようにして、F男は一方向的なコミュニケーションではなく、相互的なコミュニケーションの世界を少しずつ獲得し始め、他者に対する信頼感を育み、他者に自分の感情を受けとめてもらって整理する力も育まれていった。その結果として、新聞記者の取材に応じて自らの外傷体験を、その時の感情も踏まえて語ることが可能になったと考えられる。

〔第3フェーズ〕
社会的自立支援
　現在、F男自身に残された課題は社会的自立である。F男の社会的自立のためには、社会性やコミニケーションスキルの一層の向上を図るとともに、F男の発達障害の問題に対しては職能判定やジョブコーチなどの制度的な支援も活用しながら、F男の社会的自立に向けての伴走を今後も切れ目なく続けていくことが重要であると考えている。

　F男自身は、「私がいないと困るでしょ。一生ここにいます」と語っているように、ホーム内での役割を果たしていることに自信と誇りを見せ、また居場所を見出している。

　それゆえに、ホームに生活の基盤を置きながら、今後、F男がワープロ技術の習得を進め、ホーム外での女生徒との交流や研修会への参加、図書館司書の仕事に必要なスキルアップなどを通じてその能力を高めていくことが求められている。

見通しのもてない，不安に満ちた虐待環境のもとでは障害の特徴とされた資質は，いまやＦ男にとっては社会参加のための重要な特性となっている。すなわち，Ｆ男の負の要素であった「こだわり」と「常同性」は，いまや「粘り強さ」と「継続力」としてＦ男の未来を拓く能力へと転化しつつある。Ｆ男は，そうした主体性の回復と社会性の獲得の道を少しずつ，しかし確実に歩んでいる。

第6節　G男
高機能自閉症への不適切な対応によって他害行為に及んだケース
（入所時14歳・通算在籍年数1年6カ月・第Ⅴ期の実践）

図17　家族図

図18　G男の生育史

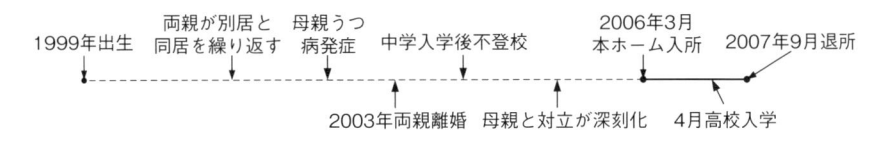

1999年出生 ― 両親が別居と同居を繰り返す ― 母親うつ病発症 ― 中学入学後不登校 ― 2006年3月 本ホーム入所 ― 2007年9月退所

2003年両親離婚　母親と対立が深刻化　4月高校入学

1．入所までの経緯

　家族によれば，G男は2歳頃から鍵のかかった玄関を出ていこうとし，母親の手を離して勝手に走って行き，3歳で入園した幼稚園でも落ち着きがなく勝手に部屋を出ていくなど，多動傾向や分離不安の欠如があった。また，倒れるまで回転し続ける独楽回りの動作が観察された。

　G男が小学校1年生の頃から，父親の不動産事業の失敗と自己破産，同居の父方祖母（姑）と母親の折り合いの悪さなどから，両親は同居と別居を繰り返した。G男はこの頃から人付き合いが苦手で，対人関係がうまく持てなかった。

　G男が小学校4年の時に母親は交通事故を起こし，前後してメニエル氏病に罹患，その後，うつ病を発症した。やがて祖父の看病のために母親は実家に帰り，翌年G男が小学校6年の時に離婚，勤務していたデパートも退職した。母親はその後，昼はアパレル店員，夜は飲食店の調理補助の仕事を行っていたが，

職場でのトラブルなどが重なり、不眠がちとなった。

中学生となったＧ男は当初より学校を遅刻しがちであったが、２学期には午後からの登校となり、この頃より登校を促す母親とのトラブルが増えた。母親は包丁を持ち出して脅し、Ｇ男は母親に殴り返すなどで応戦し、近所の通報でパトカーが出動することもあった。

このような状況のなかで、母親は自殺企図を繰り返し、Ｇ男も不眠を訴えるなど、家庭内が不穏な空気となったために児童相談所が介入し、中１の２月からＧ男は近所にある少年補導センターに通所するようになった。また、学校でもたびたび同級生を殴るなどのトラブルを繰り返し、教師の指導にも従わない場面が増えた。

母親は児相からの指導で登校刺激を控えるようになったが、Ｇ男がゲームばかりして後片付けをしないなど、母親の言うことを聞かないと相変わらず母親は包丁を持ち出し、これに対してＧ男も包丁を持って対抗し、さらに、お互いに植木鉢やテレビを投げ合うなどのエピソードが繰り返された。

中２の６月ごろより、通所していた少年補導センターでもＧ男はキレることが頻繁になり、他児や職員への暴力も起こるようになった。また、少年補導センターの相談員が家庭訪問を行ったところ、Ｇ男は激怒し、「母を殺す」と自宅にとって返し、今度は「（職員の）Ｓを殺す」とふたたび補導センターに駆け出すなどのエピソードがあり、このため児相の児童福祉司や児童心理司も関与し始めた。そして、母親への精神科の受診勧奨、父親宅へのＧ男の転居などの環境調整、Ｇ男の一時保護、経済的困窮に対する生活保護の紹介などが行われた。

７月になると、Ｇ男とのトラブルや就労の過重負担、母方祖母との関係の冷却などの問題が重なって母親の精神状態が悪化し、近隣が警察を呼ぶようなＧ男との大喧嘩が起こり、母親はＴＶや植木鉢を投げ、民生委員がなだめようとすると、母親は「首をつって死ぬ」、Ｇ男は「飛び降りる」と叫び、母親は自殺企図の後、精神科を受診し、入院した。

中学校では児相と学校関係者とのケース会議が行われ、学校でも「普段はおとなしいのにカッとなると白目[注39]になってキレて手が出る傾向があり、他人の喧嘩なのに急に割って入っていって人を叩くこともある」ことが報告され

た。

　7月からはU町の父親宅に転居し，小学校の同級生がいない校区外の中学校に転校した。タクシー運転手である父親が毎日学校までの送り迎えをしたが，やはり同級生を殴るトラブルから不登校となった。

　中3の4月，G男は再度K市の少年補導センターに通所するようになった。しかし，この間も母親との喧嘩が続き，児相の一時保護措置となった。この一時保護の期間中，児相が里親委託をG男に話すと前向きになり，G男は筆者との面接を希望した。本ホームでは試験外泊の予定であったが，ホーム見学の後にG男は直ちに「行きたい」と言った。

　ホーム入所前に児相によって心理検査が行われた。田中ビネー知能検査では，知能は正常域（CA 14：5　MA 13：2　IQ＝91）という結果であった。

2．入所後の経緯

1）ホーム入所当初のG男の行動（入所時：14歳6カ月）

　入所時には両親がG男に同行した。両親とも筆者らに丁寧に挨拶したが，母親は別れがたいのか，涙が絶えず，歩くのもやっとという状態で父親や児童福祉司に支えられて帰路についた。しかし，G男は母親への反感をあらわにし，最後まで母親に対する攻撃的な言葉を口にし続けた。

　筆者がG男の行動観察を5日間行った結果，次のような行動が観察された。

(1)　社会性
　・多人数の会合になると落ち着きを失う。
　・視線が合わない。

(2)　コミュニケーション
　・ボソボソとした話し方で何を言っているのか聞き取れない。
　・会話が複雑になると「わからない」と返事する。

(3)　空間認知・協調運動
　・日記の字が判読できず，行が蛇行する。
　・常に前かがみで不器用な歩き方をする。
　・洋服をうまく着られない。茶碗や箸がうまく持てない。食事をこぼす。

- 正座ができない。
- 部屋を片付けられない。

(4) 感覚過敏
- 喉ごしのよい食べ物を好む。
- 衣類に着られないものがある。
- 外出すると日光がまぶしいと訴える。

　こうした特徴から筆者はＧ男が自閉症圏の子どもであると推測した。また，対人トラブルを頻発させていることから，「安全で安心感のある環境」を保障すると共に，特に見通しのある構造化された生活環境づくりに取組む必要性が感じられた。
　その後，児相および学校とのケース会議を開き，「登校刺激は控えてほしい」という児相の要望を踏まえて，当面は行動観察を続けながら安定を図ることを優先し，在宅指導とすることで合意した。
　同居少年からはＧ男の夢中遊行がたびたびあること，Ｇ男自身もホームでの生活が安定してくるにつれて，「知らないおじさんが頭の中でいつも話しかけてくる」などと語り，また，緊張する場面では立ったまま眠るなどの行動が観察され，筆者は幻聴ないし解離症状の疑いを深めた。
　このように行動や意識に解離の問題が広範に観察されるところから，子ども版解離評価表（ＣＤＣ，Version 3.0　Frank W. Putnam　日本語版　富田，富永，森訳）による評価を行ったところ，Ｇ男の解離評価表での得点は27点であり，かなり深刻と思われた。実際，Ｇ男には抑うつ状態のときと極めてハイテンションなときが観察され，意識状態の非連続性が感じられた。
　また，Ｇ男の感覚過敏をはじめとする問題は運動場面では次のような形で現れた。
- バスケットボールのゲームに臨んだＧ男には，体育館を走り回る級友の足音がやかましく感じられる（聴覚過敏）。
- 天井のライトがまばゆくて仕方がない（視覚過敏）。
- リーダーの少年から「受け取ったボールをＴ男に返したら左に回りこめ」と指示を受けるが，Ｔ男がだれだか顔が分からない（相貌失認）。

・ゲームが始まっても，観客の声とプレーヤーの声が一体となって聞き取れないうちに，不器用なため，突然飛んできたボールを捕りそこなう（発達性協調運動障害）。

・他のプレーヤーと床を転がる球を取り合って身体が接触すると，飛び上がるほど痛く感じたのか，思わず相手を突き飛ばしてしまう（触覚過敏）。

2）G男への指導方針と展開

G男の障害特性に沿って，本ホームの「実践方針」に基づき，以下のような方針を立てた。

(1) 安全の保障とモデルの提示による自己コントロール力の回復

① 「安全の保障」：安全で安心感のある環境を保障する。

② 「モデルの提示」：筆者夫婦をモデリングさせ，具体的な行動や生活のスキルを学習させる。

③ 「視覚的提示」：明示的なルールと日課を視覚的に提示し見通しを与える。

④ 「強みの利用」：強みと興味を利用してホーム内での仕事役割を与える。

⑤ 「行動の修正」：評価を目に見えるかたちで示し，行動の修正をはかる。

(2) ホーム内の相互交流の促進による社会性の向上

① 「相互交流の促進」：ホーム内で役割を与え，自己肯定感と社会性を醸成する。

② 「疎通性の向上」：双方向の会話を通じて疎通性を高める。

第1フェーズ　安全の保障とモデルの提示（14歳6カ月～14歳9カ月）

安全な生活の保障

G男はこれまで安全感のない養育環境に置かれてきただけに，まず，G男に食事や睡眠はもちろん，安全で安心感のある生活を提供し，併せて24時間の生活全体を通じて一貫した基準で関わり続け，対象恒常性のある暮らしを保障するよう努めた。

発達障害に対する配慮

G男は協応運動が苦手なことからリズム体操に取組ませた。また，背筋力な

どが弱いために身体を一定の姿勢に維持することができずに，まっすぐ立っていることが困難であったり，食事中に身体が傾いてしまうことが観察されたために，ウェイトトレーニングや腕立て伏せ，腹筋運動などに取組ませた。

また，G男が混乱しないように，談笑などの団らんをする部屋，指導する部屋などを機能に従って区別するなど，「物理的な構造化」と視覚的な提示を中心とする「構造化された指導」を行ったところ，G男はそのような環境に順調に適応するようになった。

G男は学校で不適応になって以後，昼夜逆転の生活を送り，自宅では「2,3時間寝て，起きたらビスケットを2,3枚食べる」といった不規則な生活を送っていたが，本ホームに入所後は以来決められた日課を順守するようになった。

しかし，G男は部屋の片付けなどを指示されても，どのように手をつけてよいかわからないようであった。そこで，補助者をつけて言葉かけを行いながら実行させると共に，引き出しに張り紙やマークをつけて，その理解を促した。このような視覚的情報提示とホーム内の少年たちによるサポートを重視し，G男の抱える困難さに配慮した指導を図った。

また，本ホームではトークンエコノミーを利用して，問題行動などあれば改善表，自発的な推奨行為には善行表にマーキングを行い，その結果を小遣いの査定に反映させる取組みをしていることは既に紹介したが，F男と同様，G男もこの方法によって自らの行動の修正を行い，少年たちの推薦による「努力賞」を毎月受賞した。

G男は場の空気を読みとったり，人のことばの背後にある意図やニュアンスを誤解する傾向があることから，筆者らが適宜介入して周囲の人々のことばを通訳してみせた。

G男はホームの入所少年の多くが虐待的な環境で育ち，発達障害を有し，その二次障害から非行や精神医学的症状を出して入所した経緯を知るにつれて，「ぼくって『普通』なんですね」と語り，大勢の人の前ではともかく，筆者夫婦に対しては「当意即妙」のユーモアにあふれた会話を行うようになってきた。

第2フェーズ　ホーム内の相互交流の促進と自らの体験の言語化：(14歳10カ月〜15歳11カ月)

　G男はホーム内では筆者夫婦には極めて安定した関わりを持ち始め，明朗な声が出てきて顔つきも明るくなった。

　散乱する部屋を見て，筆者が「ゴミ箱のようだなぁー」とため息交じりに感想を述べると，G男は「ゴミ箱のほうがキレイですよ」と返してきた。また，取材に訪れた新聞記者に「今日は100点だった。5教科合計だけどね」といった即妙のユーモアにあふれた会話をみせた。1週間以上滞在し，子どもたちにケーキを持参してじっくりつきあう姿勢をみせた取材記者にG男がみせた一面であった。

　また，筆者夫婦に対しても愛着を示し，ユーモアあふれる会話を繰り広げ，妻は「入所少年の中で，もっともかわいい」と感想を述べていた。

　G男は不特定多数の人のなかに入っていく場合には心理的な混乱を見せるが，本ホームの構造化された環境と安定した人間関係ではウィットに富んだ会話をすることができるようになっていった。こうしたことから，G男のこれまでの家庭や学校での様子を尋ねたところ，G男は家庭での母親との葛藤や学校でのトラブルを語り，自己の内面の傷つきを表現するようになった。

　このようにして，G男は母親との葛藤に満ちた生活から離れ，思春期の青少年の自治活動に基盤をおいた本ホームの生活に比較的早期に溶け込んだ。とくに，「ゲーム王」と他の少年に呼ばれるように，ＴＶゲームには才能をみせ，ホームの少年たちとゲームしたり，カラオケに行くなど，他の少年達と交流する場面も増えてきた。

　G男は，これまでのウェイトトレーニングやリズム体操に加え，ランニングやごみ拾いなどにも積極的に取組んでいった。こうした身体の基礎的な訓練を通じて身体能力も向上し，G男自身のボディイメージも変化したことから，G男の表情にも自信が伺えるようになった。

　こうしたホーム内での指導の一方で，夏休み公演のミュージカルショー出演のために月1回の1泊2日の合宿への参加を促したところ，当初は抵抗を見せたが，重ねて勧めると参加を承諾し，毎月参加した。そして，7月末に1週間のミュージカル公演を無事に終えることができた。そこで，9月1日の新学期

からの中学校登校を目標とすることにした。

学校復帰への挑戦

このようにG男が本ホームの生活にすっかり適応したことをうけて，筆者はG男に中学校への登校を提案した。G男は当初抵抗を示したが，初日は校長への挨拶，2日目は養護教諭との面談，3日目は30分間の学校滞在とスモールステップで取組みを進めた。

しかし，保健室には，保健室登校の生徒が常時数名おり，また，他の生徒の出入りも多いためにG男は落ち着かず，また学校内の連携が十分でなかったために養護教諭とのトラブルを起こした。このことから，生徒指導室での個別学習にフレンドリー教員が専従でつき，生徒指導部の数名の教師が補佐するというチーム対応をとり，在校時間も1時間，2時間，3時間と延び，やがて午前中は滞在できるようになった。

しかし，この時期，極めて非行性の進んだ少年たち（その後初等少年院に1名，特別少年院に2名が措置された）がホームに入所しており，そうした少年たちから継続的な暴力を受けていたことがわかった。それは，9月1日から一緒に登校を開始した同級生のJ男に対して，「（非行少年である）おまえなんか友達でない」と言い放った発言が引き金となっていた。

最終的には別の同居少年が刃物を持ち出してG男を威嚇し，G男を殴って鼻骨骨折のケガを負わせ，暴力をやめるようにという筆者の指導にも従わないことから，家庭裁判所などの処遇機関に通告し，家裁からの補導委託少年たちを引き上げる措置をとってもらった。

その間，G男は児相の一時保護所に避難させていたが，加害少年のうち，E男が少年院を出院したばかりであったため，保護観察官訓戒で終わったことに怒りを爆発させ，「加害行為を行ったものが処罰されないのは許せない」とホームへの帰所を拒否した。そこで，一時保護所に赴き，G男にこれまで筆者が取った行動を説明すると，「自分のためにそこまで動いてくれていたのなら帰る」とG男は返事をした。

その一方で，加害少年を事情聴取した際に，G男自身もストレスのたまったときに年少のH男を便所に連れ込んで殴る行為をしていたことがわかった。こ

のために，G男自身の被害体験に照らしながら，加害行為についての反省を促した。

さらに，アスペルガー障害のF男（19歳）が「秘密の共有」をしなかったため，G男がキレて1時間にわたって殴りつける事件が起きた。止めに入ったB男（21歳）は，「G男は完全に目が違っていて，キレていた。全力で止めたが，力が強くて阻止できなかった」とその状況を語った。このため，G男に対しては真摯な謝罪をするように働きかけ，F男に対する謝罪の場を持ち，F男の被害に対する弁済を行わせたところ，F男自身も「うかつな発言をした自分にも責任がある」と語り，両者は和解した。

学校での指導と並行して，高校受験のために中学1年の数学を教えたが，例題は解けてもその応用が効かず，「般化」に極めて困難さを抱えていることがわかった。しかし，その一方で，わずか2カ月の指導で中学1年と2年の英語の課程を終えるなど，記憶力のよさも見せた。そして，G男は与えられた課題に真面目に取組み，高校入試に合格した。

学校でも特別な配慮で生徒指導室が改造され，個室が与えられ，生徒指導部長やフレンドリー教員には比較的安定したかかわりが可能になったが，卒業式への出席を促されると混乱して不登校状態になり，また，登校した時に校門に級友がいると引き返すなど，著しく回避する場面があった。G男は全体の卒業式が行われた日の午後，校長室で正装した20人の教師が見守る中で卒業証書を受け取った。

第3フェーズ　社会的自立に向けての支援（16歳～17歳2カ月）

G男の将来の職業的自立への準備として，発達障害支援法に伴う精神保健福祉手帳取得のメリットを説明すると，G男はただちに療育センターと精神科クリニックの6カ月間の受診に同意した。療育センターでは，筆者が提供した行動観察に基づく情報提供を手がかりに，心理士が問診と各種心理検査を，作業療法士が作業療法評価（協応運動，姿勢保持能力，書字）を，そして，言語聴覚士が言語評価（言語学習能力検査―ＩＴＰＡ，読書力検査―小学校高学年用）を行い，小児科医が診察した。診断は高機能自閉症であった（ＷＩＳＣ－Ⅲ，言語性ＩＱ90，動作性ＩＱ79，全検査ＩＱ83）。

G男には幻聴や夢中遊行，解離症状などの精神医学的問題も伴った自閉症の障害があることを母親に丁寧に説明すると，「それでよくわかりました。じつは，私自身も学生時代に社会科は成績優秀であるにもかかわらず，数学は１ケタの成績でした。それにG男の幼少時代のエピソードについて，私にそっくりと祖母から言われていました。ただ，G男は片づけができないのとは反対に，私は部屋の隅のゴミが目に付くところがありました」と抑うつ症状を抱える母親自身にもG男と同様の問題があることを話し，その上でこれまでのG男の行動に理解が至ったと語った。

　そして４月以降，G男は高校に通学して普通学級で学び，多くの友人もできた。こうした経過を母親も喜び，G男も週末や長期休暇のたびに帰省をして，交流を行っていた。

　こうしたことから，母親は再度子どもと生活をしたいと望み，またG男もそれを望んだ。これに対して筆者は時期尚早であるという意見を述べたが，G男は夏休み明けに母親宅へ戻って行った。

　この後，G男は就労し，アルバイトをしながら学校にも通学をしていることが児相より報告され，適応をみせたかのようであった。ところが，半年を経過した頃からG男の母親への暴力が再発し，就労先の作業員と殴りあって退職した。

　また授業中に注意を受けたことを同級生から下校中に指摘されるや，学校に舞い戻って職員室にいた当の教師に殴りかかり，自主退学になった。

　こうしたことから，再び児相が介入し，G男は父親宅に引き取られ，その後再び母親宅で生活するようになったが，引きこもりの状態が続き，社会との交流はないままである。本ホームでは児相を通じてG男の再入所を働きかけている。

3．考察

1）G男の問題をどのように捉えるのか

　不登校や引きこもり，学校現場での「キレル」現象の背景に，発達障害の問題が存在する場合があることが指摘されているが，そうした具体例をG男の

ケースに見ることができる。「他人のケンカに割って入って殴る」行為や学校への拒絶反応，教師一般に対する反感は，G男の場合には障害特性からくるものであったと考えられる。

　ちなみに，児相からの委託時においては，「登校刺激を控えてほしい」という要望以外に，児相からはG男の障害に関しては何らの情報提供もなかった。しかし，筆者は入所当初の行動観察で自閉症圏の少年ではないかという疑いを強め，母親に幼少時のエピソードを尋ねてみると，2歳の頃から母親の手を離して勝手に走っていくなど，多動傾向や分離不安の欠如があったことがわかった。また，その後の家庭での母親とのトラブルや少年補導センターでの他児や職員へ暴力などのエピソードなどからも，G男が自閉症圏の少年であることを入所後の早い段階で推測することが可能であった。これは，それ以前のF男への取組みを通じて，広汎性発達障害の少年たちへの理解が本ホームにあったことが大きいといえよう。

　G男の障害特性を整理すると，G男は感覚過敏，協応運動や般化・概念の統合など，様々な問題を抱えていた。特に，G男のコミュニケーションの障害，情報処理・感覚過敏，対人関係の障害，想像力の困難さは重篤であった。とりわけ，G男は1対1の場面での疎通性のよさに比べて，集団の場面でのコミュニケーションには大きな困難さを抱えていた。

　G男は入所当時，夢中遊行などの行動が観察され，幻聴を訴えるなど，記憶や意識の不連続性をかかえていた。この点で，杉山の指摘する統合失調症様状態，解離性障害を合併していたのではないかと考えている。やがて幻聴の訴えはなくなったものの，解離の問題についてはその後も課題として残された。

　また，自閉症圏の子どもの感覚過敏の問題は決して等閑にできない問題であり，G男の場合でも，他の子どもが肩に手をやっただけで相手の頬をたたく反応をしてしまっており，こうした反応が学校などでのトラブルになっていたと考えられる。

　しかし，その一方で，G男は2カ月間で2学年分の英語の課程を終えており，G男の記憶力には驚かされるものがあった。こうした特性はテンプル・グランディンの「Thinking in Pictures」や映画「レインマン」のモデルになったサヴァン症候群のレイモンドを連想させるものがあり，頭のなかのカメラで撮影した

のではないかとさえ思われた。

　G男をめぐっては，父親や児相関係者が尽力してきたことは記録からもうかがえた。しかし，G男の障害特性に沿った支援，すなわちG男の「困り感」がどこから来るのかを理解した上での支援がなされた形跡はみられない。つまり，自閉症の一次障害に対する適切な対応がなされなかったために，G男の被害的認知の固定化という二次障害が深刻化していったように思われた。たとえば，過去の学校や家庭でのトラブルで体験した不快な感情が蓄積，貯蔵されていったことが周囲の他者に対するG男の被害的な認知と行動化につながり，同級生や教師に対する過剰な攻撃性や回避行動につながっていたと考えられる。

　そんなG男が本ホームを見学したその日に入所希望を口にしたのは，ホームに同様の発達障害を抱えた少年たちが伸びやかに生活する姿を目の当たりにしたこと，そうした自閉圏の少年たちが生活しやすい物理的な環境が整えられていたためであろう。すなわち，本ホームでは，F男への支援を通じて「生活の構造化」の取組みを進めていたために，G男も早期にホームの生活に適応することができたのではないかと考えている。

　ところで，F男やG男のように，その障害に気づかれず，適切な支援が受けられなかった少年の場合，学校のルールが理解できずに様々な問題を頻発させたり，ファンタジーへの没頭を抱えるようになることが指摘されている（杉山・2003a）。

　実際，F男やG男は長時間の緊張が強いられる場面では立ったまま眠るという「類催眠状態」（hypnoid state）に陥ることがあった。こうした状態像は心的外傷を負った子どもの病的解離の場面でも同様に観察されるものであろう。

　杉山は，高機能広汎性発達障害の子どもたちは小学校高学年になると，それまでの我関せず然とした態度から一転して，ささいな働きかけを被害的に受け取るようになるとしている。

　また，小学校低学年ではいじめを受けても比較的無関心なものも少なくないが，「心の理論」を獲得し，他者の心理を読むことがある程度可能になる高学年になると，今度はタイムスリップ現象によって，ささいなきっかけで昔の不快場面のフラッシュバックが生じ，大騒ぎを繰り返すようになったり，周囲の大人が脅威を感じるような暴力的噴出を伴う発作的興奮を繰り返すものが存在

することを杉山は指摘している（杉山・2005ａ・P11）。

　Ｇ男が高校退学の原因となった事件では，教室で注意されたことを放課後一緒に下校していた友人に指摘されるや，Ｇ男は不快な感情がフラッシュバックして職員室に戻って教師に殴りかかっているが，これは自閉症圏の子どもに多くみられる「タイムスリップ現象」が原因であったと推測される。その意味では，Ｇ男のパニックや他児への暴力も発達障害に対する不適切な対応による二次障害の問題として理解する必要があったと考えられる。

2）発達障害の家族集積性と母親の抱える問題

　それと同時に，Ｇ男に関しては本人の問題だけでなく，母親の抱える問題についても言及する必要があるであろう。片づけを指示しても，どのように片づけていいのか分からないＧ男に対して母親は包丁を突きつけて脅し，それが高じてお互いに植木鉢やテレビを投げ合い，最後には母親は自殺企図を繰り返し，近所の通報でパトカーが出動することもあった。

　本ホーム入所時の態度でも明らかなように，母親のＧ男に対する愛情は疑い得ないものである。しかし，Ｇ男のために頑張っているにもかかわらず，Ｇ男の母親はＧ男との相互的な会話が困難であり，愛情はあっても不適切な形でしか関わっていけないという母親の対人関係スキルのまずさがＧ男を一層混乱させ，不穏な状態にしていったことは容易に推測された。

　このように，Ｇ男の母親は，しつけの一環としてすぐに包丁を持ち出してしまい，その行動がかえってＧ男を混乱させているにもかかわらず，その行動を修正していくことが困難であったところに，母親の抱える発達上の問題が現れていたと考えられる。

　ちなみに，発達障害には家族集積性の問題がしばしばあることも指摘されている。

　杉山（2005c）は，親子とも広汎性発達障害の事例において，母親が広汎性発達障害である場合には，父親がそうである場合よりも複雑な問題を抱える例が多いこと，ネグレクトなどの問題が生じやすく，虐待のハイリスクとなることを指摘している。

　また，触法行為を起こしたグループで虐待の既往のある者の中には，このパ

ターン（すなわち，母子に広汎性発達障害の問題が見られる）が一部に認められ，虐待には至らない場合でも，母親が学校や保育園と良好な協力関係が築くことが著しく困難であるため，子どもを支える周囲の環境を整えることに大きな困難が生じてしまうと述べ，そのような事例では，積極的な親子並行治療が有効であることを指摘している。

　従ってG男の事例の場合でも，母親の抱えるコミュニケーションの障害や子育ての困難さを十分に理解した上で，我が子への適切な関わりのあり方を一緒に考えていくような積極的な支援が必要不可欠であり，そのような社会的支援を行う体制がない状況での家庭復帰にはやはり大きな問題があったと考えられる。

3）G男に対する治療教育的実践

　ここでは，G男に対する治療教育的実践を，本研究で提起した3つのフェーズに即して整理してみたい。

〔第1フェーズ〕　安全の保障とモデルの提示，構造化された指導

　筆者はG男に対しては入所当初，安全の保障とモデルの提示による自己コントロール力の回復を指導方針にした。これは，G男は母親と包丁を持って対峙したり，自殺企図が続くなど，安全感の奪われた生活を送っていただけに，G男にとって「安全で安心感のある環境を保障する」ことが何よりも優先されると考えたからである。

　また，母親自身の障害や激しい家族内葛藤の問題とも相俟って，G男には安定した環境の中で自己の行動様式や考え方を学び，取り込んでいくモデルが不在であったこともG男の混乱の原因であると考えて，筆者夫婦をモデリングさせ，具体的な行動や生活のスキルを学習させる「モデルの提示」に心がけた。

　それと同時に，G男の障害特性に配慮した「視覚的提示」（明示的なルールと日課を視覚的に提示して見通しを与える）や「強みの利用」（強みと興味を利用してホーム内での仕事，役割を与える），「行動の修正」（評価を目に見えるかたちで示して行動の修正をはかる）を柱に取組んだが，様々な困難を抱えるG男にとって，この取組みは極めて有効であった。

〔第2フェーズ〕　ホーム内の相互交流の促進による社会性の獲得への支援

　G男がホーム内の生活に安定してくると，筆者は，ホーム内での相互交流の促進（ホーム内で役割を与え，自己肯定感と社会性を醸成する）や「疎通性の向上」（双方向の会話を通じて疎通性を高める）を柱とした取組みを進めた。

　G男は，母親との息詰まるような毎日から離れ，本ホームの自律的な自治活動に伸びやかに参加し，同居少年の推薦で毎月「努力賞」を獲得するなど成果をみせていった。

　しかしその一方で，同時期に登校を始めた非行少年に向かって，「おまえなんか友達じゃない」という発言に典型的にみられるように，相手の気持ちを読み取れずに発言して周囲とのトラブルを引き起こしてしまうという問題も依然としてみられ，G男には周囲の継続的な支援が必要であることも痛感させられた。

　ちなみに，入所当初，F男がG男をみて，「同じにおいがする」と言って同室を求めたが，まったく整理整頓ができないG男に辟易して，F男は1カ月後には解除したことをみるとき，自閉症圏の少年への支援には共通した部分があるとともに，個々の少年の発達特性に合わせた理解と個別の支援計画が求められていることも示唆されたといえよう。

学校との連携

　本ホームでの視覚的提示を中心とした「構造化された指導」の取組みの成果もあり，やがてG男は不登校を続けていた中学に通学するようになった。

　また，入学した中学校でも，児相関係者も同席したケース会議などを通じた筆者の情報提供を受けて，G男に対して個室の提供や個別学習，スモールステップでの学習の取組みが行われた。このようなホームと学校との連携によってG男は学習への自信を少しずつ深め，中学校卒業後，高校へと進学，さらには，就労するまでに至った。

　このように，ホームと学校との両者が連携し，G男に対する一貫性と継続性を確保した指導を行ったことはG男に対する支援として極めて有効であった。援助の現場では関係機関同士の連携，協同の重要性がしばしば指摘されるが，その意味でも，本事例は関係者や関係機関の連携と特別支援教育の在り方を考

〔第3フェーズ〕 社会的自立に向けての到達点と課題

　しかし，高校入学後，しばらくしてG男が母親宅へと帰住して以降の出来事をふりかえると，杉山の指摘のように，発達障害は生涯を通じた支援を必要とするものであることをあらためて痛感させられる。G男はホームの「構造化された環境」から離れた後，家庭や職場，学校といった様々な対人関係の中で暴力行為を再発させ，最終的には引きこもりの状態に至ってしまった。やはり，G男がホームを退所して自宅に帰住する際には，G男を取り巻く「環境の構造化」，とりわけ母親への支援に取組むべきであったし，その取組みが十分になされない段階ではG男の帰住には慎重であるべきであったと言わざるを得ないであろう。

　また，今回の高校で起きたトラブルに関しても，特別支援教育の観点に立ってG男の障害特性についての理解があれば，ただちに退学という対応にはならなかったと考えられる。

　筆者は引き続きG男に関与する用意があることを高校側には伝えていたが，事態の進行中には情報が入ってこなかったために，筆者から学校関係者への働きかけができなかった点も非常に残念な点であった。

　G男親子の持つ生きづらさや対人関係の障害を考えるとき，周囲の継続的な支援がない状況での社会参加はやはり困難である。それだけに，G男親子の生活能力や対人関係のスキルを高めるための援助を根気よく続けると共に，社会全体がG男と母親のような自閉症児・者を受け入れ，G男親子が生きやすいような社会的サポートネットワークを構築していくことが社会に課せられた課題であると考えられる。

補　注

30　その他の解離症状とは，解離性昏迷，解離性運動障害，解離性知覚麻痺，解離性幻覚，解離性幻聴，解離性転換性障害（転換性症状として，解離性失声や失明・解離性知覚麻痺を含むこともある）。

31　杉山（2004，2007d）は，「とりわけ重症の解離には過覚醒による多動性行動障

害がしばしば見られ，この一見無関係な両者には実は治療という側面から見たとき深い関係があり，解離の存在は意識の不連続をもたらすという点で，被虐待児の治療を困難にする大きな要因となる」「子ども虐待の治療は解離性障害の医療と言ってよいほど，両者は密接に絡み合っている」と指摘している。

32　トークンエコノミー法とは，適切な反応に対してトークン（代用貨幣）という報酬を与え，目的行動の生起頻度を高める行動療法の技法である。トークンは，一定量に達すると特定物品との交換や特定の活動が許されるという二次的強化の機能を果たす。適用にあたっては，事前にクライエントとトークンと代替する物品・活動の取り決めをすることが重要である。この技法は，強化子に飽きにくく，場所を選ばずに強化できる，強化が遅れないなどの点で効果的であるとされている。

33　約束違反がある場合，一定時間権利を停止し，部屋の角など決まった場所に座らせてそこで静かに反省させる方法。

34　福島（2003）は脳の形態学的検査で見られる異常所見の分類における脳の形成異常（anomaly）としてくも膜のう胞をあげ，犯罪者の脳には微細な異常所見が一般人口中よりも高率に見られるとしている。同様に風祭（1998）は通常の臨床実地では診療の対象にならないが，犯罪精神医学的意義を主張する人もいるので，記載して鑑定人の意見を付記するのがいいと述べているが，現時点では直接の因果関係を示すものとはいえないと思われる。

35　心理判定後に児相が発行した処遇意見書は概略次のようなものであった。当日は１人で来所したためか緊張もあり，表情が硬く変化に乏しい。また，声も抑揚が少なく淡々と話す。難しい抽象語を使うが，生活実感を伴っていない。今後の生活についても，「仕事探しより自分自身を鍛え直すことが先決」「平穏であればいい」「普通の生活であればいい」といった具合で，細かく聞いていても具体的なビジョンは出てこない。

36　英国バロン・コーエン（Baron-Cohen）が開発したアスペルガー障害スクリーニングテストで，正常知能ＰＤＤを対象としたものである。当日にＦ男が述べた，周囲と違和感を持つ＜エピソード＞は以下のようなものである。

・掃除をしていて，昨日なかった汚れに気が付く。
・人の中にいると緊張する。同年齢及び年下の人は苦手である。年上の人がよい。
・今の若い人たちの文化にはついていけない（文化とは，服装とか音楽等）。
・自分の毒舌によって他人は傷つくらしい。
・同居の子どもの言動によって，パニックになることがある。

37　角山はＩＴＰＡ（言語認知能力発達検査）を通じて，ＬＤ症例とアスペルガー障害の症例を検討し，言語性ＬＤは「視覚―運動回路」が「聴覚―音声回路」に比べて優位に働くが，非言語性ＬＤの場合は逆に「聴覚―音声回路」のほうが「視覚―

運動回路」よりも優位に働き，アスペルガー障害は非言語性ＬＤ（ＮＬＤ）に準じたプロフィールを見せるのでないかという仮説も不可能でないと指摘している。ＮＬＤとアスペルガー障害のノソロジー（nosology）上の類似性については，キャサリン・スチュワート（Kathryn Stewart）や榊原洋一の著書に詳しい。

38 小林隆児はアスペルガー障害の抱く妄想に関して，アスペルガー障害の対人的態度には強い被害的な構えがあり，その妄想には非現実性と訂正不能性があると指摘している。これは杉山（「特別支援教育のための精神・神経医学」Ｐ86－91参照）が指摘するところのアスペルガー障害にとって体験がいつまでたってもその生々しさが失われないことによってトラウマ化しやすい（タイムスリップ現象）ことと極度の安心感のなさから来ていると小林は述べている。

39 パトナムは切り替わり（スイッチ）行動を，パニック発作など精神疾患に共通なものとして指摘している。多くの場合，解離性切り替わりは眼球上転あるいは頻繁なまばたきと連合するとしている（Ｐ115）。なお，昨今ＰＴＳＤの治療方法として注目されているＥＭＤＲが眼球運動による脱感作と再処理方法であることは興味深い。詳細は飛鳥井（2006）参照のこと。

まとめと今後の課題

1. 本研究の概要

　本研究の主要な目的は，社会内処遇の場でも矯正教育の場でも大きな問題となっている深刻な発達上の課題を持つ少年について，その治療的・教育的援助の課題を整理しつつ，ファミリーホームでの取組みの意義と実践方法を明らかにすることであった。

　本研究の第Ⅰ部第1章では，深刻な発達上の課題を抱える少年の問題を，1．児童虐待，長期にわたる反復的なトラウマ体験が心身の発達に及ぼす影響と，それが激しい問題行動や非行・犯罪に移行していくメカニズム，2．発達障害（ここでは，広汎性発達障害とADHDに焦点を当てた）の問題と，発達障害に対する周囲の不適切な対応によって生じる二次障害としての激しい問題行動や少年犯罪の問題，の大きくは2つの観点から整理した。

　被虐待児は長期反復的な心的外傷によって，また，発達障害児も生得的，器質的な障害によってメタ認知能力（実行機能・中枢統合機能）に脆弱性をもっており，そのために，被虐待児，発達障害児ともに自己モニターと自己コントロールに課題を持つという点で共通している。従って，治療・教育実践においてもこのメタ認知能力の脆弱性の問題に視点を当てていくことが重要であることが先行研究からも示唆された。

　続く，第2章ではこのような深刻な発達上の課題を抱える青少年の治療・教育的援助の課題と方法を先行知見に基づいて整理した。とりあげた先行研究は以下の通りである。

① パトナムの解離性障害に対する治療モデル

　パトナムは対象恒常性のない生活世界を生きてきた少年たちにとっては，援助者が認知，感情，行動に関する恒常性を維持すること自体が少年たちに連続性と一貫性を与えるメタ認知的介入につながるとし，「子どもに関して，治療的努力の焦点は，支持的な家庭，あるいは養育の場を創り出すことにある。それが子どもたちに気分と行動状態を調整し，衝動性を抑制する学習を助け，子どもの行動と期待に対しては首尾一貫した態度と支持的フィードバックを十分に供給することになるのである」としている。

② ハーマンの心的外傷からの回復に関する治療モデル

ハーマンは心的外傷からの回復の過程を，①安全な世界，②想起と服喪追悼，③再結合，の3つのプロセスとして整理している。

ハーマンがまず強調しているのが，「安全な世界」の確保である。ハーマンは，回復の治療作業が成功するかどうかは，ひとえに「安全の確立」にかかっていると述べている。

「想起と服喪追悼」の段階は，被害者が，ここで話しても傷つけられることはないという安全感を前提に外傷体験を再構成して語り，これによって外傷性記憶を変形し，ライフストーリーに統合する段階である。

そして，最後の「再結合」の段階は，被害者がもう一度社会的なつながりを取り戻していく段階であり，ハーマンは，心的外傷体験の核心が「孤立」と「無縁」であるなら，回復の核心は「有力化」と「再結合」にあると述べている。

③ ショプラーらの自閉障害児・者に対する構造化された指導プログラム

ショプラーは自閉症児・者のこだわりや強み，関心を利用したワークシステムやルーティン，彼らが一般に視覚的な強みを持っていることを生かした視覚的提示などの「構造化された指導」を提起している。ショプラーは，この「構造化された指導」によって新しいスキルの学習を進めるばかりでなく，その自立度や自尊感情を高め，混乱・不安・刺激過多から生じる問題行動を減らすことも可能であると述べている。

④ 加害者性と被害者性の統一と修復的司法

藤岡らは加害者となった少年たちの多くは児童虐待などの被害体験を有していることを明らかにし，少年たち自身に自らの加害者の相をしっかりと認識させた後に少年の被害者性の相を取り扱い，被害者性と加害者性の統一を進めていくことが重要であるとしている。

また，加害行為に対して刑罰を科す応報的な対応ではなく，関係者が一堂に会し，加害者の真摯な謝罪と被害者との和解を進めていく修復的司法の取組みが今日，注目されている。

本ホームではこれらの先行研究の知見を本ホームの治療・教育実践の理論的な基盤として取り込んできた。

さらに第3章では，日本において，深刻な発達上の課題を抱える青少年の社会的自立を支援する治療・教育を進めてきた先行実践として以下の3つを概観し，考察した。

① 児童養護施設における「システム形成型アプローチ」（田嶌・2008 他）

田嶌は児童養護施設において，年少児の目線に立った「安心で安全な生活」は切実なニーズであるとし，施設をあげて，暴力の根絶の取組みを進め，暴力が発見された段階での即応体制を整えておくことの重要性を指摘している。その上で田嶌は「個と集団」という視点からのアプローチである包括的なシステム＝「システム形成型アプローチ」である安全委員会方式を提案している。

② 国立武蔵野学院（富田・2006 他）

富田は，発達障害を有しない少年への支援に対しても「視覚的構造化」をはじめとした取組みが有効であるとし，メタ認知の脆弱性という点では共通の課題を有している被虐待児，発達障害児，非行児にはある程度，共通の実践の枠組みで対処することが可能であるとし，児童自立支援施設における「処遇のユニバーサルデザイン化」の取組みを進めている。

③ 宇治少年院（向井・2003 他）

向井は非行の背後には虐待や発達障害の問題が存在することが少なくないことを明らかにし，少年たちの社会適応能力に応じた教育環境モデルの「構造化」を行った。この構造化とは少年院における「新入期」（約2カ月），「中間期」（約6カ月），「出院準備期」（約3カ月）という段階処遇制度における各教育課程を「統制（controlling）」「参加（participatory）」「自治・委任（entrusting）」の段階と位置づけ，少年院の指導を統制主義的な集団管理から合意主義的な集団指導へと発展させようとするものである。

これらの先行研究や先行実践を踏まえて，深刻な発達上の課題を抱える青少

年が社会的自立を果たしていくために求められる治療・教育実践の課題を以下のように整理した。

① 安全でかつ強固な限界設定をもった構造化された生活環境の保障
② 視覚的構造化とそれに基づく指導
③ 社会の中で生きていくために必要不可欠な生活スキルの学習とモデリング
④ 集団内での相互作用や自治活動による社会的スキルの獲得
⑤ 自分の体験とそれに伴う感情の言語化と修復的司法の取組み
⑥ 自己形成モデルの取り込みを通じた社会的スキルの学習
⑦ 社会的自立を支援するための就労と家族生活への支援

続く，第Ⅱ部では，筆者が運営するファミリーホーム（土井ホーム）の概要，その実践の歴史的な変遷過程，ホーム入所少年の処遇効果，そして，実践事例の分析を行い，第Ⅰ部で整理した実践課題を実践的に検証していくことを試みた。

第1章では，まず1節で，土井ホームに入所する青少年の特徴（年長少年の多さ，在籍期間の短さなど）を他のファミリーホームとの比較検討も踏まえて整理した。

続く2節では，本ホームの歴史的経緯と実践方針の変遷過程を5期に分けて整理した。

「子どもの権利に関する条約」の第20条にもあるように，「家族的環境」(family environment) を奪われた少年には「代替的家族ケア」を通じて，安全で安心感のある環境を提供することは社会の責任である。本ホームでは，従来から「代替的な家族ケア」を保障し，そのなかで生活スキルの獲得や基本的信頼感を培う機会を毎日の生活の中で創造する取組みを進めてきた。しかし，2000年頃から本ホームに入所してきた少年の多くは，児童虐待や発達障害など，2重，3重の困難を伴う深刻な発達上の課題をかかえ，激しい逸脱行動や精神症状をみせたために，その支援は困難を極めた。

こうしたことから，入所する少年の抱える深刻な発達上の課題を踏まえた，本ホームにおける実践方針の構築が喫緊の課題となり，第Ⅰ部で取り上げたよ

うな理論と日々の実践から学びつつ，本ホームでの実践方針を発展させてきた。

そのような発展過程を踏まえつつ，3節では，現段階における本グループホームの実践方針を紹介した。現段階での本ホームの実践方針は以下の通りである。

第1フェーズ
1）代替的な家族的ケアおよび安全な場の保障と強固な境界の設定
2）生活場面での生活スキルの獲得（モデリング）
3）視覚的提示を中心とした生活空間の治療・教育的な構造化

第2フェーズ
1）自己の体験やそれに伴う感情の言語化
2）ホーム内の相互交流の促進
3）自治活動を通じての社会参加のスキルの向上
4）修復的司法による被害者性と加害者性の統一の取組み

第3フェーズ
1）社会的自立に向けての継続的な拠り所・居場所の保障
2）多様な社会参加の体験を通じた自己形成モデルの取り込みの機会の保障
3）発達障害の子どもに対しての職業的自立支援

第2章では本ホームに入所した17人の少年の類型別，入所理由別の処遇効果について考察した。17人のうち10人については処遇効果良好と判断し，2人については処遇効果普通，5人を処遇効果不良と判断した。

類型別の処遇効果では，被虐待のみのグループ，虐待と知的障害が重複したグループと比較して，虐待と発達障害の二次障害が重複したグループが最も処遇困難であることが示唆された。また，入所理由別の処遇効果については，代替的家族ケアや中間施設としての入所群に比較して，補導委託による成績の低さが際立っている。

この分析を通じて，成人年齢に近い年長少年で非行性が著しく進行している少年については良好な処遇効果は得られず，本ホームでの対応は困難であることが明らかになった。

第3章では，この17事例のうち，①比較的長期にわたって本ホームに在籍し，

本ホームでの処遇効果を実証的に検討できること，②少年の抱える深刻な発達上の課題のタイプが異なること，などを考慮して6事例を抽出し，実践研究として考察した。

この深刻な発達上の課題を持つ少年たちは，大きくは3つのタイプに分類される。

① 被虐待児の受け入れに伴って，治療的専門里親として実践を進めた事例であり，虐待による精神症状としての解離症状をみせた事例（A男・D男）。
② 司法・矯正教育機関との連携の中で実践を進めた事例であり，虐待と発達障害の重複による激しい非行を示した事例（B男・E男）。
③ 発達障害を抱えた少年の受け入れに伴って，生活の構造化を進めた事例であり，発達障害の二次障害から深刻な問題行動を示した事例（F男，G男）。

ここでは，この6人の実践事例について，その実践の到達点と課題を整理した。

A男

ホームにおける筆者らとの安定した信頼関係と恒常性を維持した生活環境を保障する取組みを通じて以下のような成果が見られた。
・偽てんかんをはじめとした解離症状が大幅に減衰した。
・葛藤の言語化が著しく進み，「子ども会議」などの開催を通じて対人スキルが向上した。
・自己効力感の向上によって少年たちによる自治的な活動への参加が可能になった。
・本ホームを基盤にして社会的自立を果たし，3年以上の就労継続を果たしている。

それと同時に，ストレスが高じた時に解離症状が生じることが年に数回あり，その点での取組みが課題として残されている。

B男

司法・矯正教育機関と連携した長期の取組みを通じて以下のような成果が見られた。

- 少年院出院後には衝動統制が進み，逸脱行動が明らかに減衰した。
- 数年間に知能テストのＩＱが30以上伸びており，急速に知的能力が回復している。
- 困った時にヘルプを出せる筆者との信頼関係を深め，その支援と助言を仰ぎながら社会生活を送ることができるようになった。
- 以前は２カ月以上の就労の継続は困難であったが，現在では１年程度の継続的就労が可能になっている。

それと同時に，現在でも，ストレスが高じると他者に暴言を吐くなどの，衝動コントロールや対人関係の面での課題は残されている。

D男

問題行動に対する明確な限界設定，過去の外傷体験の言語化，修復的司法の取組みなどを通じて以下のような成果が見られた。

- スモールステップでの目標達成によって生活スキルが向上した。
- 暴力や暴言は影をひそめ，自分の主張を言葉ですることが可能になった。
- 謝罪と和解のプロセスを通じて，対人関係が修復可能であることを学び，次第に他者との共感的な人間関係を作ることができるようになった。
- ホーム内のルールを守れるようになり，その安全感のもと社会的自立を果たした。

それと同時に，社会的場面での対人スキルには若干の課題を残しており，引き続き，社会的な支援は必要であると考えられる。

E男

司法・矯正教育機関との連携と，ホーム内での強固な限界設定，筆者らとの信頼関係を支えにした取組みを通じて以下のような成果が見られた。

- 激しい逸脱行動があったが，現在では他害行為がまったく見られなくなった。
- 高校入学や免許取得を果たし，その達成感を通じて自己肯定感を高めることができた。
- 「非行したから（筆者と）出会えたのですね」という発言に見られるように，

筆者らとの信頼関係を基礎に，自分の人生に対する肯定的な物語を築けるようになった。

ホームの入退所を繰り返しながらも，社会的自立への足がかりを固めてきている。それと同時に，生来の発達障害の問題もあるため，本ホーム外での対人関係の面では引き続き，支援が必要であると考えられる。

F男

構造化された生活環境づくりと一貫性のある応答に基づいた実践を通じて以下のような成果が見られた。
- こだわりや対人回避などの自閉傾向が減衰し，ホーム内では共感的交流が可能になった。
- 「ぼくがいないと困るでしょ」という発言に見られるように，ホームに居場所を見出し，ホームの運営の一端を担い，周囲の信頼を得て自信を深めた。
- 高校進学やホーム外での研修にも参加するなど，一定程度の社会参加が可能になった。

ただし，発達障害の問題もあり，本ホーム外で人間関係を築き，社会的自立を達成していくことは今後の課題として残されている。

G男

視覚的提示などの構造化された生活環境と指導を通じて以下のような成果が見られた。
- ホームに居場所を見出し，ホーム内の少年たちとは安定した人間関係を築けた。
- 対人回避が減衰し，親密な人たちとはウィットに富んだ会話が可能になった。
- 長期の不登校を克服して中学校に登校できるようになり，高校進学も果たした。

しかし，G男は本ホームを出た後，対人トラブルから高校を退学して家に引きこもる状況になっており，社会的自立に向けての課題は今後の課題として残された。

2. 本ホームにおける実践の成果と課題

　最後に，序章で提起した2つの実践研究の課題，1. 被虐待体験や発達障害の問題があり，深刻な発達上の課題を持つ少年に対する，「メタ認知の脆弱性」をはじめとする発達上の問題に焦点をあてた「生活の構造化」や「構造化された指導」の到達点と課題，2. 深刻な課題を抱える少年たちの社会的自立を支援していく上での関係諸機関のネットワークづくりの課題（とりわけホームを退所後の，社会的自立を支援していくうえで必要不可欠な社会的なサポートネットワークの課題）について，今回の研究を踏まえて考察したい。

1）「生活の構造化」や「構造化された指導」の到達点と課題

　本研究では，被虐待体験や発達障害の問題があり，深刻な発達上の課題を持つ青少年に対する治療・教育実践においては恒常性のある生活環境を整え，構造化された指導に基づいて実践していくことが重要であると考え，激しい暴力や窃盗，精神症状など，深刻な問題を持つ少年たちへの治療・教育実践の課題と方針に関する理論的，実践的な検討を進めてきた。

　また，その際には深刻な発達上の課題を持つ少年たちに共通する問題であるメタ認知能力や実行機能の脆弱性に焦点をあて，その克服に向けての治療・教育実践に取組んできた。

　そして，その「構造化された指導」の展開過程を，主要には，第1フェーズ（①代替的な家族的ケアおよび安全な場の保障と強固な境界の設定　②生活場面での生活スキルの獲得（モデリング）　③視覚的提示を中心とした生活空間の治療・教育的な構造化），第2フェーズ（①自己の体験やそれに伴う感情の言語化　②ホーム内の相互交流の促進　③自治活動を通じての社会参加のスキルの向上　④修復的司法による被害者性と加害者性の統一の取組み）として整理することを試みた。

　ここでは，このような「構造化された指導」の到達点と課題について，6人の少年への治療・教育実践に関する分析を通じてもう一度整理してみたい。

　事例検討で取り上げた6人の少年については，2人の処遇効果普通を含みつつも，おおむね良好な処遇効果を得ることができた。

　処遇効果良好と判断した4人のうち，解離性障害を抱えたA男とD男に関し

まとめと今後の課題　239

ては，安定した毎日の暮らしのなかで，認知，感情，行動の恒常性を維持していく取組みを進めた結果，解離症状が大幅に減衰し，現在はホームを退所して自立している。

　高機能広汎性発達障害のＦ男とＧ男についても，その障害特性にあわせた独自の視覚的情報提示を中心とした「構造化された指導」の展開と物理的な環境の構築が２人の安定と確かな成長をもたらし，現在，Ｆ男については支援の対象というより，補助的とはいえホームの運営の一端を担っている。

　処遇効果普通と判断したＢ男とＥ男はいったん少年院に措置されたが，帰住先もないことからホームに再入所した後には，それ以前のような激しい逸脱行動が見られなくなった。そして，入所当初は困難であったホーム内における共感的交流も次第に可能になり，処遇効果の判断の変更も検討している状況である。

　以上の６事例の考察から，矯正教育機関との連携も含めた本ホームの実践構造に依拠したかたちで考えると，本ホームに長期にわたって在籍し，治療・教育実践の対象となった事例については，虐待的養育環境による解離性障害や行動障害を抱える事例，発達障害に対する不適切な対応によって深刻な二次障害を抱えている事例，いずれの場合においても，本ホームの取組みの中で比較的良好な処遇効果が得られており，深刻な発達上の課題を持つ少年に対する本ホームの実践構造の有効性が確認されたと考えている。

　ただし，Ｇ男に関してはホーム在籍中は安定していたにもかかわらず，家庭復帰後，しばらくして，対人トラブルを再発させ，学校を中退し，仕事をやめ，家に引きこもる状態になっている。Ｇ男にとって，本ホームの「構造化された指導」は有効であったが，そのような環境が保障されない家庭環境，社会環境の中で自立していくためには，やはり退所後も継続的な支援が必要であった。Ｇ男については処遇効果良好としたが，それはあくまでもホーム在籍期間中の取組みに関する評価であり，ホーム退所後の社会的自立に向けての支援という点では大きな課題が残った事例であった。

２）社会的自立に向けてのサポートネットワークの課題

　本ホームの入所少年は思春期で入所するために，入所後数年のうちに社会的

自立の課題に直面することになる。本ホームの実践方針の第3フェーズ（①社会的自立に向けての継続的な拠り所・居場所の保障　②多様な社会参加の体験を通じた自己形成モデルの取り込みの機会の保障　③発達障害の子どもに対しての職業的自立支援）はまさしく，少年達の社会的自立を見すえた実践課題を整理したものであった。

　ちなみに，本ホーム5年間に在籍した17人のうち，処遇効果良好とした10人について見ると，2009年1月段階で本ホームに在籍するものはNo.11（H男），14（F男）の2名のみであり，残りの8名は本ホームから自立している。そのうち，本ホームから自立後も本ホームと継続的な交流がある者は，No.6（A男），7（C男）の2名であり，継続的な交流ではないが，電話で支援を求めたり，直接来訪があるものは，No.1，2，3，4（D男）の4名である。すなわち，8名のうち，6名とは現在も交流が続いている。

　処遇効果普通の2名のうち，No.15（B男）は一時期，少年院に措置されたが，出院後は本ホームに戻り，自立後も再入所，再々入所を繰り返しており，2009年1月段階では再び本ホームに在籍している。このように，本ホームがB男の社会的自立のための拠点としての成人後もその機能を果たしていることがうかがえる。

　さらに，処遇効果不良とした5名のうち，No.5，9，16，17の4人は本ホームから少年院に措置されたが，4人全員が出院後に筆者らに連絡するか，ホームに来訪しており，そのうち，No.9は再入所，No.17は再入所を希望している。このように，少年院出院後にも，社会に自立していくための「中間施設」としての役割を本ホームが引き続き求められていると考えている。

　繰り返し述べてきたように，本ホームの入所少年たちは，深刻な発達上の課題を抱えるだけでなく，少年に対する家庭的支援は極めて脆弱であるだけに，ホーム退所後も社会で自立していくうえで，様々な困難が存在しており，多くの少年達が本ホーム退所後も，再入所や筆者らとの交流や支援を受けながら社会での生活を送っていると言えよう。

　ここでは，このような現状を踏まえつつ，深刻な発達上の課題を持つ少年たちの社会的自立に向けてのサポートネットワークの課題を整理してみたい。

① 措置解除後の入所の継続と再入所の機会の保障

　本ホームに在籍した少年達の場合，家族の再統合の可能性は少なく，原家族に少年たちの社会的自立への支援を期待することは望めない。それだけに，児相等の措置解除後も少年達への継続的な支援は必要不可欠であり，本ホームでは，少年が希望する場合には里親委託の措置が解除される18歳以降もホームでの生活を継続することを認め，ホームが少年たちの自立後も文字通り家庭として機能するように取組んできた。

　それと同時に，たとえ就職し，ホームを退所した場合でも，様々な困難に遭遇して挫折することも少なくないだけに，少年たちにはホームへの再入所の途を開いておくことで，再チャレンジする機会を保障していくことが重要である。本ホームでは少年たちの社会的自立に向けての継続的な拠り所・居場所の保障，帰ってこられる場の保障に取組んできており，実際，A男は3回，B男は4回，E男も4回のホームへの再入所が過去または現在までに繰り返されている。

② 少年院出院後の「中間施設」の機能の重要性

　B男やE男のような深刻な課題を持つ青少年の場合，少年院出院後に社会で自立していくためには，その拠点となってくれる「中間施設」の存在が必要不可欠である。本ホームが最終的にB男やE男の出院後の再入所を受け入れたのも，本ホームがそのような機能を果たさなければ，彼らの社会的自立は極めて困難であることが十分に予想されたためである。

　しかし，序章でも指摘したように，日本ではそのような「中間施設」の整備は極めて不十分な状況にあり，そのことが少年達の社会的自立の過程を著しく困難にしていることは否定できないであろう。

　現在，少年犯罪に対する厳罰化の施策が進められているが，少年達が社会で自立していくための「中間施設」を整備しつつ，その立ち直りを支援していくシステムを充実させていかない中での「厳罰化」施策は何らの問題解決にもつながらないことは明らかである。

　本ホームがB男やE男，そして，F男らに対して果たしてきたような「中間施設」としての機能を社会的に充実させていくことは，彼らが再び「再犯」に追い込まれないためにも極めて重要な課題であると考えられる。

③　多様な社会参加の体験の保障と措置解除後の継続的な支援

　本ホームでは少年の社会的自立へ向けて，ホーム外での積極的な研修参加やアルバイトの機会を生かすことを推奨してきた。このような社会参加の体験を通じて，様々な社会的なネットワーク（社会的資源）とのつながりの中で，青少年が自らの人生への希望を育む「自己形成モデル」との出会いを保障していくことは重要な実践課題であった。

　それと同時に，家族的環境を奪われてきた少年達が多いだけに，ホーム退所後も，親身になって少年の相談に乗り，その自立の過程に寄り添ってくれる大人の存在は極めて重要である。ちなみに，家族のもとに帰住したG男が再び不適応状態になった背景には，個々の少年の抱える課題だけでなく，本ホームから巣立った後の社会的サポートネットワークに大きな課題があったことも関係している。

　筆者らはホーム出所後も，少年達への継続的な支援に努めてきたが，しかし，制度的な支えがない個々人の努力には，大きな限界があることも事実である。やはり，児童相談所の措置が解除される18歳ないしは20歳（障害児の場合）以降も青年たちを継続的に支援していく社会的な支援システムが極めて重要であると考えられる。

④　知的障害，発達障害者への支援

　本ホームに在籍した少年たちの多くが知的障害，発達障害を有しており，そのことが社会的自立の上での大きな困難さにつながっていたことは紛れもない事実であろう。

　知的障害，発達障害は生涯を通じた支援を必要とするものであり，成人年齢に達した後も様々な社会的資源や制度を活用して，青年を支援していく仕組み作りは欠かせない。

　ちなみに，知的障害を有し，虐待の後遺症から抑うつ症状を出して精神科を受診していたC男（No.7）の就職にあたっては，本ホームでは，知的障害者更生施設への通所とトレーニング，療育手帳や精神障害者保健福祉手帳の取得，障害者職業センターでの職能判定やジョブコーチ派遣，ハローワークでの障害者窓口利用など，様々な制度や社会資源を活用し，切れ目のない支援を行って

きた。

しかし、知的障害を伴わない発達障害児・者に対する社会的支援は、発達障害者支援法は成立したものの、まだまだ多くの課題が残されている。

やはり、退所後に本ホームができる支援には大きな制約があるだけに、知的障害、発達障害を持つ少年たちが社会に巣立った後の社会的サポートネットワークの整備が望まれる。

3．今後の研究課題

これまで論述してきた実践研究から得られた知見は、その事例数が少ないこともあり、それを普遍化していく上では多くの課題が残されている。本来、量的研究は法則定立型であり、その目的は結果の普遍化であるが、本論における考察は本ホームでの実践事例に基づいた質的研究であり、あくまでも実践仮説的なものであると言えよう。

それゆえに、今後日本でも増えていくであろうファミリーホームにおいて、本研究で提起した「実践方針」をそれぞれのファミリーホームの実情に応じて養育実践に取り込んでもらいつつ、実践的な検証を積み上げていくことが必要であろう。また、ファミリーホームの適正規模や限界設定の問題と関係諸機関との連携、協働に向けての課題についても、今後さらに検討していくことが求められるであろう。

ちなみに本ホーム内で事件が多発した時期は、ホームで生活する青少年が9人となった時期であった。すなわち、人数が過密になると緊張が高まるという事実[注40]も踏まえて、夫婦単位での支援を基礎としファミリーホームの特質を踏まえた人数の適正規模や限界設定が必要であったと考えている。このように、ファミリーホームでの治療・教育実践の意義を明らかにしていくためにも、その適正規模と関係諸機関との適切な連携に向けての課題の明確化は極めて重要であると考えられる。

日本では近い将来、現在の要養護児童約4万人が3倍以上の12万人、あるいは15万人に増加すると予測されており、「家族的環境」を奪われた青少年を受けとめる生活の場の充実は必要不可欠の課題となっている。しかし、現在の社

会的養護における里親制度はごく一部の「奇特な」人々の善意を前提として成り立っており，まだまだ社会全体としての取組みには至っていない。ファミリーホームの制度化をはじめとする社会的支援の拡充などを内容とする児童福祉法改正案が2008年に国会を通過したが，とりわけ深刻な発達上の課題を抱える少年達を受けとめていく場合には，補助職員の配置に関する加配や人件費の加算など，より充実した条件整備が必要不可欠であろう。

　現在，すでに多くの養護施設やグループホーム，里親家庭で，その量的，質的な条件整備の立ち遅れによって，ときには収拾のつかないほど大きな混乱が起きていることが報告されていることは序章でも指摘した。それだけに，その実践の「質」の確保は極めて重要な課題であり，本研究で検討した「生活の構造化」「構造化された指導」の取組みは避けては通れない実践課題であると考えられる。これからも，グループホームにおける「構造化された指導」の実践可能性と課題について，さらに研究していきたいと考えている。

補　注

40　安部は児童相談所の一時保護所や児童養護施設で子どもの数と職員配置数との関係を調査し，職員1人当たりの児童数が3人を超えると子ども間暴力が3.27倍になり，入所児童数が10人を超えると1.63倍になることを明らかにし，諸外国の例に倣って子ども1人に職員1人の配置が望ましいと結論付けている（安部，2006・07・08）。

参考・引用文献

あ行

飛鳥井望「PTSDの治療方法」『こころの科学』129号　日本評論社　2006年

安部計彦「要保護児童の一時保護に関する研究」厚生労働科学研究費補助金子ども家庭総合研究事業　2006・2007・2008年

安部計彦「児童相談所一時保護所の運営に関する調査研究」㈶子ども未来財団　2007年

市川宏伸『広汎性発達障害の子どもと医療』かもがわ出版　2004年

市原光義「心理的あるいは精神医学的関わりが必要と思われた入所児童についての事前調査」『平成16年度紀要』国立武蔵野学院国立きぬがわ学院　2004年

伊東ゆたか「子どものトラウマ―その特徴と新しい治療的試み（EMDR）」『こころの科学』129号　日本評論社　2006年

内山登紀夫『自閉症のトータルケア―TEACCHプログラムの最前線』ぶどう社　1994年

遠藤太郎・染矢俊幸「多動と子ども虐待」『そだちの科学』No.6　日本評論社　2006年

奥村雄介・野村俊明『非行精神医学―青少年の問題行動への実践的アプローチ』医学書院　2006年

小栗・細井・向井「非行化した軽度発達障害児の臨床と教育に求められるもの」（第11回日本LD学会）2002年

か行

海保博之・田辺文也『ヒューマンエラー―誤りからみる人と社会の深層』新曜社　1996年

風祭 元・三好 功峰編集『脳疾患による精神障害（精神科ケースライブラリー）』中山書店　1998年

柏女霊峰編『これからの児童養護』生活書院　2007年

角山富雄「ITPAから観たアスペルガー障害」『現代のエスプリ』464号　至文堂　2006年

鴨原良仁「アスペルガー症候群と実行機能」『現代のエスプリ』464号　至文堂　2006年

神田橋條治「ほんとの対話」『こころの科学』132号　日本評論社　2007年

キャスリン・スチュワート『アスペルガー症候群と非言語性学習障害―子どもたちとその親のために』明石書店　2004年

黒川新二「自閉症をとりまく状況はどう変わったか」『そだちの科学』8号日本評論社　2007年

Gary B.Mesibov, Victoria Shea, Eric Schopler「The TEACCH Approach to

Autism Spectrum Disorders」New York, Springer, 2004年
小林隆児「アスペルガー症候群と妄想形成」『現代のエスプリ』464号　至文堂　2006年

さ行

齊藤万比古・渡辺京太「ＡＤＨＤの長期転帰」『そだちの科学』6号　日本評論社　2006年
齊藤万比古・原田謙「反抗挑戦性障害」『精神科治療学』14号　星和書店　1999年
齊藤万比古「子どもの心の診療と連携―地域に必要なネットワークについて―」『日精協』第27巻第7号　創造出版　2008年
斎藤学編『児童虐待〈危機介入編〉』金剛出版　1994年
榊原洋一「アスペルガー症候群と非言語性ＬＤ」『現代のエスプリ』464号　至文堂　2006年
Ｓ・フロイトほか『ヒステリー研究上』筑摩書房　2004年
Ｓ・フロイトほか『ヒステリー研究下』筑摩書房　2004年
Ｊ・マーク・エディ『行為障害―キレる子の診断と治療・指導・処遇』金子書房　2002年
鴫原良仁「アスペルガー症候群と実行機能」『現代のエスプリ』464号　至文堂　2006年
品川裕香『心からのごめんなさいへ――一人ひとりの個性に合わせた教育を導入した少年院の挑戦』中央法規　2005年
ジュディス・Ｌ・ハーマン／中井久夫訳『心的外傷と回復』みすず書房　1996年
杉山登志郎「軽度発達障害」『発達障害』第21巻第4号　2000年
杉山登志郎「特別支援教育のための精神・神経医学」学習研究社　2003年 a
杉山登志郎「高機能広汎性発達障害にみられる行為障害と犯罪」『そだちの科学』1号　日本評論社　2003年 b
杉山登志郎「子ども虐待は，いま」『そだちの科学』2号　日本評論社　2004年
杉山登志郎『アスペルガー症候群と高機能自閉症―青年期の社会性のために』学習研究社　2005年 a
杉山登志郎『教師のための高機能広汎性発達障害・教育マニュアル』少年写真新聞社　2005年 b
杉山登志郎「アスペルガー症候群の現在」『そだちの科学』5号　日本評論社　2005年 c
杉山登志郎「ＡＤＨＤと行為障害(非行)」『そだちの科学』6号　日本評論社　2006年 a
杉山登志郎「発達障害としての子ども虐待」『子どもの虐待とネグレクト』第8巻第2号　日本子ども虐待防止学会　2006年 b
杉山登志郎『子ども虐待という第四の発達障害』学研　2007年 a
杉山登志郎「発達障害のパラダイム転換」『そだちの科学』8号　日本評論社　2007年 b
杉山登志郎「絡み合う子ども虐待と発達障害」『里親と子ども』2号　明石書店

2007年 c
杉山登志郎「虐待を受けた子どもへの精神医学的治療」『里親と子ども』2号　明石書店　2007年 d
全国児童自立支援施設協議会編『児童自立支援施設の将来像』2003年
全国児童自立支援施設協議会編『児童福祉施設における非行児等児童への支援に関する調査研究事業報告書』2008年

た行
竹田契一「宇治少年院から学ぶLD・ADHD教育」『刑政』114巻5号　2003年
田嶌誠一「児童養護施設における児童間暴力問題の解決に向けて　その1　児童間暴力の実態とその連鎖」心理臨床研究会　2005年 a
田嶌誠一「児童養護施設における児童間暴力問題の解決に向けて　その2　施設全体で取り組み『安全委員会』方式」心理臨床研究会　2005年 b
田嶌誠一「児童福祉施設における施設内暴力の解決に向けて」『臨床心理学』47号　金剛出版　2008年
土井髙德「回復の道を開く"食"―もうひとつの食育」資生堂社会福祉事業団『世界の児童と母性』66号　2009年
土井髙德「土井ホームの実践構造と少年たちの就労継続支援」大阪少年補導協会『月刊少年育成』631号　2008年
土井髙德「子どもの人権～土井ホームの教育実践～」福岡県人権研究所『リベラシオン―人権研究ふくおか―』131号　2008年
土井髙德『神様からの贈り物　里親・土井ホームの子どもたち―希望と回復の物語』福村出版　2008年
土井髙德「アスペルガー障害と診断された非行少年に対するグループホームの取り組み」日本生活指導学会紀要『生活指導研究25号』2008年
土井髙德「処遇困難な青少年の自立支援に関する一考察　―リスクファクターによる類型化と入所理由別の処遇効果―」日本司法福祉学会紀要『司法福祉学研究』8号　2008年
土井髙德「自律と協同の力を育む治療教育的ホームの取り組み―構造化の視点から―」柏女霊峰編『これからの児童養護』第2章　生活書院　2007年
土井髙德「土井ホームの子どもたち―治療的里親の日々―」西日本新聞生活・ヒューマン欄（連載中）http://kosodate.nishinippon.co.jp/
土井髙德「解離症状を抱える少年に対するグループホームの実践―環境療法を手がかりに―」日本生活指導学会紀要『生活指導研究』23号　2006年
土井髙德「非行少年の加害者性と被害者性との統一を促す生活指導―ファミリーグ

ープホームの実践―」日本司法福祉学会紀要『司法福祉学研究』6号　2006年
土井高徳「激しい行動化と解離症状を示した少年に対する里親ファミリーホームの実践」日本児童学会紀要『児童研究』第85巻　2006年
十一元三「少年事件・刑事事件と広汎性発達障害」『そだちの科学』5号　日本評論社　2005年
十一元三「広汎性発達障害の神経学的仮説―内側側頭葉と前頭前野を中心に」『現代のエスプリ』第464号　至文堂　2006年
富田拓「発達障害の療育に学ぶ自立支援論の試み―処遇のユニバーサルデザイン化を目指して―」『平成16年度紀要』国立武蔵野学院・国立きぬ川学院　2005年
富田拓「児童自立支援施設」『現代のエスプリ』第462号　至文堂　2006年
友田明美『いやされない傷―児童虐待』診断と治療社　2006年

な行

中井久夫『徴候・記憶・外傷』みすず書房　2004年
長尾圭造「ＡＤＨＤの治療」『そだちの科学』6号　日本評論社　2006年
ノースカロライナ大学医学部精神科ＴＥＡＣＣＨ部編『見える形でわかりやすく』エンパワメント研究所　2004年
野村俊明・奥村雄介『非行と犯罪の精神科臨床―矯正施設の実践から―』星和書店　2007年
野村俊明・奥村雄介『非行精神医学―青少年の問題行動への実践的アプローチ』医学書院　2006年

は行

橋本和明『虐待と非行臨床』創元社　2004年
橋本俊顕ほか『ＡＤＨＤ，ＬＤ，ＨＦＰＤＤ，軽度ＭＲ児保健指導マニュアル―ちょっと気になる子どもたちへの贈りもの』診断と治療社　2002年
原田謙「反抗挑戦性障害・行為障害」『里親と子ども』2号　明石書店　2007年
福島章『精神鑑定脳から心を読む』講談社　2006年
福島章『殺人という病―人格障害・脳・鑑定』金剛出版　2003年
藤岡淳子『非行少年の加害と被害―非行心理臨床の現場から―』誠信書房　2001年
藤岡淳子『被害者と加害者の対話による回復を求めて―修復的司法におけるＶＯＭを考えて―』誠信書房　2005年
藤川洋子「少年犯罪と軽度発達障害―家裁調査官の視点から」『現代のエスプリ』474号　至文堂　2007年
藤原正範『少年事件に取り組む―家裁調査官の現場から』岩波新書　2006年

船橋 新太郎『前頭葉の謎を解く―心の宇宙〈1〉』京都大学出版会　2005年
フランク・W・パトナム／中井久夫訳『解離―若年期における病理と治療―』みすず書房　2001年
ベセル・A.ヴァン・デア・コルク編『トラウマティック・ストレス―PTSDおよびトラウマ反応の臨床と研究のすべて』誠信書房　2001年
ベッセル・A.ヴァンダーコーク編『サイコロジカル・トラウマ』金剛出版　2004年
ヘネシー・澄子『子を愛せない母　母を拒否する子』学習研究社　2004年
ヘネシー・澄子『気になる子 理解できるケアできる』学習研究社　2006年
法務総合研究所「法務総合研究所研究部報告11―児童虐待に関する研究―（第1報告）」2001年
法務省法務総合研究所編『平成17年度犯罪白書―少年非行―』2006年

ま行

マイルズ・クック・ミラー『アスペルガー症候群と感覚敏感性への対処法』東京書籍　2004年
前野育三「修復的司法とは」藤岡淳子編著『被害者と加害者の対話による回復を求めて』誠信書房　2005年
松浦直己「少年院生における，非行化の危険因子に関する累積的相互作用の検討―発達的，小児期逆境的，家族的特性の調査―」『こころのりんしょうa・la・carte』第25巻2号　星和書店　2006年
松浦直己「軽度発達障害児の教育」『刑政』114巻5号　2003年
宮本信也「発達障害と子ども虐待」『里親と子ども』2号　明石書店　2007年
向井義「軽度発達障害児に対する研究機関と学校との協働」『刑政』114巻5号　2003年
向井義「矯正教育における生活指導」『生活指導研究』20号　日本生活指導学会　2003年
森伸子「暴力の文化からの回復―少年院における取り組み―」『生活指導研究』19号　日本生活指導学会　2002年

ら行

ロバート・M・リース編『虐待された子どもへの治療―精神保健，医療，法的対応から支援まで』明石書店　2005年

わ行

渡部淳「発達障害の視点を取り入れた矯正教育―宇治少年院における処遇実践報告―」『更生保護』3月号　法務省保護局　2006年

索　引

アルファベット

３主徴　41

ＡＤＨＤ　20, 21, 26, 32, 40, 41, 42, 44, 45, 46, 47, 77, 79, 80, 92, 120, 129, 146, 154, 180, 181, 182, 189, 190, 191, 230

Attention- Deficit/Hyperactivity Disorder　26

Borderline Personality Disorder　55

ＣＡ　159, 212

ＣＣＱの原則　186, 191

ＣＤＣ　138, 162, 213

ＤＥＳＮＯＳ　62

disconnection　56

disempowerment　56

Disorder of Extreme Stress Not Otherwise Specified　55

Dissociative Disorder　39

ＤＶ　172

Eric Schopler　59

executive control　46

executive function　46

Gary B.Mesibov　59

Hyperkinetic Conduct Disorder　39

Multiple personality disorders　55

ＰＤＤ　21, 26, 36, 39, 41, 44, 45, 48, 49, 50, 52, 55, 58, 67, 92, 115, 116, 187, 189, 190, 226, 227

ＰＴＳＤ　34

Somatization disorder　55

survivor　56

ＴＫ式田中ビネー知能検査　159

Visual Perception　59

あ行

アイデンティティ　65

愛着障害　39, 45

アスペルガー障害　21, 42, 81, 99, 117, 130, 193, 196, 202, 203, 204, 205, 218, 226, 227

安全の確立　56, 82, 176, 231

意識消失　133, 134, 138, 145

依存的自立　157

一時保護　71, 120, 121, 122, 123, 159, 160, 163, 168, 180, 182, 183, 190, 194, 211, 212

一時保護所　166, 168, 171, 180, 217, 244

一貫性　54, 71, 82

逸脱行動　36, 38, 54, 82, 85, 87, 92, 97, 107, 116, 120, 122, 123, 130, 139, 148, 149, 153, 155, 156, 157, 161, 162, 165, 173, 174, 175, 180, 181, 182, 183, 187, 189, 190, 191, 204, 233, 236, 239

居場所　4, 5, 22, 100, 101, 107, 140, 141, 145, 181, 208, 234, 237, 240, 241

ヴァン・デア・コルク（van der Kolk）　34

受け皿　7, 22, 23, 95, 125

内的葛藤　137, 139

うつ病　42, 210

運動系　46

遠藤・染矢　44

エンパワメント　56, 63, 65, 177

か行

外傷記憶　54
外傷経験　53
外傷後ストレス障害　66
外傷性記憶　54, 56, 57, 66, 231
外傷体験　36, 54, 55, 56, 57, 58, 62, 65, 98, 105, 142, 161, 175, 176, 177, 200, 208, 231, 236
外傷被害児　54
外傷物語の再構築　56, 57, 176
解離症状　92, 97, 115, 129, 133, 134, 135, 136, 138, 141, 142, 143, 147, 154, 162, 167, 173, 213, 219, 225, 235, 239
解離性幻覚　141
解離性健忘　65, 136, 138, 141
解離性障害　8, 52, 53, 54, 55, 65, 82, 129, 132, 170, 220, 226, 230, 238, 239
解離性同一性障害　65
解離性遁走　65, 129, 136, 138, 141
解離的行動　54
解離評価表　138, 162, 167, 213
加害行為　52, 129, 164, 168, 169, 173, 174, 176, 217, 218, 231
加害体験　176
家裁調査官　148, 156, 194
家族との協働　58
家族内葛藤　133, 172, 223
家族の統合　139
家庭裁判所（家裁）　27, 49, 75, 92, 95, 96, 98, 99, 112, 113, 114, 115, 116, 117, 120, 121, 131, 146, 148, 151, 152, 184, 194, 203, 204, 217
家庭裁判所補導受託者　108
感覚系　46
環境の構造化　225

環境療法　73, 74, 86, 123, 143
観護措置　194
感情調節　37, 54
感情的　38, 53, 54, 55, 62, 82
感情の言語化　84, 98, 99, 105, 135, 142, 169, 176, 233, 234, 238
鑑別所　120, 122, 184
帰住先　118, 119, 120, 130, 136, 152, 153, 156, 184, 186, 202, 239
機能系　46
基本的生活習慣　81, 141, 155
虐待的環境　141, 143
境界　54, 60, 82, 98, 99
境界性人格障害　36, 52, 55
矯正教育　23, 25, 76, 86, 87, 99, 120, 184, 190, 204, 205, 230
矯正教育機関　9, 87, 96, 98, 107, 129, 131, 151, 156, 183, 235, 236, 239
協調　46
強迫性障害　46
継続性　23, 99, 205, 224
軽度発達障害　27
傾眠　134
傾眠状態　137
ケース会議　135, 183
結合　57
限界　54, 78, 82, 98, 99, 112, 124, 125, 242
限界設定　82, 153, 155, 163, 164, 166, 173, 174, 175, 185, 191, 233, 236, 243
言語化　54, 57, 58, 65
言語聴覚士　218
顕在化　160, 161
減衰　136
行為障害　39, 42, 47, 114, 119, 154, 180, 190

高機能自閉症　99, 130, 210
恒常性　53, 54, 55, 82, 136, 142, 165, 197, 230, 235, 238, 239
更生　23, 63, 124, 148
更生保護施設　23, 27, 92, 95, 153, 156, 194
厚生労働省　26
構造化　6, 9, 24, 52, 58, 59, 68, 73, 75, 82, 125, 204, 205, 232, 234
構造化された指導　59, 60, 67, 100, 102, 215, 216, 223, 231, 239
行動化　61, 83, 97, 98, 120, 121, 123, 124, 129, 136, 137, 143, 144, 158
行動観察　72, 108, 135
行動修正　47, 182, 206
行動状態依存的　54
行動的　53, 82, 86, 142
行動の修正　181, 183, 185, 197, 198, 206, 214, 215, 223
広汎性発達障害　21, 26, 27, 32, 40, 41, 42, 58, 96, 99, 120, 122, 129, 178, 180, 190, 191, 220, 222, 223, 230
こだわり　60, 82, 104, 106, 108, 130, 195, 198, 199, 202, 205, 207, 208, 209, 231, 237
子ども会議　106, 139
子ども虐待　39, 45, 226 → 児童虐待
子ども権利ノート　160
孤立　35, 58, 231
「壊れたレコードのテクニック」　191
昏睡状態　134
困難事例　108

さ行

再演　37, 61, 65, 82, 85, 108, 154, 168, 173, 174, 175
再結合　52, 55, 57, 58, 66, 102, 142, 231
再建　53
再構成　57, 100
再構成する　54
再認知　54
サヴァン症候群　220
作業療法士　218
錯乱状態　135
里親委託　180, 212, 241
里親型グループホーム　7, 24, 25, 102
里親型ファミリーホーム　92
支援頻度数　94
視覚的情報提示　215, 239
視覚的提示　60, 82, 100, 104, 185, 197, 206, 214, 223, 224, 231, 234, 237, 238
試験観察　98, 99, 100, 174, 184
試験観察処分　92
自己形成モデル　25, 84, 107, 108, 185, 233, 234, 240, 242
自己肯定感　77, 83, 106, 164, 172, 181, 185, 188, 197, 207, 214, 224, 236
自己制御力　76, 77, 139
自己調整力　54
自己統制　54
自己モニター的・評価的メタ認知能力　54
自殺企図　36, 130, 211, 222, 223
支持的受容的な　168
支持的な　55, 135, 174, 175, 191, 230
支持的フィードバック　55
システム形成型アプローチ　70, 71, 232
自省的・統合的な　53
施設内処遇　23, 124, 156, 205
視線が交差　166

自尊感情　36, 47
実験型　50, 189
実行機能　24, 43, 45, 46, 70, 74, 79, 80, 206, 207, 230, 238
実行制御　46
実践構造　125, 239
失歩　138
失明　225
失立　138, 141
児童虐待　20, 21, 26, 32, 33, 34, 36, 38, 52, 230, 231, 233→子ども虐待→Child abuse
児童自立援助ホーム　125
児童自立支援施設　7, 8, 21, 22, 26, 27, 70, 72, 73, 74, 85, 86, 115, 118, 120, 121, 122, 123, 125, 178, 183, 190, 232
児童精神科　7, 21, 22
児童相談所（児相）　26, 27, 71, 92, 93, 94, 96, 97, 98, 99, 100, 107, 114, 115, 116, 118, 120, 121, 122, 123, 130, 148, 159, 160, 163, 168, 170, 171, 172, 180, 181, 182, 183, 185, 187, 188, 189, 190, 194, 196, 202, 211, 212, 213, 217, 219, 220, 226, 239, 241, 242, 244
児童治療モデル　54
児童福祉司　150, 163, 164
児童養護施設　21, 22, 23, 26, 36, 70, 71, 92, 96, 97, 112, 118, 129, 159, 162, 166, 172, 173, 194, 232, 244
自閉症　40, 42, 43, 44, 52, 59, 60, 67, 68, 82, 100, 102, 123, 196, 218, 221
自閉症圏　45, 48, 70, 99, 100, 122, 213, 220, 222, 224
自閉性障害　42
社会資源　150, 156

社会的サポートネットワーク　23, 25, 225, 242
社会的資源　7, 25, 84, 101, 102, 108
社会内処遇　23, 25, 27, 124, 156, 205, 230
社会復帰　23, 79
謝罪と和解　84, 140, 168, 171, 174, 236
重積けいれん　134
ジュディス・L・ハーマン　55
首尾一貫　55, 98, 103, 142, 174, 175, 230
受容的な　168
受容と共感　155, 174
障害特性　47, 185, 189, 190, 202, 203, 204, 205, 214, 220, 221, 223, 225, 239
情緒障害　7, 21, 22, 26, 93, 179
衝動性　36, 41, 42, 47, 55, 75, 77, 81, 120, 146, 149, 178, 189, 191, 230
常同性　108, 203, 205, 209
衝動統制　38, 47, 55, 66, 73, 125, 129, 146, 154, 236
少年院　7, 8, 20, 21, 23, 27, 38, 70, 75, 76, 79, 80, 81, 86, 87, 93, 98, 99, 100, 112, 113, 114, 115, 116, 117, 118, 119, 120, 121, 122, 123, 124, 129, 130, 131, 136, 146, 149, 151, 152, 153, 155, 156, 178, 183, 184, 190, 191, 193, 194, 199, 203, 204, 205, 217, 232, 236, 239, 240, 241
少年鑑別所　75, 148, 194
少年犯罪　20
少年非行　20
少年補導センター　130, 179, 211, 212, 220
処遇　7, 23
処遇のユニバーサルデザイン化　74, 86, 232, 248

職能判定　108, 208, 242
初等少年院　184, 194, 217
ジョブコーチ　108, 208, 242
心因性　137
人権のルール　103, 174
深刻な課題　7
身体化障害　55
身体化症状　141
身体症状　154
身体的暴力　20, 169
慎重かつ継続的なアセスメント　58, 205
心的外傷体験　52, 56, 57, 58, 61, 167, 168, 169, 173, 174, 175, 176, 231
心的外傷被害者　56
侵入的な　154, 159, 172
審判　184, 194
深夜徘徊　117, 174
心理判定　134
心理療法　70, 73, 86
遂行機能　46
水密区画化　53 → compartmentalizaition
スーパーバイザー　172
スーパーバイズ　201
杉山　21, 26, 39, 40, 44, 47
スキル　58
スティグマ　35
スモールステップ　79, 104, 164, 188, 217, 224, 236
生育史　133, 135, 142
性化行動　166
生活環境　9, 24
生活技術　166
生活の構造化　9, 95, 96, 97, 98, 99, 130, 131, 185, 221, 235, 238, 244
生活場面面接　144

精神医学的な問題　158
精神科医　22, 72, 80, 108, 129, 135, 138, 150, 151, 159, 189, 190, 196, 201, 203
成人治療モデル　54
精神的負荷　134
精神保健福祉相談係　150
精神保健福祉手帳　201, 218
生存者使命　57
性的暴力　20, 167, 168, 169
制約　54
窃盗未遂　194
せん妄状態　134, 135, 137
専門里親　22
増悪　166
想起と服喪追悼　55, 56, 58, 175, 176, 231
操作　46
送致　75, 114, 117, 118, 120, 121, 122, 123, 136, 153, 155, 184, 194, 203
相補的な　58
疎通性の向上　181, 185, 197, 214, 224

た行

対人技術　99, 139, 142, 166
対人スキル　23, 78, 144, 148, 157, 235, 236
対人的相互的反応性　58
代替的家族ケア　96, 98, 119, 120, 124, 131, 133, 135, 141, 147, 160, 163, 174, 233, 234
タイムアウト　168, 182
タイムスリップ現象　48, 187, 221
他害行為　129
高機能広汎性発達障害　40, 44, 45, 48, 173, 221, 239

田嶌　70, 232
他者　57
他者からの離断　56
他者との新しい結びつきを創る　56　→
　creation of new connections
多重人格障害　55
多動傾向　47, 179, 191, 210, 220
多動性　146
多動性行動障害　39
田中ビネー知能検査　212
チーム対応　217
知的障害　8, 36, 40, 44, 92, 96, 106, 108,
　112, 113, 117, 124, 125, 129, 132, 137,
　138, 141, 155, 182, 195, 198, 199, 207,
　234, 242
注意　46
注意欠陥多動性障害　20, 41　→ＡＤＨＤ
中間施設　7, 23, 95, 99, 100, 112, 113,
　119, 122, 124, 156, 234, 240, 241
中枢統合機能　230
長期記憶　46
調整　53
調整する　58
治療　7, 24
治療・教育的　8, 24
治療的援助　21
治療的介入　54
治療的専門里親　7, 9, 21, 24, 97, 129,
　134, 148, 163
治療的努力　55, 230
付添い人　151
強みと興味の利用　58
強みの利用　185, 197, 214, 223
適切なパワーの行使　103, 174
てんかん様発作　134

てんかん発作　67, 123, 134
同一性の確立　52
投影　142
統合失調症　129, 141
洞察　54
トゥレット症候群　46
トークン・システム　182
トークンエコノミー　74, 105, 163, 198,
　206, 215

な行

中井　65
ニーズ　71, 232
二次障害　7, 20, 24, 47, 49, 92, 93, 122,
　123, 128, 178, 215, 221, 222, 234, 235,
　239
認知　239
認知的　53, 82, 142
ネグレクト　130

は行

徘徊　159
破壊的行動障害マーチ　48, 120
破壊的刺激　53
橋本　38, 43
発達障害　40, 44, 47
発達障害児　44, 82
発達性協調運動障害　40, 214
発達段階　101
発達論的な視点　52
パワーピラミッド　173
般化　199, 202, 218, 220
反抗挑戦性障害　36, 42, 47
反社会性人格障害　48, 116, 118, 120, 129,
　136, 151, 154

反応性愛着障害　39, 44, 45
被害者性と加害者性の統一　65, 106, 175, 177, 231, 234, 238
被害体験　21, 32, 37, 48, 52, 61, 63, 65, 72, 96, 114, 115, 176, 216, 231
被害的認知の固定化　221
被虐待児　44, 45, 62, 70, 83, 97
被虐待体験　8, 20, 25, 38, 52, 53, 61, 62, 65, 84, 113, 123, 125, 162, 173, 174, 238
非行性　93, 98, 151
非行文化　154
ビジュアルパーセプション　59
評価　171
評価的　54
病的解離　53, 54, 97, 129, 138, 158, 162, 172, 221
病的解離状態　54
ファミリーホーム　24, 25, 74, 92, 125, 244
ファンタジー　40, 203, 221
フェニールケトン尿症　46
複雑性PTSD　55
福祉的就労　150
服喪追悼　56, 58, 66
不注意傾向　154
普通の暮らし　136
普通の人間関係　136
物理的な環境の構築　239
フラッシュバック　48, 50, 221
フランク・W・パトナム　8
文脈依存的　54, 66
分裂　142
並存症　47
変容　24, 83
法務省　20
保健師　163
保護観察官　27, 156, 187, 203, 217
保護観察所　99, 112, 118, 121, 151, 184, 185, 201
保護司　151
母子分離　172
補導　161
補導委託　95, 98, 112, 113, 114, 115, 116, 117, 119, 121, 124, 184, 217, 234

ま行

マインド・ブラインドネス　43
学び方が違う　104
見捨てられ感　105, 120, 134, 135, 138, 140, 142, 155, 156, 163, 184, 189
密着した養育　179
民生委員　211
無縁　57, 231
向井　232
無力化　56
メタ認知　45, 46, 80, 206, 232, 238
メタ認知的介入　54, 82, 230
メタ認知的統合機能　52, 53
メタ認知統合機能　46, 83
メタ認知能力　8, 24, 45, 53, 54, 70, 74, 80, 81, 83, 87, 102, 104, 206, 208, 230, 238
妄想　158
モニター　46, 54

や行

憂愁　167
有力化　56, 57, 231 → エンパワメント
養育者　93
要保護性　84, 97, 98, 99, 115, 125, 151,

153, 156, 184

ら行

ライフストーリー　56, 58, 231
螺旋的　66, 177
理解力　58
離散性　54
離散的行動状態　53, 65, 102
リスク要因　112, 154
リハビリテーション　99, 157
留置場　120, 184
療育訓練　150
臨床心理士　159, 201
類催眠状態　221
連続性　54, 82, 165, 175, 213, 220, 230

わ行

和解　57, 63, 64, 65, 84, 107, 140
枠組み　9, 128
枠付け　82, 97, 103, 142, 155, 164, 168, 174
渡辺　75

おわりに

　本書は，2008年度に北九州市立大学大学院社会システム研究科に提出した博士（学術）学位請求論文「深刻な発達上の課題を持つ青少年の社会的自立を支援する治療・教育実践―里親型グループホームでの実践を手がかりに―」（北九大院甲第42号）に加筆修正を加えたものである。
　この学位論文は筆者が主宰するファミリーホーム（里親型グループホーム）における実践と研究の成果である。児童福祉の現場で特別の課題を抱えた子どもたちのニーズに応えようと日夜取り組んできた実践をこうして研究論文としてまとめるに至ったことは筆者として感慨ひとしおのものがある。
　この研究の意義は以下のとおりである。1つは社会内処遇の場でも矯正教育の場でも大きな問題となっている深刻な発達上の課題を持つ青少年について，その治療的・教育的課題を整理したことである。すなわち，このような青少年の置かれているわが国の状況や国内外の4つの先行知見と3つの先行実践を概観し，これらをふまえた治療・教育実践を7つの観点から整理したことである。
　もう1つはこうした整理をふまえ，ファミリーホームにおける取組みの意義と実践方法を明らかにしたことである。具体的には，土井ホームの概要とその実践の歴史的な変遷過程，入所青少年の処遇効果，そして，実践事例の分析を通じて，深刻な発達課題を有する青少年に対する「生活の構造化」や「構造化された指導」の到達点と課題，さらに，その社会的自立を支援するネットワークづくりの課題を整理し，明確にしたことである。
　今日，被虐待体験を有したり，不適切な対応によって発達障害の二次障害から激しい行動化をみせ，このためその対応に追われ，場合によっては職員の消耗や退職，施設の機能不全に陥っている場合があることも報告されている。さらには，2重，3重の困難をかかえ，そうした重複によって非行・少年犯罪へと転化した青少年への支援とその受け皿は極めて乏しいのが実状である。

その意味で，本書が社会的養護の実務家（里親，ファミリーホーム，児童福祉施設職員）にとどまらず，虐待や非行防止，障害児支援などに取り組む，児童福祉，少年司法，矯正教育，更生保護など幅広い子ども臨床，子ども家庭福祉に関与する関係者や研究者，学生に対して，実践と研究の上でささかでも示唆するものがあれば幸いである。

　論文の作成にあたっては，様々な人々から協力と励ましをいただいた。ここに謝辞を述べたい。まず博士後期課程の指導教授として，また博士学位申請論文主査として筆者を指導してくださった楠凡之先生に心から感謝を申し上げたい。先生には修士課程から継続して指導をいただいた。先生の臨床教育学の豊富な知識と優れた指導は，様々な学会での研究報告，5本の紀要掲載論文，そしてこの学位請求論文という果実を私にもたらした。「学び」とは「まねび」，すなわち真似ることが原義とされる。先生の鋭い視座と鮮やかな文体を「まねたい」と思いつつ，そしてそれをわがものにしたいと願ったが果たせなかった。凡庸な筆者を根気よくご指導くださった先生の包容力に感謝するばかりである。今後の研究と実践において，先生のご指導に応えたい。

　また，博士学位請求論文の副査をつとめてくださった田嶌誠一先生，伊野憲治先生にも感謝を申し上げる。両先生は研究者としてだけでなく，社会的活動の実践者としても尊敬していただけに，副査として貴重なアドバイスをいただいたことにお礼を申し上げる。

　このほか，柏女霊峰先生，津崎哲郎先生，川名はつ子先生，中道壽一先生，朴元奎先生，八田次郎先生，飯嶋秀治先生，河嶋静代先生，武内謙治先生，吉福新太郎先生，高崎和子先生，紫牟田和男先生はじめ多くの研究者や実務家に折々に様々な示唆と激励をいただいた。個々の名前をあげないが，修士，博士課程で出会った友人たちにも励まされた。

　また，ファミリーホームの制度化に向けて共に取り組んだ仲間にも感謝する。本書が刊行された年に改正児童福祉法が施行された喜びを共にしたい。

　学位授与式の際に北九市立大学の矢田俊文学長は，学位を得て一休みする人とさらに先へとすすむ人がいるが，足踏みをせず，一層の飛躍を期待すると述べられた。心したい。

　本書の出版にあたっては福村出版の石井昭男社長，宮下基幸取締役，西野瑠

美子さん，上浦英俊さんに大変お世話になった。心より感謝する。

　最後に家族に感謝を捧げたい。行き場のない青少年を次々と受け入れ，野戦病院のような24時間の生活を共にしてくれた妻・えり子の深い愛情を本当にありがたく思う。深い心の傷を抱え，激しい行動化や精神症状を見せる青少年との毎日は，妻や妹・康代の支えなしには超えられなかった。姉・理恵子も海を越えて激励してくれた。良き家族に恵まれたと思う。いまは亡き両親も本書の刊行をきっと喜んでくれているに違いない。

　また，毎日の生活を共にしている子どもたちも論文完成の行方を気にしていた。最終試験の口頭試問を終えて帰宅した筆者をもみくちゃにして合格を祝ってくれた。彼らの波乱に満ちた人生に涙し，わが家に来てからの確かな成長への感動が学位請求論文と本書完成の原動力であった。ありがとう。

2009年8月

著者記す

著者紹介

土井　髙德（どい　たかのり）

一般社団法人おかえり基金理事長（土井ホーム代表）。学術博士（学位論文「深刻な発達上の課題を持つ青少年の社会的自立を支援する治療・教育実践―里親型グループホームでの実践を手がかりに―」北九州市立大学大学院甲第42号（2009年））。
福岡県青少年育成課講師，京都府家庭支援総合センターアドバイザー，産業医科大学治験審査委員。
これまで，日本ファミリーホーム協議会副会長，全国社会福祉協議会福祉サービス第三者評価事業に関する評価基準等委員会委員，北九州市立大学大学院非常勤講師，福岡教育大学大学院非常勤講師，警察庁専科教養講師などを歴任。NHK「九州沖縄インサイド」，「福祉ネットワーク」，「クローズアップ現代」で特集されたほか，テレビ東京，RKBなどで特集番組が放映された。
2007年から西日本新聞で2年8か月間67回連載したほか，小学館教育誌「edu」誌上で2年10か月間「思春期edu」を連載。ソロプチミスト日本財団から社会ボランティア賞，福岡キワニスクラブから第24回キワニス社会公益賞を受賞。

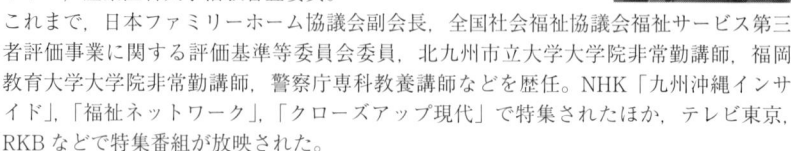

著書

『神様からの贈り物　里親土井ホームの子どもたち』福村出版
『虐待・非行・発達障害　困難を抱える子どもへの理解と対応』福村出版
『ファミリーホーム開設・運営マニュアル』福村出版
『思春期の子に，本当に手を焼いたときの処方箋33』小学館
『ちょっとしたストレスを自分ではね返せる子の育て方』青春出版社

解説

『ぼくは数式で宇宙の美しさを伝えたい』角川文庫

論文

「解離症状を抱える少年に対するグループホームの実践―環境療法を手がかりに―」日本生活指導学会紀要『生活指導研究』23号（2006年），「非行少年の加害者性と被害者性との統一を促す生活指導―ファミリーグループホームの実践―」日本司法福祉学会紀要『司法福祉学研究』6号（2006年），「激しい行動化と解離症状を示した少年に対する里親ファミリーホームの実践」日本児童学会紀要『児童研究』第85巻（2006年）（児童健全育成推進財団第三十回記念特別賞受賞論文），「土井ホームの実践構造と少年たちの就労継続支援」大阪少年補導協会『月刊少年育成』631号（2008年），「子どもの人権―土井ホームの教育実践―」福岡県人権研究所『リベラシオン―人権研究ふくおか―』131号（2008年），「アスペルガー障害と診断された非行少年に対するグループホームの取り組み」日本生活指導学会紀要『生活指導研究』25号（2008年），「処遇困難な青少年の自立支援に関する一考察―リスクファクターによる類型化と入所理由別の処遇効果―」日本司法福祉学会紀要『司法福祉学研究』8号（2008年），「回復の道を開く"食"―もうひとつの食育―」資生堂社会福祉事業財団『世界の児童と母性』66号（2009年），「広汎性発達障害の二次障害で，深刻な他害行為に及んだ少年への支援―ファミリーグループホームの実践―」『日本犯罪社会学会大会報告要旨集』（2010年），「ドラマ"明日ママ"と子どもの人権」福岡県人権研究所『リベラシオン―人権研究ふくおか―』154号（2014年），「司法と福祉により大きな架け橋を―"おかえり"と迎える社会の家・土井ホームの挑戦―」日本刑事政策研究会『罪と罰』204号（2014年），ほか多数

著者連絡先

メールアドレス：takanori.doi@gmail.com　　FAX：050-1134-9791

青少年の治療・教育的援助と自立支援
　─虐待・発達障害・非行など深刻な問題を抱える
　　青少年の治療・教育モデルと実践構造

| 2009年8月30日 | 初版第1刷発行 |
| 2018年10月25日 | 第2刷発行 |

著　者　　土井髙德

発行者　　宮下基幸

発行所　　福村出版株式会社
　　〒113-0034　東京都文京区湯島2-14-11
　　電話 03-5812-9702　FAX 03-5812-9705
印　刷　　株式会社文化カラー印刷
製　本　　本間製本株式会社

Ⓒ Takanori Doi　2009
Printed in Japan
ISBN978-4-571-42022-1　C3036
定価はカバーに表示してあります。
乱丁本・落丁本はお取り替えいたします。

福村出版◆好評図書

土井髙德 著
神様からの贈り物
里親土井ホームの子どもたち
●希望と回復の物語
◎1,600円　ISBN978-4-571-42016-0　C3036

親からの虐待により心に深い傷を負った子どもたちが，里親の下で生きる力を取り戻していく希望と感動の書。

土井髙德 著
虐待・非行・発達障害
困難を抱える子どもへの理解と対応
●土井ファミリーホームの実践の記録
◎1,800円　ISBN978-4-571-42030-6　C3036

深刻な困難を抱える子どもたちが，新たな関係性の絆を育て，生きる力を取り戻す，感動の支援・実践記録。

S.バートン・R.ゴンザレス・P.トムリンソン 著／開原久代・下泉秀夫 他 監訳
虐待を受けた子どもの
愛着とトラウマの治療的ケア
●施設養護・家庭養護の包括的支援実践モデル
◎3,500円　ISBN978-4-571-42053-5　C3036

虐待・ネグレクトを受けた子どもの治療的ケアと，施設のケアラー・組織・経営・地域等支援者を含む包括的ケア論。

深谷昌志・深谷和子・青葉紘宇 著
虐待を受けた子どもが住む「心の世界」
●養育の難しい里子を抱える里親たち
◎3,800円　ISBN978-4-571-42061-0　C3036

里親を対象に行った全国調査をもとに，実親からの虐待経験や，発達障害のある里子の「心の世界」に迫る。

深谷昌志・深谷和子・青葉紘宇 編著
社会的養護における
里親問題への実証的研究
●養育里親全国アンケート調査をもとに
◎3,800円　ISBN978-4-571-42052-8　C3036

養育里親への全国調査をもとに里親と里子の抱える課題を明らかにし，これからの家庭養護のあり方を問う。

川﨑二三彦・増沢 高 編著
日本の児童虐待重大事件
2000-2010
◎6,000円　ISBN978-4-571-42055-9　C3036

「児童虐待防止法」制定から10年間の虐待死，又は重篤な事態に陥った25の重大事件をとりあげ検証する。

K.バックマン 他 著／上鹿渡和宏・御園生直美・SOS子どもの村JAPAN 監訳／乙須敏紀 訳
フォスタリングチェンジ
●子どもとの関係を改善し問題行動に対応する里親トレーニングプログラム【ファシリテーターマニュアル】
◎14,000円　ISBN978-4-571-42062-7　C3036

子どもの問題行動への対応と関係性改善のための，英国唯一の里親トレーニング・プログラムマニュアル。

◎価格は本体価格です。